全世界无产者，联合起来！

陈云文选

第一卷

人民出版社

陈云

第二版出版说明

《陈云文选(一九二六——一九四九年)》于一九八四年出版。现经作者同意,出版第二版,改称《陈云文选》第一卷。

本卷增补了十篇著作,其中四篇原来编在《陈云文选(一九五六——一九八五年)》之末,现按时间顺序排列,移入本卷。收入本卷的著作共五十五篇。

本卷第二版对少数几篇正文和题解作了个别文字和标点的订正,并订正和增加了一些注释。

中共中央文献编辑委员会

一九九五年二月

出　版　说　明

这本文选，收入了陈云同志自一九二六年七月至一九四九年一月的重要著作共四十五篇，多数没有公开发表过。本书内容涉及党的建设、干部队伍建设、革命根据地建设、党在白区工作等各个方面，其中党的建设和干部队伍建设又占突出的地位。从这些著作中可以看出，陈云同志在党所领导的新民主主义革命的长期斗争中，凡是他所负责的工作，都按照实事求是的根本原则，及时地总结经验，提出切实、正确、有效的方针政策。这对于中国革命的胜利，对于作为中国共产党集体智慧结晶的毛泽东思想的形成和发展，无疑具有一定的贡献。

本书是由中央委托中共中央书记处研究室编辑的，中共中央文献研究室参加了审核、校阅等工作。本书所收入的文稿，凡是没有经过整理的讲话记录和提纲草稿，编者都作了文字上的整理；作者的正式手稿和已发表过的文稿，都保持原貌，编者只作少量文字上的订正。为了便于读者理解这些著作，编者做了题解和注释，题解在各篇第一页下边，注释按顺序号附在书末。

本书所有文稿，都经作者校阅过。

中共中央文献编辑委员会

一九八三年十一月

目　　录

中国民族运动之过去与将来*

（一九二六年七月）

有几千年文化历史、沦为次殖民地的中国，最近发展起来的民族运动，已经不是单纯的中国民族独立运动了，它的一切变化足以影响整个世界的形势。但是，具有世界性的中国民族运动，在今后长时期的奋斗过程中，出路究竟在哪里？这是值得我们研究的。当然，各方面的观察是不同的。我希望每个亲爱的商务[1]职工，参加讨论，坚决地破除往昔中国人民普遍“不谈政治”的现象。

从中国民族运动的历史事实看，如太平天国[2]和义和团[3]运动，都是中国盛大的民族运动。它们虽因缺乏科学的组织和指导而归于失败，但在民族运动的历史上占有相当的地位。

五四运动[4]的发生，给帝国主义一个莫大打击，同时也推进了中国民族运动的潮流。这是在中国民族运动上占着重要位置的一次运动。参加运动的，是全国的学生、工人和商人。

---

* 本文原载上海商务印书馆发行所职工会编辑的刊物《职工》第十期，署名“怀民”。该刊物是一九二五年八月商务印书馆大罢工胜利后创刊的。当时陈云同志是商务印书馆发行所的店员，参加领导了商务印书馆大罢工，并担任发行所职工会第一届执行委员会委员长。

他们的口号是：外抗强权，内除国贼。从这次运动的事实分析出来，没有强有力的有组织的下层民众——工农参加，革命是难能成功的。

震动全世界的五卅运动[5]，将中国民族运动升至高潮，帝国主义在中国的统治动摇了。参加运动的，是全国各阶级民众，尤其是全国各地几十万工人，勇敢当先，不屈不挠地奋斗，也有至今还在与帝国主义肉搏的，如省港罢工[6]。虽然在运动开始不久，帝国主义就用种种狡计，使资产阶级妥协和小资产阶级怠工，破坏了整个民族运动的联合战线，但是下层民众——工人、一般小商人和一些学生，始终是不妥协的，至今还保持着反抗的决心，继续着"五卅"的精神。最近上海内外棉六个厂同盟罢工[7]，即是证明。五卅运动虽然遭受了挫折，可是在民族革命[8]的行程里，已经显现了曙光。有组织有力量的几十万工人，已经成为中国民族运动的先锋。五卅运动的结果证明，资产阶级是靠不住的，他们是机会主义者。同时，工人也感觉到自己力量的孤单，因为没有在中国民族运动上占着重要位置的强有力的主力——整个农民的参加。

在以农立国的中国，占全国人口百分之八十强的农民，是民族运动中唯一大主力。农民不参加运动，中国革命鲜有希望。现在虽然在很少的几处有了农民协会等组织，不过还没有出现急进的趋势[9]。但是，中国农民不是柔弱的，是富有革命性的。在中国农民运动的历史上，自陈胜辍耕而叹，迄赤眉、黄巾、黄巢、闯献[10]，而至近代的太平天国、义和团和现在的红枪会[11]，都是官逼民反。这些虽未免带有农民原始暴动的色彩，可是中国农民运动有二千年一贯的历史，是无人能否认的。最近的红枪会，满布了山东、河南全省，以及直隶[12]、江苏、安徽、江西的一部分，正酝酿着将来的爆发。

从以上中国民族运动的大概中，已经可以找到过去失败的原因。农民是中国民族运动的主力，但是如何把成千成万的农民组织起来，又如何训练已组织起来的农民，把他们引上正轨，使之和全国的工人、学生、小商人及一切革命分子，同在反帝国主义的旗帜下面去做民族运动的工作，这是中国很急迫需要解决的一个重要问题。“五四”、“五卅”过去了，但帝国主义在中国的统治并未推翻，全国民众应时时预备着未来的“五四”、“五卅”。怎样补救以往的失败和准备应付将来的策略，这是每个中国人的切身问题，尤其是已经觉悟的青年，应该担负起这种责任。“到民间去”，这是今后中国民族运动中的重要口号。

江苏农民运动的趋势和今后的斗争*

（一九二九年十一月二十四日）

目前江苏农民运动是一种发展的趋势。这是有客观原因的，主要是地主阶级的剥削和压迫加重了。

在江苏农村，土地日益集中于地主阶级。各地除实行铁租制外，近来预租制、押租制〔13〕，收租使用大秤和大斗等，都在日益普遍化。苛捐杂税有六十多种，高利贷和商业资本的剥削也十分严重。所有这些，使广大农民破产，无衣无食。农民的反抗，使地主武装迅速增加起来。今年大荒普遍，只有三成到五成的收获。再加上军阀混战，徐海〔14〕一带的老百姓大受其害。因此，抗租、抗税、抗债的斗争四乡都有。这些斗争，有的是我们党领导的，或者是同我们党有关系的；自发的斗争也非常多。总之，斗争正在发展着。如果这些日常的斗争继续向前发展，就会逐步动摇封建的土地关系，给国民党军阀统治以打击。在党的影响比较大的地方，有的已向武装冲突发展，南通、

---

* 一九二七年大革命失败后，陈云同志在江苏从事农民运动，担任过中共青浦县委委员、淞浦特委组织部部长、江苏省委常委兼农委书记等职。这是他在中共江苏省第二次代表大会第七次会议上的报告摘要。

如皋、泰兴等地已发展成游击战争的形势,有的甚至有红色乡村的存在。江苏农民运动发展到这个地步,虽然还有许多缺点,但它的确是广大贫苦农民为切身利益所需要的斗争。

目前农村斗争中还存在许多问题,我们的领导工作也还有不少缺点。党组织过去对农民运动没有进行坚决的领导,连实行土地革命〔15〕的宣传也很少。农民的群众性组织发展不广,也不巩固,没有汇合起来形成有系统的农民协会。由于国民党军阀的残酷压迫和豪绅地主的屠杀,农民还有害怕心理,尤其在斗争失败了的地区,这种情绪更重。国民党散布的改良主义幻想,在农民中还有相当的影响。就我们党内来说,虽还有盲动主义的残余,但主张和平发展的倾向却有相当的基础,有些党组织不敢领导农民斗争,有些党员甚至不敢到农村去。个别地方党的领导机关内,混入了富农分子,以致很难开展斗争,即使斗争起来了,也常常妥协,甚至被出卖。总的说来,各地斗争的发展是很不平衡的,往往忽起忽落。党只有坚决克服了这些缺点,才能领导农民取得土地革命的胜利。

党领导农村斗争的任务和策略,目前应注意以下各点。

(一)党在现时农民运动中的政治路线,仍然是加紧争取群众,组织群众,以准备武装暴动。在指导思想上,党必须坚决领导农民,深入开展土地革命,进行游击战争。应该看到,游击战争的条件,不是主观制造的,农民同地主阶级的激烈的斗争,必然要走上武装冲突。同时,参加游击队的,是农民群众中最觉悟、最勇敢的雇农和贫农。在这两个条件下,我们就应该加紧武装农民。在江苏开展游击战争的前途是存在的。至于游击战争能否胜利,固然有许多客观的主观的因素,尤其在国民党军阀统治较为巩固的江苏，斗争是十分艰苦、复杂的，但是从地主那里夺取武器，装备自己，小的队伍的存在是可能的。而且，即使游击战争暂时失败了，但是它的影响将会扩大，游击队将会继续发展，农村斗争一定能够开展起来。

（二）要抓住豪绅地主和国民党军阀强加于群众的一切压迫和剥削所造成的灾害的事实，根据农民的迫切要求，有计划地在农村提出斗争的口号、任务和方式，发动农民开展抗租、抗税、抗债，反对征工筑路，反对军阀战争等斗争。在策略上，要使各种日常斗争互相推动，汇合成反对帝国主义、封建势力的总的斗争。

（三）党应该确定独立的农民运动的政策，不应对刀会[16]有过分的幻想。刀会主要是破产和失业农民的群众性组织，在客观上有革命的要求和行动，但如果缺乏党的强有力的领导，时常可以变成统治阶级利用的工具。因此，我们的策略是打入刀会，争取其中的广大群众。

（四）对土匪的策略。土匪有两种，一种是破产失业的农民，一种是军队中的溃兵。前一种是较有希望的，后一种过惯了军队、土匪生活，不易接受革命。因此，我们要着重争取土匪中的农民群众，向他们宣传党的土地革命政策，影响他们，使他们转到革命方面来。如果收编土匪参加游击队，一定要将人员分散到几个单位，不能让其合伙加入一个单位。

（五）有系统地建立各级农民协会，争取把更多群众组织起来。为了防止农民的分裂，不宜用佃农、贫农名义组织；在名称上也不一定单用农民协会，还可以用其他名称。农会中要排斥富农，特别应从党内清除富农成分。对富农领导下的组织和斗争，要参加进去，夺取领导权。对黄色农会[17]尤应运用这一策略去争取群众。要开展农村妇女、青年的工作，提出适合他们的特殊要求，发动他们参加斗争。在农村进行宣传工作，要注意农民能接受的程度，多用壁报、图画、歌曲来宣传。

（六）农会中党团[18]的工作是非常重要的。党的农民运动的路线和策略，要经过党团去宣传、组织实现。地方党部要加强对党团的指导，以巩固无产阶级对农民的政治领导。

苏区[19]工人的经济斗争*

（一九三三年四月二十五日）

一年以来，党和工会在改善工人生活，领导工人的经济斗争中，提高了工人群众的积极性。一万工人英勇参加红军；踊跃退还二期公债[20]；参加和领导乡村查田运动[21]。这些事实证明，工人积极性的提高，是巩固和发展苏维埃政权的重要条件。

但是，苏区党和工会内忽视工人经济斗争、忽视工人[22]在分田以后经济上的要求，还是一般存在着的严重现象。一方面不去领导工人改善生活，一方面却骂工人不革命，或者说工人落后于农民，有的地方甚至要工人在战争时期忍受资本家的任何压迫，不要反抗。采取这种态度，是由于他们不了解，只有工人的经济地位改善了，才能提高工人的觉悟，发挥工人参加革命的积极性。对于农业工人[23]在分田以后缺乏耕牛、农具、肥料的实际困难，没有领导他们用互助合作和取得政府帮助的办法来解决。乡村工人[24]，许多没有增加工资，有的没

---

* 一九三三年一月，陈云同志离开上海进入中央革命根据地。当时他是中共中央委员、全国总工会党团书记。本文原载中国共产党苏区中央局机关报《斗争》第九期，收入本书时有删节。

有进行劳动介绍[25]，被富农和地主残余夺取了他们的工作。因为敌人的经济封锁和资本家的怠工，成万失业工人遭遇着不能生活的痛苦。许多女工、青工，虽然与成年工人同等工作，但我们没有领导他们起来争取同样的工资并满足他们的特殊要求。对于失业学徒的就业和增进学徒的技能，也没有足够的重视。还有，许多工会收了大量的社会保险金，不去救济工人，反而被工会机关乱用。总之，忽视苏区工人当前这些最迫切的问题，妨碍了工人群众参加革命的积极性，是目前职工运动中危险的右的错误倾向。

在领导工人的经济斗争中，还存在着另一种极端危险的“左”的错误倾向。这种倾向，表现在只看到行业的狭小的经济利益，妨碍了发展苏区经济、巩固苏维埃政权的根本利益。例如，在许多城市的商店、作坊中提出了过高的经济要求，机械地执行只能适用于大城市的劳动法[26]，使企业不能负担而迅速倒闭；不问企业的工作状况，机械地实行八小时和青工六小时的工作制；不顾企业的经济能力，强迫介绍失业工人进去；在年关斗争中，许多城市到处举行有害苏区经济流通的总同盟罢工。这种“左”的错误，非但不能提高工人阶级的觉悟和积极性，相反地，只能发展一部分工人不正确的浪漫生活。而且，这种“左”的错误，使许多企业和作坊倒闭，资本家乘机提高物价，并欺骗工人，使工人脱离党和工会的领导。所以，这种“左”的错误领导，是破坏苏区经济发展，破坏工农联盟，破坏苏维埃政权，破坏工人阶级的彻底解放的。

这种错误，主要来源于政治上的工团主义[27]，同时也由于我们在领导工人经济斗争中间，采取官僚主义态度，并不深入群众，不去估量商店、作坊各种不同的实际情形，只是提出一般的并不适合每个企业的笼统的要求和纲领。所以，各业的集体合同[28]虽然不断地订立，但是每个行业工人的迫切要求仍是没有解决。

党和工会必须在工人群众中进行详细的解释：工人阶级一方面要争取改善自己的生活，另一方面必须把发展苏区的经济，巩固工农联盟，巩固苏维埃政权，看成自己解放的根本任务。要使工人了解，不彻底推翻地主资产阶级的统治，工人阶级就不能解放自己。因此，要把争取日常利益的斗争和争取革命完全胜利的斗争最密切地联系起来。

党和工会对经济斗争的领导，必须纠正官僚主义。要重新审查各业集体合同的具体条文，审慎地了解各业的每个商店、作坊的经济能力，依照实际情形，规定适合于每个企业的经济要求。不能不顾实际情况，不体现出各个企业的不同工人的具体要求，千篇一律地抄录劳动法。不能满足于形式上召集了几次群众会议，也不能满足于群众已经举手通过。签订集体合同，不能只是由工会机关自上而下地提出，而要自下而上地提出，反映工人最迫切的要求。这样的合同才能得到群众的热烈拥护，并使群众有决心为实现他们的这些要求而斗争。

要审慎地去考察资本家怠工与否，分别各种情形执行不同的策略。领导工人坚决地反对在经济上故意停止营业、破坏苏维埃经济的资本家，监督店铺、作坊的生产和经营。对于确实因为没有来货，无货可售，或生意清淡，店铺、作坊将要倒闭的资本家，工会应该领导工人要求他们继续营业；同时应该领导工人在自愿的条件之下，减少一部分工资，以企业不致倒闭为度。某些企业不能实行八小时工作制的，应该取得工人的同意，用增加额外工资的办法来补偿额外工作的时间。党和工会只有这样去了解实际情形，给予各种工人以具体的领导，才能提高群众斗争的积极性，取得工人的信仰，团聚群众于我们的周围。

在斗争方式上，要克服不发动群众、命令群众的错误。过去脱离群众，完全依靠政府的力量逮捕资本家，或者戴高帽子游行，纠正了这种错误以后，在去年年关斗争中，又到处采取了总同盟罢工的方式。这些总同盟罢工，同样是没有经过群众慎重地讨论，只是上级机关的命令。过去许多错误斗争方式的根源，是由于我们不了解每个工人的日常斗争必须依靠群众自己的力量，依靠群众的斗争积极性。在苏维埃政权之下，经济斗争中举行总同盟罢工，不但妨碍商品流通，妨碍红军的作战行动，而且会被资本家利用来反对工人的斗争，对苏维埃政权实行经济怠工。因此，这种总同盟罢工，不但是斗争方式上的错误，而且是政治上的极大错误。

在斗争的战术上，必须分裂资本家的团结。因此，每个商店、作坊的工人斗争，应该依据本店的资本家的经济状况来进行。同时，工会应该组织同业的和各业的工人，用开会、慰问、示威、包围等各种同情援助的方式，来提高阶级团结的情绪，组织阶级团结的力量。

在职工运动中，忽视工人经济斗争，忽视改善工人生活的右的错误倾向，和妨碍苏区经济发展的“左”的错误倾向，都是与党在苏维埃运动中正确的路线不能并立的。党必须清楚地估计到，工人经济斗争中“左”、右倾机会主义，都是对于巩固和发展苏维埃政权的莫大的危险。纠正这两种错误倾向,正确地领导工人的经济斗争,在每个斗争中去教育工人,提高工人的阶级觉悟,发动工人参加苏维埃建设和革命战争,以巩固工农的联合和无产阶级在这一联合中的领导权,巩固和发展苏维埃政权,是我们目前的中心任务。

怎样订立劳动合同[29]*

(一九三三年七月二日)

中央苏区[30]的职工会过去虽然领导工人与雇主订立了许多合同,但是很多合同的条文,都是照抄劳动法[26]和江西、福建两省工会所发的斗争纲领,所以大半是千篇一律,没有地方性,没有企业的特殊性,没有时间性。合同的条文所以如此呆板,或者不能适合当时企业的实际情形,这是由于在签订合同时,工会领导机关没有发动群众积极讨论,虚心听取群众的意见,没有清楚地估计到合同上的每一条文必须是群众最迫切的要求。工会领导机关常常拿了自己起草的合同条文,交到群众会上去讨论,就是这样的“讨论”,也常常变成简单的“赞成的举手”,马马虎虎“通过”。现在虽然还没有关于劳动合同实行情况的充分材料,但从汀州[31]一部分劳动合同来看,好些没有实行。其原因,一方面是资本家的怠工破坏,另一方面是有些合同的条文就连工人也感觉到难于实行。如店员和木船工人都机械规定八小时工作制和星期日休息。这就不能动员工人积极地为自己合同的每一条文的实现而斗争。这是过

* 本文原载中国共产党苏区中央局机关报《斗争》第十八期,收入本书时略有删节。

去签订合同中普遍存在的毛病。

今年六月我到汀州，对于订立合同，用了以下的办法。

一、首先了解企业的实际情形，考察已订合同实行与否，了解工人的要求。

在汀州京果业〔32〕签订合同之前，我首先找到两个党员，详细问了现在京果业的营业情形，生意的利润；问了上半年所订的合同是否每一条文都实行；问了工人对于“五一”代表大会〔33〕的态度，对于企业在现在情形下订立合同的意见和要求。经过了解，知道了红军与白军在水西渡〔34〕打仗之后，国民党对于苏区〔19〕经济的流通加紧封锁，许多货物因为不能从上杭运来，汀州店铺只好从宁化等地远道买进，或者仅向上杭来的挑贩买货。在成本提高、营业减少的情形下，有些资本家借口封锁故意不进货。许多工人觉得，工资等等的要求，现在企业是不能担负了，按照企业现在的情形，即使工人不吃老板饭，不拿工资，给老板无代价的工作，老板仍要亏本。我还了解到，四、五、六这三个月是该业生意清淡的时期，加上上杭完全封锁的特殊情形，更增加了经营的困难。经过这个考察，使我对于企业情形和工人情绪有了大概的了解。

二、以党的支部为中心去动员群众，加强支部对工人签订合同的领导，并通过群众工作巩固党的组织。

我在京果业党的支部会议上，详细地说明了“五一”代表大会关于纠正“左”倾的决议及新起草的劳动法草案〔35〕的几个主要条文，并且详细地考察了每个党员对于“五一”代表大会决议和劳动法草案了解的程度，诚恳地要求他们把每个细小的怀疑都提出来讨论。经过两个半钟头的讨论，全体到会的同志都承认没有怀疑了。

在第二次党的支部会议上，由党员报告各店上半年签订的合同的每个条文执行的程度。在他们逐条报告之后，了解到以下情况：(一)好些店的老板欠工人的工资，最多的欠四百多元。有些老板把政府的公债票给工人抵押工资，当然也有一些工人完全拿到了现金。(二)八小时工作制完全没有实行。照店内工作来说，每天实在做工的时间不到三小时，同时各店生意忙的时间不同，乡帮生意和城帮生意也不同。比如，接近田郊的店铺，每天上午八时后、下午四时前较忙，因为这是农民到汀州来赶市的时间。城内某些店铺因居民的生意较多，在上午八时前、下午四时后较忙。所以，机械地规定八小时，或者几点到几点为工作时间，是不适宜的。(三)星期日完全没有休息，做工也不加双倍工资。因为工人感觉到每天做工不到三小时，星期日休息不休息差不多。如果星期日要加额外工资，店内的生意老板尽可自己照顾，不愿再出双倍工资。(四)店员每年有两个月的例假，一般的做到了。客家店员[36]按革命以前的习惯，每年有两个月回家休假。不回家的，仍自动向老板拿两个月特别例假工资。(五)其他十几条多半是照抄劳动法上的条文。在上述情形之下，支部的党员提出了对于工资、工作时间、星期日休息、例假、社会保险等等问题的具体意见，一致主张改订一个临时性质的合同。这个合同只适用于上杭完全不能来货的时候，但是必须由工人严密地监督老板，反对老板故意不进货。支部把同志们所提出的意见，归纳为六七个主要的条文，经过党员一致同意之后，分配每个党员到各店去向工人宣传，并征求他们的意见。

在第三次党的支部会议上，由每个同志报告向京果业各店店员宣传的结果。工人提出了两条要求：每星期日应有双倍工资；每月六元的伙食钱除外。这样，我们就根据支部提出的意见，并考虑了群众的要求，拟定了这次合同的条文，并由每个同志负责到各店去召集工人，征求意见。然后经过京果业工会支部的全体大会讨论，通过了合同的条文，选举了签订合同的五人委员会，领导工人同每家店铺的老板去签订合同。

三、应该订立实际的适合于汀州京果业目前情形的有弹性的合同。

下面是一个合同的例子。

第一条 本合同自一九三三年七月一日起，系临时双方规定的无限期劳动合同，只能适用于现在本市京果业因汀州邻近的白区[37]无法来货时。若工会认为情形有部分或全部改变，随时有权要求部分或全部修改合同，但雇主不得借口经济封锁故意不进货物。

第二条 工人工资照一九三一年下半年数额。工人王其佚每月工资大洋二十元（伙食六元包括在内）；每月由雇主另外发给理发、洗衣杂费大洋九角。工资每月一号、十五号两次发给。

股东老板在店内有一定职务而支薪者和管理人员（人数均照现在，不得增加）的工资，在本合同有效期间，均照革命以前最后一年工资额数支付；但其工资革命前在十元以内者，不减不加，革命前支十元以上者，现在最多不得超过十元。老板及管理人员的子弟在店内当学徒者，如不能做生意不给工资，能做生意者照一九三二年六月份工资减半。

第三条 工作时间以八小时为标准，但工人可以按照每日店内营业时间的忙闲来安排(忙时在店，闲时休息)，平均计算每日不超过也不少于八小时。

第四条 工人工作六天，休息一天。为使星期日店内继续营业，工人可在七天中轮流休息。如果工会会员大会决定星期日工作，将该星期日工资捐助某项运动时，则星期日工作者应给全部额外工资。

第五条 每年例假照劳动法规定执行，不扣工资。客家工人每年另外可以回家两个月，照发工资；如不回家者，雇主津贴工资一个月。例假和客家工人回家时间的选择，可于店内营业较闲时；如工人有紧要事情，则不在此限。

第六条 工人有疾病，在三个月以内者，由雇主负责诊治药费，并照给工资(花柳病及吃补药除外)。

第七条 雇主除每月十足付给工人工资以外，每月再应付出工人全部工资额的百分之六为失业保险金(除老板、工头外，不论工会会员或非会员均应照付)，由雇主交社会保险局，工会得随时要求查到社会保险局的收据。雇主每月应付出工人全部工资额的百分之二为工会办公费，百分之一为文化教育费，均按月交工会。

第八条 雇主承认工人组织的监督生产委员会。该委员会有权随时要求查阅帐册、货款。

第九条 本合同有效期间，劳资双方如有争执，悉按现行劳动法令办理。中央政府[38]修正的劳动法颁布以后，依照该修正的劳动法办理。

这一合同的条文，并不重复劳动法上已定各种保护工人的条例，而是把京果业工人所需要的条文与老板签订合同，我以为这是很实际的。

为什么要订临时的无限期的合同？正是因为要适合现在汀州京果业的情形。现在上杭毫无来货，生意十分清淡，这种时期并不是永久的，而且也不是有一定期限的。因此，现在签订这个临时的无限期的劳动合同，是十分适宜的。只要营业有部分的好转，或全部发展起来，则工会随时可以领导工人要求部分或全部修改合同。工人群众是完全能够了解这个临时性质的合同的意义的。如果资本家能够从上杭进货时而故意不进货，工人组织的监督生产委员会可以随时监督着资本家，用群众的力量来反对资本家的怠工。

在第二条"工资"的一项，照一九三二年二月所订的合同，每人每月不论成年工人和学徒一律加十元，而按这次签订的临时性质的劳动合同，一律减少十元。这样不分等级的减少十元，是否使青工、学徒太吃亏了？这一问题我慎重地提到党和工会的支部大会上，要求成年工人和青工、学徒共同讨论，他们一致认为是适当的。事实上，大部分青工和成年工人的工资已经相差不远，在五十一个店员中，自二十五元至三十二元的占绝对多数，自二十元至二十五元的占极少数，只有一两个学徒。

对于八小时工作和星期日休息这两个条件,不是呆板的,而是灵活的。我们应该领导工人坚持要求八小时工作和星期日休息,因为这是工人阶级的基本要求,不能放松。但是,八小时工作时间的运用,星期日休息的办法,是活动的,不是机械的。这正是估计到商店营业上特殊的情形。

对于例假,规定"客家工人每年另外可以回家两个月,照发工资;如不回家者,雇主津贴工资一个月"。这个问题,历次订条件时客家工人与本地工人有争论。客家工人坚决要求这个条件,本地工人反对,或者要求同等待遇。经过慎重的讨论,说服本地工人同情客家店员的要求,不受资本家的欺骗和挑拨。

最后决定,签订合同的委员会,在会同工会领导各店工人与各店老板签订合同时,可将大会通过的条件作为标准,依照各店不同的特殊情形,与各店工人共同讨论,可以部分地修改合同上的某些条文。

这个巡视员的领导方式好不好？*

（一九三三年七月五日）

农业工人工会[39]有一个很努力工作的巡视员，他的工作优点是能够深入到支部中去。这是一个很好的同志，但是，他的领导方式十分呆板，不会具体活泼地领导。现在经过全总执行局[40]会议的讨论，我想，这个同志在下一次巡视工作中，一定会得到很好的成绩。

这个同志不久以前到某县去巡视，在某区召集区的农业工人工会支部长[41]联席会。这个区有八个支部，但那天只到了五个支部长。会议开始了，“上级参加人”（那个巡视员）作报告。他在报告中说了七件工作，要各支部去做，同时要各支部长发表意见。他说的七件工作是：（一）加紧查田运动[21]；（二）扩大工人师[42]；（三）经济动员，退还公债[20]，退还谷票[43]；（四）发展农具生产合作社；（五）组织犁牛站[44]；（六）发展农业工人工会组织，健全支部；（七）统一工会经费收支。他的报告作完了，进行讨论，但是发言的很少。后来工人发言

---

* 本文原载中国共产党苏区中央局机关报《斗争》第十八期，收入本书时略有删节。

了，说："我们粮食很困难，现在没有饭吃。""照中央政府[38]规定，工人可以免缴土地税，但是我们这里区政府还是要我们缴土地税，这件事情请上级想想办法。"我们的巡视员对于工人提出的两个问题，没有要他们去讨论。结果大家空空洞洞地讨论了巡视员的报告。最后，巡视员提出要求各支部承认扩大红军多少名，各支部长承认了一两名，会议就此结束。

第二次，在城市的杂货工会支部和杀猪工会支部全体会员的联席会议上，他又作了报告：（一）过去经济斗争中的错误，或"左"或右；（二）停止向雇主强迫介绍失业工人[25]；（三）取消参加工会工作人员和政府工作人员的长期工资。在他这个报告之后，城市工人可不同了，不客气地向他"开炮"。工人说："停止强迫介绍，老板不会主动请工人，工人大家要失业，长期工资取消了，工人家里没有饭吃。"他们很爽快地反对了这个报告。这个大会毫无结果而散。

这种领导方式，我想不仅这个同志如此，许多做领导工作的同志常常也是如此的。但是，这是很不好的领导方式。这样的方式妨碍工人的积极性，不能推动支部工作，而且会使工人对工会领导产生不满意，影响到这个支部的健全和巩固。这种领导方式的错误在哪里呢？

一、出席会议以前毫无准备。

这个巡视员在区的支部长联席会议上作了关于七件工作的报告，但工人感觉到都没有他们目前没饭吃、割禾以后缴土地税那样的事重要。因此，对他的报告就毫无兴趣。这就告诉了我们，这个巡视员在参加会议以前，应该先找区工会的常驻人员或者个别支部长来谈一谈，问问工人有些什么要求。了解了这些要求以后，自己想一想，再与他们商量一下，如何才能找到满足这些要求的办法。准备好了，到会上首先提出工人的要求，或者把工人的要求放在自己报告的中间讲一讲。如果这样做了，工人一定很高兴，很愿意讨论自己的要求，讨论巡视员的整个报告。经过这样的会议，可以推动支部在农民群众中间的工作。

在城市的杂货工会支部和杀猪工会支部的大会上，这个巡视员同样是事前没有了解群众的情绪和要求，没有准备好用什么方法去解决工人的困难。最奇怪的是，连他自己对于斗争错误的实质和克服“左”倾的方法都没有了解，所以到了工人反对他的报告时，只有目瞪口呆，或者就蛮不讲理地下“命令”。事实证明，这种领导方式是不能推动工作的。

二、在支部会议上提出一大批工作。

这是工作中的大忌。如果在支部会议上，也像对上级领导机关的干部一样，提出七八件工作，不分轻重，不分先后，这会使支部同志感觉头痛，不知做哪件工作好，从哪件做起好。他们会说“能力不够做不到”，实际上是拒绝工作。或者说“你们是外来人，不了解我们的实际情况和困难，只会打官话”。他们在上级参加人的严厉督促之下，觉得回答“不愿做”不好，只好说“去做做看”。工人说“去做做看”，究竟在会议以后做不做，我想不会做的。不说拒绝的话，而说“做做看”，只是为了敷衍上级的“面子”。这是不是工人不愿做工作，应该骂他们“右倾机会主义”呢？这丝毫不是工人不好，而是我们的领导方法不好。如果你要工人做七件工作，工人在会议以后一件也不做，这非但没有什么用处，而且会对我们的领导不大信任，你下次要他来开会，他就有些不高兴，要推三阻四了。

三、没有从工人最高兴的工作做起。

召开会议，应该事前了解工人当时的要求，提出工人迫切要解决的问题。假使已经作了报告，而工人感觉没有兴趣，他们提出了自己的两个问题——没饭吃，要求免土地税，这时，领导同志应该“见风转舵”，先发动大家讨论这两个问题。因为粮食眼前已经缺乏了，秋收快到了，土地税是迫在眼前的事，他们一定能在讨论中发表许多意见。到那时，就可以提出发动有多余谷子的农民来互助，暂时借出，秋收归还；或者发动群众，同苏维埃政府〔19〕一起，要富农捐谷子，来救济缺乏粮食的工人、农民。只要能做到这个程度，那我们就可以再向工人提出，应该联系完成上级提出的那几个任务。同时向群众说明，只有苏维埃政权巩固和发展了，才能根本解放工农。如果巡视员这样领导那个支部长联席会，我想有许多工作是可以完成的。

提出群众迫切要求解决的问题，这是一个关键。这好比锁着的两扇大门，我们要进屋子去，一定要个钥匙来开那把铁锁。这个钥匙就是拿住工人愿意做的那个工作做起，而不是呆板地照我们自己所想的去做。因为只有工人愿意做，从他们需要做的工作做起，才能把他们推动起来。只要他们积极起来工作了，加上我们及时地活泼地领导，许多任务都可以逐渐完成。所以，我们要善于找到提高群众积极性的环子，抓住这个环子来推动支部工作，推动全盘工作。领导的艺术在于了解群众的心理，甚至一个会议的议事日程的排列，哪个先，哪个后，都有很大关系。

四、缺少具体的方法，把握不住群众的情绪。

在会议上讨论扩大红军，只要支部承认多少人，这是没有意义的。因为他们感觉有困难，是看上级“面子”而承认扩大的。如果遇到这种情形，领导会议的同志应该告诉他们工作的方法，要他们首先去找工人、农民中平常积极工作或者愿意当红军的人谈话，以及谈话的内容应该怎样，并且告诉他们去动员愿意当红军的人在群众大会上自动报名，作广大的鼓动。这种方法不是一般的粗糙的领导，而是具体的细心的领导。这样，一定可以推动支部的工作而获得成效。

同时，还要告诉他们，这些方法在某种情形之下可能遇到困难，也不要失望。如果某种工作进行得很顺利，那时我们就要告诉他们，某种困难需得预防，不要忽略，要准备克服这种困难。只有把握住支部同志每一时期工作上发生的各种“失望”和“忽略”的情绪，给以预先的具体的领导，才能使支部同志团结在我们的领导之下，相信我们的领导，而使工作得到推动。这样，就会锻炼出大批细心的有毅力的新的工作干部。

最后，我郑重声明，那个巡视员是一个很好的工人干部。我这些批评只要正确，他一定能够接受并用到下一次巡视的实际工作上去。

我写了这些文章，希望大家来参加关于“领导方式”的讨论，把个人的好的坏的经验统统写出来，增加我们自己的工作能力。支部的领导方式是做好工作的关键，有了正确的决议案还不够，要把正确的决议运用到群众中去，成为对实际工作的指导，还必须经过一种灵巧的工作方法和艺术的领导方式。

建立白区工作的几个重要问题*

（一九三四年六月七日）

一、如何建立白区党〔37〕和群众组织？过去我们的游击队经常到白区去打击团匪〔45〕和土豪劣绅，召集群众会议，散发宣传品，发动群众斗争。这是建立白区工作的方法之一，但还不是经常的最有组织的建立白区工作的方法，还应该经过各种路线去建立白区工作。要利用边区党〔46〕和群众组织中能够来往白区的同志；利用来往赤区和白区的木船工人和苦力小贩；特别重要的是要找寻在白区居住的积极拥护红军和要求参加土地革命〔15〕的分子，把他们找到苏区〔19〕来，给以工作方法的教育。不管是哪一种人，都要依照他们的环境，细心听取他们的意见，估计到他们的可能，分别讨论各人去进行工作的方向，给以简单的不多的任务，告诉他们完成任务的工作方法。在一定时期内请他们来报告工作，检查和总结工作的经验，并耐心地具体地告诉他们解决所遇到的困难的方法，使之继续去进行工作。这是开展白区工作的第一步。

二、在建立白区组织中，要培养出当地的干部。我们派到

* 这是陈云同志为中共中央编印的一本内部学习的小册子所写的前言。当时他是中共中央政治局委员、常委，兼中央白区工作部部长。

白区工作的同志，最重要的任务之一，是要寻找和培养白区组织中的干部。白区的当地干部更加了解当地群众的生活和要求，与群众有密切联系，可以在白区来往自由。因此，对于白区组织和一切工作的领导，我们派去的同志应该尽可能地推动这些干部去做。在每次会议以前，应该首先与这些干部讨论，并取得他们对于我们意见的积极拥护，然后经过他们去领导各种会议和群众斗争。只有这样，才能使当地群众看到自己的力量和自己的领袖，才不会使群众感觉是外来人的命令。这种对干部的培养和教育，应该在日常工作中间进行；在不妨碍干部活动的环境下，也可以把他们找到苏区来，给以短期的训练。

三、发动和领导群众的日常斗争。白区的工作同志，白区的一切组织，他们的任务是要发动和领导群众的日常斗争。如反对苛捐杂税，要求减捐减税，要求自由买米买盐，反对抽丁筑路，要求筑路给工资，等等。在城市要抓住工人和贫民任何的细小的不满，领导和组织他们的斗争。在领导斗争中，不是要提出许多要求，不是要提出过高的群众还不了解或不能立刻为这些要求而起来斗争的口号。在提出要求时，必须倾听群众的意见，适合他们的需要，并估计到争取每个日常斗争胜利的可能性。我们领导的艺术，不在于口号提得多，提得高，而在于每个口号为当时当地群众所能接受，并立刻起来斗争。在斗争的过程中，要不放松每个机会去提高群众斗争的积极性和政治觉悟，使群众去为更高的口号而斗争。在一切斗争中，必须不放松丝毫机会去扩大党和群众的组织，去建立包括广大群众的各种斗争委员会。这种斗争委员会在党的领导下，在斗争过程中大批地吸收积极分子，更加扩大党和工会、农民协会等一切群众组织。组织上的发展和争取每个日常斗争的胜利，是检查领导斗争的成绩的主要尺度。

四、组织和领导群众的反日反帝斗争。日本帝国主义强盗，强暴地占领了东三省、热河，并向华北扩展〔47〕；其他帝国主义亦加紧进行瓜分中国的活动；国民党无耻的投降和彻底的出卖，引起了广大工农劳苦群众以至小资产阶级的高度愤恨，激发了直接的、剧烈的反日反帝反国民党的斗争。怎样抓紧去组织这种斗争，是我们党特别是白区的党组织的刻不容缓的任务。党应该在广大群众面前，尽情揭露日本帝国主义及其他帝国主义的凶暴行为；揭露国民党帮助日本帝国主义消灭抗日义勇军、封闭反日团体、捕杀反日领袖和群众的无耻出卖的事实。要组织群众的御侮自救会和检查日货队，检查日货、没收日货〔48〕，并要领导群众加入到各党派所组织的反日团体中去，用我们的反日纲领〔49〕，活泼地运用下层统一战线的策略，把群众争取到我们这方面来。要将下列事实作对比宣传：苏维埃政府对日宣战〔50〕，而国民党则卖国投降；在苏维埃区域已完全肃清了帝国主义的势力，而国民党甘为帝国主义的走狗；苏维埃政府和红军坚决领导民族革命战争，准备直接与日本帝国主义奋战，而国民党压迫反日运动，帮助日本帝国主义消灭抗日义勇军，等等。通过深入的宣传，争取更广大的群众在苏维埃革命旗帜之下，扩大反日反国民党投降政策的斗争。

五、发动群众拥护苏维埃和红军的运动。在经常的宣传鼓动中，在每个斗争中，在一切日常工作中，党要宣传苏维埃土地革命的胜利和苏维埃的反帝政纲及各种保护工农贫民的法令，发动白区群众起来组织“红军之友社”，募捐援助红军。党和工会要组织白区的群众到苏区来参观，我们要给以热情的招待和欢迎。工会及边境苏维埃，要在苏区边境建立工人俱乐部和群众休息所，吸引白区工农贫民在经过边区时来游玩和休息。通过这些方式，吸引他们参加白区工作。边境的党组织和苏维埃要经常了解白区群众的困难和需要，并利用各种机会去实际帮助他们，在群众面前证明苏维埃政府是全国一切劳苦群众的救星。例如，赣东北白区工人参观团到苏区时，因为白区米贵而苏区米贱，党发动群众廉价卖米给参观的代表，每人挑了一元钱的米回去，我们所费不多，但对于白区工人则影响极大。在经济上有可能时，我们可以从苏区运一些米，到白区群众生活最苦的地方去平粜。这些，都有利于吸引群众在苏维埃的周围，发动群众起来为建立苏维埃政权而斗争。

六、保证白区工作顺利进行，注意秘密工作是重要前提。我们要教育干部使他们了解白区的情况和苏区是完全相反的，在白区进行工作必须用完全不同的方法。秘密工作最重要的条件是要深入群众，取得群众的信任和保护。我们的行动和居住应该在群众中，一切日常生活甚至言语、服装，要完全当地群众化，与群众打成一片。党和群众组织的各种会议，要有群众各种形式的掩护。党和群众组织的各个单位，在严重的白色恐怖的条件下，可以分别隔离。秘密工作要靠群众的掩护，愈是我们与群众联系广泛，群众组织更加扩大，党和群众组织就更能取得群众的掩护，更不易遭受敌人的袭击。

七、地方党部要保证对白区工作的经常领导。边境的党部和工会的白区工作委员会，要真正有计划地进行白区工作，推动边境上党和工会的一切组织去做好白区工作。要经常在会议上讨论和检查白区工作。应该找白区组织的负责人到苏区来，或者派出巡视员去白区检查工作，细心地听取他们的报告，给以具体的切实的而不是一般的粗糙的领导。而且，要细心地去了解群众的情绪，并了解每个干部，将他们工作上遇到的各种困难，给以具体的解决。此外，要总结和整理白区工作的经验，来教育全党。

八、一切工作方法，必须随着每个地方的不同情形来决定。一般的原则和方法，可以参考党中央各种决议，同时要审慎地结合当地当时的实际情形来提出适当的口号，灵活地运用各种工作方法。

游击区域的斗争方式和组织方式*

（一九三四年九月十四日）

现在，许多被敌人占领的区域中，还没有真正地开展群众性的游击战争。即使挺入游击区域的游击队，非但队伍缩小，而且经常退回苏区[19]。有些游击队在游击区域中坚持活动，也还没有发动当地的广大群众，开展群众性的游击战争。游击区域中虽有不少的党员，一些同志还在独自与敌人作顽强的斗争，但是没有党的组织和领导。总的说来，游击区域中游击队和党的活动还没有给前进的敌人以极大的困难，还没有起吸引敌人到自己方面和阻止敌人前进的应有的作用。

游击区域的游击战争没有广大地开展起来，原因何在？

第一，对游击战争的重要性的认识还非常不够，一般地还没有把发动群众性的游击战争，作为党的第一等任务。我们可以看见，放弃被占领区域工作的倾向还是存在的。代英县[51]被敌人占领只剩下四个乡，但是县委和分区没有到被占领区域去开展游击战争，而把各级工作人员、党员、难民和分区机

---

* 本文原载中国共产党苏区中央局机关报《斗争》第七十二期，题为《游击区域（被敌人占领的区域）的工作方式与组织方式》，收入本书时略有删节。

关，以及各武装队伍，都紧缩在这四个乡里面。许多战区还是消极的坚壁清野，没有立即武装群众去进行游击战争。在游击区域中，党的组织没有积极地去领导游击战争，一些党部变成了“谍报小组”；有的党组织即使领导了一部分群众反抗国民党强迫修路、做工事，也是停留在“要饭吃要工资”的口号上，不曾进一步去领导群众进行怠工破坏，使其修不成堡垒和马路，更没有领导群众激进地与敌人作武装的斗争。

要使一切党的组织了解游击战争的重要，了解发展游击战争是现时党的第一等任务，是主力红军取得胜利的必要条件之一。游击战争的广泛开展，可以阻止敌人的前进，可以保卫苏区。深入敌人的后方去开展游击战争，可以创造新的苏区和新的红军。只有最清楚地认识、并向一切党组织和广大党员解释党的开展游击战争的正确方针，才能克服一切放弃游击区工作、轻视游击战争的错误。

为了开展群众性的游击战争，应该：（一）加强现有游击部队政治和军事的教育，派遣政治上最坚定的干部，去健全党的支部，加强党的领导，保证这些游击部队能够坚定地执行党的路线去开展游击战争，并使之成为群众性的游击战争。（二）加强赤少队〔52〕首先是模范赤少队的领导，派遣干部，建立支部，健全组织，使赤少队首先是模范赤少队在党的坚强领导之下，能够挺进到游击区域去开展游击战争，成为现成的地方游击部队。（三）赤少队组织还未健全而游击小组已经组织好了的地方，党应该领导这些游击小组参加到赤少队中成为一排一班，领导赤少队去开展游击战争。

游击战争的胜利开展，必须依靠游击队去发动游击区域中广大的群众，使游击队成为群众的武装斗争以及一切斗争的领导者和组织者。过去一些游击部队所以不能在游击区域开展群众性的游击战争，不能生根立脚，甚至找不到饭吃，归于失败，就是因为没有去发动群众，得不到群众的帮助。

要纠正游击区域中的党组织和游击队脱离群众的错误，必须反对那种不相信群众力量，不相信我们可以领导群众起来与国民党、地主阶级作坚决斗争的倾向。发动群众起来斗争，要改变把中心苏区〔30〕所用的发动群众的方法一成不变地拿到游击区域去运用的做法。必须善于去了解各种环境的不同，善于采取适合于当时当地环境的工作方法。要真正了解当地群众的迫切要求，提出为群众所能接受的口号，使群众起来为我们所提出的口号而斗争。这里可以用如下的具体例子来说明。在中心苏区，群众在敌人进攻面前的迫切要求是武装起来保卫苏区，所以我们号召群众“武装上前线”，号召群众节省粮食、借谷、捐助各种军用品，“一切为着争取前线上的胜利”。正是因为党提出了群众心坎内所要求的口号，所以五六月份就有六万三千名新战士武装上前线，全苏区节约粮食、借谷捐助运动也得到伟大的成功。但是，在游击区域中就不同了。群众目前最迫切的要求，是反对国民党白军杀人、强奸、抢劫，反对地主催租逼债、牵牛牵猪等等眼前不能忍受的压迫和剥削。在这种环境之下，固然也要发动群众参加红军、游击队，也要发动群众捐助谷子给红军、游击队，最终推翻国民党统治，恢复苏维埃政权。但是，如果我们不去提出群众眼前迫切要求的口号，而机械地像中心苏区一样进行“扩红突击”〔53〕、“借谷运动”[54]，那就不能得到应有的成绩，甚至不能发动群众，更说不上发动觉悟还不够的群众。正像永定游击区域的县委和游击队，虽然他们长期坚持奋斗，积极开展像中心苏区一样的“扩红突击”，但是三个月来只扩大八个人。这种“劳而无功”，正是因为不懂得运用适应环境的工作方法去发动群众。

第二，在组织领导工作上，还有着几个严重的错误。首先是各地党组织还没有分配最好的最适当的最有能力的干部去担负游击区域的领导。其次，过去战区党[55]所组织的“秘密支部”，没有和群众打成一片，甚至脱离群众。再次，游击区域中没有建立集中的领导机关。所有这些组织领导上的错误，妨碍党在游击区域中去进行发动群众的工作，结果使游击队得不到群众的配合而陷于孤立，甚至失败。

要保证游击区域中党组织和游击队坚持执行党的路线，就必须在组织上保证有最好的干部去领导。派遣到游击区域去担负工作和领导的干部，必须是在各方面有独立工作能力的，他们即使暂时与上级党失去联系时，仍能毫不动摇地执行党的路线。同时，要选择当地了解地方情形又为党员群众平昔所信任的干部，担负领导工作。这些干部，都必须懂得游击战术。如果不审慎地按照这些条件去选派干部，那必然会重复粤赣及其他游击区域中曾经出现的一些问题，如在敌人到处追逐的情形之下，发生动摇，缩回苏区，甚至逃跑投敌。现在战区党的紧急任务之一，就是进行组织上的准备工作，而基本的是选择和派遣干部。党要有决心分配好的干部到游击区域去，根据干部的特长，把他们安置在适当的工作岗位上。对于那些政治坚定的当地干部，要给以必要的军事教育，或使其参加赤少队，到游击战争的实际中去学习。

党的支部应该成为领导群众斗争的核心。必须纠正过去那种组织“秘密支部”的错误。那种“秘密支部”是放弃了支部中其他好的党员，只找三四个老弱妇幼的党员来组织的支部，它的结果必然脱离群众，而且根本不会领导游击战争。我们必须教育党员到游击区域群众中去进行艰苦的不退却的工作，成为领导群众斗争的核心。只要我们深入群众，取得群众拥护，非但可以得到群众的掩护，而且能够去开展群众的革命斗争。

在游击区域中，党组织要建立集中的领导。必须纠正过去工作团、县委与游击队相互之间没有联系，没有统一的集中领导的错误。这种错误会使游击队得不到地方党的配合，得不到群众的拥护而陷于孤军作战，以至失败。还必须纠正庞大的机关跟着游击队走，而下面的各区以及小的游击队缺乏领导干部的现象。庞大的机关工作人员跟游击队东奔西走，只会便利于敌人找到游击队的目标，而且使游击队无法灵活机动作战。为了建立集中的领导机关，应该从区的独立团、工作团和游击队中选择最好的干部组成集中领导的军事政治委员会。在已经有县委而与游击队没有联系的地方，应该改组县委，选择县委中和最大的游击队中好的领导干部，组织新的县委，县委书记即为这个最大的游击队的政治委员。所有区的军事政治委员会或县委均须与游击队在一起行动，直接加强游击队的领导，同时担负领导地方党的工作。

在游击区中，我们必须把堆在县或区的领导机关中的许多工作人员做适当的分配。把一些干部分配到下级党部或各小游击队去加强领导;把其余的工作人员武装起来参加游击队,去开展游击战争,或者分配到各区各乡群众中去工作。

遵义政治局扩大会议传达提纲*

（一九三五年二月或三月）

遵义政治局扩大会议[56]的召集，是基于在湘南及通道的各种争论而由黎平政治局会议所决定的。这个会议的目的是在：（一）决定和审查黎平会议所决定的暂时以黔北为中心，建立苏区[19]根据地的问题。（二）检阅在反对五次"围剿"[57]中与西征[58]中军事指挥上的经验与教训。当着红军占领遵义以后政治局扩大会议即行开幕，参加这个会议的同志除政治局正式及候补委员以外，一、三军团[59]的军团长与政治委员林聂[60]、彭杨[61]及五军团[62]的政治委员李卓然、李总政主任[63]及刘参谋长[64]都参加。会议经过三天，作出了自己的决议。

一、扩大会一致决定改变黎平会议以黔北为中心来创造苏区根据地的决议，一致决定红军渡过长江在成都之西南或西北建立苏区根据地。这个决定的理由是：由于四川在政治

* 这是陈云同志为传达遵义会议情况而写的提纲。提纲形成于遵义会议后不久从云南省威信县到贵州省仁怀县鸭溪镇的行军途中，时间在二月中旬至三月上旬，具体日期尚难确定。长征时期，陈云同志担任过中国工农红军第五军团中央代表、军委纵队政治委员、遵义卫戍司令部政治委员、渡河（指金沙江）司令部政治委员等职。

上、军事上（与四方面军[65]的更好的配合，背靠西康[66]一个空无敌人的区域）、经济上都比黔北好。

（如果今天来观察这个决定，我们应该批评这个决议只在一些比较抽象的条件上来决定根据地，没有具体的了解与估计敌情与可能，没有讲求达到这个目的的具体步骤。而且个别同志对于四川敌人的兵力是过低的估计的，后来由威信回兵黔北而没有达到渡江入川的目的，亦正在此。）[67]

二、检阅反对敌人五次“围剿”中与西征中的错误。

（A）扩大会议认为四次“围剿”粉碎[68]以后，中央政治局所作的决议——粉碎帝国主义国民党五次“围剿”的决议[69]是正确的。政治局扩大会反对博古[70]同志的报告，这个报告客观上是在说明不能胜利的保卫苏区来粉碎五次“围剿”的原因是偏重于客观的——帝国主义对于国民党的帮助，白区[37]反帝与革命运动不能与红军战斗配合，苏区周围的游击战争与白区工作的极端薄弱等等——，没有显著的把我们在军事指挥上的错误，提到这些原因中的应有的高度。（当然在博古同志的报告中也说了主观的指挥上的错误，当然也不曾明显的把这个问题放在次要的地位。）这在客观上是右倾机会主义的，是企图掩盖指挥上的错误的，是不能得到教训的。

扩大会议认为我们没有胜利的保卫中区[30]来粉碎五次“围剿”的原因，除了许多客观的而且重要的原因以外，最主要的原因，由于我们在军事指挥上战略战术上基本上是错误的。

扩大会议认为当时党的总的政治路线一般的是正确的[71]，一切在苏区内部的后方工作是模范的，必须奖励的。但是正因为国内战争中军事指挥是党的总的政治路线的一个主要的部分，我们党正是由于军事指挥上在这个时期以及西征中是基本上错误的，因此在保卫苏区与顺利的粉碎五次“围剿”的意义上来说，以及达到西征军预定的湘西目的地来说，是没有完成自己的任务。

扩大会议认为蒋介石在五次“围剿”中没有完全成功，主力红军非但冲出重围，而且在川黔滇湘活跃着发展着。相反的在军事的力量上来说，经过五次“围剿”的一年半的血战，蒋介石的军事力量是削弱了。

扩大会议认为中国苏维埃运动决不是低落，相反的依然是发展的。几个苏区红军的胜利，中央红军〔72〕的活跃，以及反帝运动的高涨与国民党统治下的全国经济的破产。中国苏维埃运动有着浓厚的历史的泉源，中国苏维埃运动与红军是不可战胜的力量。

(B)为什么说军事指挥上基本上是错误的？（把五次“围剿”起至西征到遵义分成四个时期。）

第一个时期——从粉碎四次“围剿”以后到朋口战争〔73〕及与十九路军订定作战协定〔74〕以前。

这个时期，首先在东黄陂〔75〕战争胜利以后（粉碎了四次“围剿”），因为当时对于胜利的估计不足，把红军主力停留在北线上一个短时期，以后向着闽江活动来开辟东战场是对的，朋口战争胜利了，这都是对的。这个时期一般的是指挥正确的，但是极大的错误是没有集中主力，只有三军团与东线原有较弱的兵团与十九路军决战，如果那个时期，集中更多的力量，我们在东方战线上的胜利，必然远过于当时所获得的。

第二个时期——从与十九路军订立作战协定起，到十九路军的失败与敌人占领军事要点——黎川。

这个时期党中央决定与十九路军订立作战协定，是正确的。但是在当时军事指挥上并没适应政治上的要求，当时我们非但没有出建黎泰[76]去侧击向延平[77]前进的蒋军，反而把红军主力向着赣江活动，等到后来洛甫[78]同志（他是军委的委员）知道而提出反对时，再把红军向东到永安、沙县时，福建的人民政府的局面已经改变了。而使蒋介石把东方战线在自己的掌握中组成积极的进攻苏区的战线。同时在个别指挥员的贻误之下失守黎川[79]。

政治局扩大会认为这个时期，如果我们在军事上能够正确的指挥，那末我们完全有可能粉碎五次“围剿”，国内形势将成另外一个局面，而有利于革命运动苏维埃运动的发展。

第三个时期——从十九路军失败以后的广昌战斗[80]到主力红军出发西征时。

这一时期是五次“围剿”战争中最残酷的战斗的时期，敌人用最大兵力压迫我们于苏区内部。同时，我们严重的指挥上的错误也正是在这个时期，不去尽力寻求运动战与敌人翼侧的活动，而采取阵地式的与敌人堡垒对峙的战略战术，发明以“赤色堡垒”来抗阻敌人。在赤色堡垒与敌人堡垒对峙之下，用所谓有名的“短促突击”[81]战术来作战。这个战术拒绝了在运动战中消灭敌人的战术，放弃了外翼侧的活动。结果苏区边界上到处造了宫殿式的堡垒（当然不是说个别的必要地区的堡垒是不要的），我们依靠这些堡垒和工事与敌人对抗。这个战术完全暴露我们的主力，完全在敌人面前暴露我们的弱点，使敌人的飞机大炮能够按照一定目标的配合步兵师团向我们进攻。结果，我们与敌人只是拚“消耗”（这对我们是不利的），许多赤色堡垒被毁于飞机大炮，一些被敌人占领来作为进攻苏区的军事据点。

“短促突击”的战术，使我们不能获得运动战中应能获得的胜利（龙岗战斗[82]），使我们在敌人的强大的火力之下受到极大的损失。在敌人以几倍于我们力量向我进攻时依然不得不退出赤色堡垒地带（建泰广昌）。“短促突击”在广昌战斗、三溪圩战斗[83]、太阳嶂战斗[84]、石城战斗[85]，以及退出苏区时的许多战斗中，红军的有生力量受到极大的损失。每次战役总是死伤二三千，三军团在一个短时期中全军团的老的连长完全死伤。即使在将要西征出发的前两天，军委依然命令十三师在兴国城市死守。“短促突击”的结果，使一九三三年红五月直到一九三四年九月扩大来的十五万以上（将近二十万）的新战士，除去因为政治工作的薄弱、动员扩大红军时工作上的错误而使一部减员以外，都在这个战术之下损失了。

第四个时期——开始西征起到黎平为止。这个时期在指挥上组织上一般是错误的，已如前述，不再重复。

总括以上四个时期来看，当时我们在军事指挥上战略战术上是基本上错误的。

（C）右倾机会主义的单纯防御路线。

扩大会议认为当时军事指挥上所采取的战略是单纯防御路线。这个战略之政治来源，是由于对我们可以战胜敌人的堡垒主义[86]，没有信心。

这种单纯防御路线实际就在：

（a）拒绝运动战与在敌人的翼侧的活动。

(b)企图以赤色堡垒的消耗战来保卫苏区。(把不失去一寸苏区土地的口号在战术上机械的运用。)

(c)敌人分六路进攻,我们也分兵抵御。这样就不仅居于被动地位,而且使我们主力不集中,各个战线上力量薄弱而处处受敌打击。

如果否认五次战争中敌人战略上的堡垒主义的特点,是错误的,但是诱敌深入的机会依然是有的,而且还不很少的。正因为我们采取的战术是敌人一出动——三里五里——即对敌进攻,这样使敌人更加小心而步步筑堡垒。在五次战争开始时敌人的堡垒还是十里一个十五里一个,因为我们的"短促突击"的结果,使敌人懂得在一里路的距离中筑上三五个堡垒。譬如:龙岗战斗,敌人才伸出五里路,我们即出击,暴露了红军主力所在,使敌人立即迅速的退回堡垒的据点,结果可以大胜的战斗,只能俘获一营敌人。这种类似的战役不能胜数。所有军团首长在扩大会上举出许多战役的例子都是犯着这个错误。他们说:"在这个战役中得到的军委命令,在出发以前,已经明知是劳而无功,但是只有服从命令。"即在退出苏区以前不久之东方战线上打击李延年〔87〕纵队之温坊战斗〔88〕是极大的胜利(俘获人枪千余),但是这个胜利的获得,正是由于一军团首长不照军委命令——死守温坊来打击敌人——而自动的进行机动,从温坊退进苏区二十里路(可是他们恐军委的责备而两天两晚睡不着觉),才能使敌人大胆前进,远离堡垒,而给以打击。至于后一时期只在分兵抵御,除了七军团之抗日先遣队〔89〕北上外,其他在敌人翼侧后方的活动,完全没有。

至于以赤色堡垒来对抗敌人的堡垒主义,这种"拚消耗"

的战斗，谁都明白在今天我们所处的地位，运用了的时候是极端不利的。

分兵抵御的办法，不仅使我们完全居于被动地位，常被某一战线上的敌人佯攻吸引红军力量，而在其他战线上进行强攻，不仅使红军部队疲于奔跑，而受到不应有的损失，而且不合目前国内战争红军处于内线作战，必须集中主力——集中优势兵力去打击敌人的弱点——来各个击破敌人的分进合击的原则的。因为分兵抵御而不能集中主力，所以许多战役不能得到应有的胜利。就是温坊战斗以后，敌人的两个师迅速的增援——继续冒险前进——因为我们的其他军团没有集中，不曾取得继续的可能的胜利。

这种错误的军事上的指挥，是经过了一个很长时期的。在这一时期中，党内军委内部不是没有争论的，毛张王[90]曾经提出过许多意见，就是恩来[91]同志也曾有些个别战役上的不同意见，但是没有胜利的克服这种错误。至于各军团——尤其是一、三军团的首长不知有多少次的建议和电报，以及每个战役的“战斗详报”，提出他们的作战意见，可惜完全没有被采纳。

扩大会议指出军事上领导错误的是 A、博、周[92]三同志，而 A、博两同志是要负主要责任的。

扩大会议指出党内对于军事领导上错误的纠正，不是党内的分歧，相反的更加团结，使军事领导走上正确的道路，使党与军委的威信更加提高。一切动摇、悲观、失望的分子，与前进的布尔什维克[93]没有丝毫相同的地方。扩大会议指出反对军事领导上的单纯防御路线时，必须坚决的反对一切右倾机会主义的倾向。

(D)扩大会最后作了下列的决定：

(一)毛泽东同志选为常委。

(二)指定洛甫同志起草决议，委托常委审查后，发到支部中去讨论。

(三)常委中再进行适当的分工。

(四)取消三人团〔94〕，仍由最高军事首长朱周〔95〕为军事指挥者，而恩来同志是党内委托的对于指挥军事上下最后决心的负责者。

扩大会中恩来同志及其他同志完全同意洛甫及毛王的提纲和意见，博古同志没有完全彻底的承认自己的错误〔96〕，凯丰〔97〕同志不同意毛张王的意见，A同志完全坚决的不同意对于他的批评。

扩大会完毕后中常委即分工，以泽东同志为恩来同志的军事指挥上的帮助者。并决定决议到支部讨论时，指出华夫同志的名字(华夫即A名，常用此名在军委刊物《革命与战争》上发表许多文章，特别是“短促突击”的文章)。在团以上的干部会中才能宣布博古同志的名字。

决议发出以后常委各同志——毛张陈〔98〕——均到各军团干部会中传布决议。在一切会议中对于政治局扩大会决议是积极的拥护的。

在由遵义出发到威信的行军中，常委分工上，决定以洛甫同志代替博古同志负总的责任。

附录：

随军西行见闻录*

（一九三五年秋）

我国共产势力，年来伸张极速。朱毛，徐向前[99]，贺龙[100]、萧克[101]等赤军，已成为中国的一强大力量。当赤军初起时，本系星星之火，迄今则成燎原之势。朱毛赤军原系民国十六年国共分裂时朱德率领之叶挺、贺龙残部及毛泽东率领之湘赣农民军会合而成，南京及各省军队征剿已历八九载，但朱毛实力，有增无减。年来蒋委员长亲身督剿，步步筑碉，满拟一鼓歼灭之，不料朱毛早见及此，于去年十月中突围西走，由湘粤边而入黔，逗留于黔川滇三省一个时期，最后竟冒险突过金沙江、大渡河（此两河均为长江上游，河宽水急）而入川，与川北徐向前会合。现在中国两大赤军会合，声势大振，且军

---

* 这是陈云同志为宣传中国工农红军长征，在莫斯科写的一篇文章。为便于在国民党统治区流传，作者署名“廉臣”，并假托为一名被红军俘虏的国民党军医。本文最早于一九三六年三月在中国共产党主办的巴黎《全民月刊》上连载，同年七月在莫斯科出版单行本。随后，在国内多次印刷发行。此次收入本书时，除作了个别文字、标点符号订正外，均保持原貌。

事重心,已由东南而移到西北,剿共军事,无论在作战上运输上皆大感困难,赤军活动愈难抑止矣。

记者向业医,服务于南京军者四年,前年随南京军五十九师于江西东黄陂[75]之役,被俘于赤军。被俘之初,自思决无生还之望,但自被押解至赤区后方之瑞金后,因我系军医,押于赤军卫生部,赤军卫生部长贺诚亲自谈话。当时因赤军中军医甚少,他们要我在赤军医院服务,并称愿照五十九师之月薪,且每月还可寄回六十元安家费。我系被俘之身,何能自主,惟赤军尚有信用,除每月支薪外,即每月之安家费,亦曾得着家母回信按月收到。自此以后,我几次被遣至石城之赤军预备医院,时而调回瑞金之卫生部。赤军中最高人物如朱、毛、林[60]、彭[61]及共党中央局等赤区要人,亦曾屡为诊病。这些名闻全国的赤色要人,我初以为凶暴异常,岂知一见之后,大出意外。毛泽东似乎一介书生,常衣灰布学生装,暇时手执唐诗,极善词令。我为之诊病时,招待极谦。朱德则一望而知为武人,年将五十,身衣灰布军装,虽患疟疾,但仍力疾办公,状甚忙碌。我入室为之诊病时,仍在执笔批阅军报。见我到,方搁笔。人亦和气,且言谈间毫无傲慢。这两个赤军领袖人物,实与我未见时之想象,完全不同。

去年十月中旬,南京军已占兴国,赤军即突围西行,我也被携同走。这次行军,真是我有生以来第一次,除在黔北之遵义府休息十余日,以及渡过金沙江后在会理县地界休息五日以外,不分晴雨,终日行军,由江西而湖南、广东、广西、贵州、四川、云南、西康[66],而转入四川之理番[102]、松潘。足迹几遍大江以南,历时八月余,约计行程一万二千里,历尽无数高山大川，而与徐向前会合。我以文弱之躯，经此磨折而今日还能生还，自庆更生。但同时自幸此生竟能走遍长江及珠江流域之各省，并且到了许多梦想不到的地方，亦足自豪。至本年七月上旬，我被卫生部长贺诚派往懋（功）[103]宝（兴）游击大队当军医，出没于两县之山地。某日晨，川军来攻，我被川军冲散，身存之现洋二十余元均被民团搜去。后幸遇川军五旅之军医正蒋君系昔年同学，得其帮助，由天全、雅州[104]、成都、重庆而搭轮回家。合家欢叙，几如梦中。

此次赤军抛弃数年经营之闽赣区域而走入四川，显系有计划之行动。当去年退出江西以前，以我之目光观之，则赤军确已进行了充分准备。自五月到九月召集了赤军新兵将近十万人。当我与林何两医生（何亦系张辉瓒[105]部之被俘者）于八月被派至军事工业局（赤军各军需工厂之管理机关）卫生所时，见兵工厂、被服厂等各有数千工人，日夜作工，状极忙碌。以后，九月间在《红色中华》报（赤区中央政府机关报）登载张闻天（中央政府之人民委员会主席）之文章[106]，微露赤军有抛弃江西而到赤区以外之围剿军事力量空虚地区活动之可能。果然，十月中，全部队伍均行西走矣。朱毛破围之时，除在江西留有小部队外，朱毛率领退出江西之赤军人马兵*，有八万多人。共党要人几全体随军。各县共党中下级干部之随军者甚多。并有妇女干部数十人，均腰悬短枪，脚穿草鞋随军出走。此辈娘子军，均系身体强壮，健步如飞者，常在卫生部招呼伤病兵。有时竟能充*子抬伤病兵。

赤军分两路渡过信丰河后（一路由信丰北之王母渡，一路击退信丰东南之古陂、新田粤军），即在南康、大庾[107]两县之间渡过章水,突过赣州、南雄之汽车路。在古陂、新田及赣雄汽车路上,粤军本筑有碉堡,并有守军,但寡不敌众,闻风逃逸。由此国军年来包围赣省赤军之第一道碉堡线,全被冲破。沿途碉堡,均被赤军及当地怨恨国军守碉兵士之平日强赊硬买之居民拆毁。碉堡系用以进攻及封锁赤军者,常筑于汽车路之两旁、重要路口及路旁之山巅。碉堡以石及砖造成,有方形或六角形不等;大小不一,有排堡、连堡及营堡。平日守军居于堡内,有步枪、机关枪之枪洞,可以向外射击。出入碉堡只有一小门,遇有赤军进攻,守碉兵士即闭门固守,向外射击。此种碉堡对赤军军事行动妨害甚大,故赤军须拆毁之;而守碉兵士平日对居民不守纪律,故赤军一至,居民亦起而拆毁碉堡。赤军一出封锁线,如虎添翼,即猛扑湘粤边之汝城(湘境)、城口(粤之仁化北),旋即占领城口,粤军之军用煤油几千箱及大批弹药均被赤军夺去。粤军在城口与湘南汝城、桂东相连之碉堡线(即国军第二道封锁线)即被突破,碉堡全被拆毁。此时,赤军锐不可当,中央军远在湘赣边,粤军只图自保,湘军则何能独力抵御,且早已闻风远走。故赤军未遇抵抗即占领宜章城,通过粤汉路之汽车线(此为国军之第三道封锁线),照例拆毁碉堡,前锋即占领临武、嘉禾、蓝山。此时湘军李云杰部从宁远南下,拟在天堂圩附江拦击赤军,岂知在天堂圩反被赤军包围,全部击溃,狼狈北退,赤军又获枪弹不少。此时也,赤军势如破竹,分两路:一出道州〔108〕,一出江华、永明〔109〕,城市悉被占领,即全部渡过潇水。南京军及湘军此时跟踪追剿,已无能为,仅派少数部队,尾随赤军监视。而薛岳、周浑元〔110〕及湘军之大部集中湘江沿岸之零陵(湘境)、全州(桂境),命桂军集中灌阳、兴安。当时蒋委员长之计划，拟以大兵拦阻赤军渡江，并从北方驱逐赤军入桂，使赤军与桂军两败俱伤，以便坐收渔利。但桂军李（宗仁）白（崇禧）深知此隐，故一方惧怕损失实力，同时并惧赤军不能过江则必然停留桂省或桂林附近活动，则薛周两纵队将尾随赤军之后，而深入广西，桂省大权将落南京政府之手，所以将兴安桂军向南撤退。薛周及湘军在全州单方出击，不能阻止赤军渡江。赤军渡过湘江，把沿湘江两岸汽车路上之碉堡拆毁（此为国军第四道封锁线）。赤军一出此四道封锁线，如虎出柙，可以东奔西突矣。微闻兴安桂军之撤退，系与赤军订立互不侵犯条约。而南京政府蒋委员长几年来碉堡政策与剿共军事，全部付之东流矣。

赤军当时之喜悦，真是无以形容。赤军政治部印编一歌曲，系用中国马号进行曲旧谱，教赤军兵士唱，因此我所在之总卫生部之二百多个看护生（都是十五六岁者），天天高唱入云。这一歌曲之调句是表示赤军之喜悦和对于蒋委员长之碉堡政策的讥笑。歌词云："共产党领导真正确，人民拥护真真多，红军打仗真英勇，粉碎了国民党的乌龟壳（意即国军之碉堡），我们真快乐，我们真快乐，我们真快乐。"

赤军之所以能突破重围，不仅在于有军事力量，而且在于深得民心。即如赤军入湘南时，资兴、郴州、宜章一带，为昔年朱毛久经活动之区域，居民受共党之宣传甚深，故见赤军此次复来，沿途烧茶送水，招待赤军。我在行军时见每过一村一镇，男女老幼立于路旁，观者如堵。而且湘南各县在几年前，朱毛在此活动时，已有居民加入赤军者。故此次赤军路过时，此辈赤军之家属，闻风早在路口探问其子侄还在赤军否。总卫生部之管理科长（如南京军之司务长）即为宜章之文明司人，当日路过文明司时，其老母在路边迎接。但队伍休息十五分钟即前进。管理科长向卫生部之主任参谋（当时卫生部为一个梯队）告假两小时，回家一次。当日按时归队，又带了十一个农民来当赤军，两个当伕子（一个伕子以后即与我挑行李），又携来家制极甜之白酒（以米制的，远优于江西所产）分给我等。

湘南农民之所以能接受共党宣传者，半由于共党之活动，半由于当地土豪劣绅平日欺压农民之故。昔年朱毛退出湘南时，当地土豪回乡以后，以搜共为名，敲榨农民，因此农民以冤报冤，甚之农民有如此痛恨者，据由管理科长代我招来之伕子云："前几天我们街上早在传说红军要来了，我们村上前五年受那个李区长害的三十余家，就秘密商量，暗中监视李区长的行动。前天早晨团防退出文明司时，这三十余家百余男女即在离镇二十余里之某村中，捉获李区长，当日上午十二点钟即把李区长送到红军司令部，而且还领了一连红军上山搜出团防的长短枪二十余枝。现在这三十余家有五十一个人都当红军了。"他又继续说："红军来了，我们穷人才有一口饭吃，不说别的，像我这样当挑伕，每两天工钱就一元，而且先付十天工资安家。我家里那两个村子上前昨两天即有八十八个人去当红军挑伕了。"湘南农民之相信共党有如此之深，而且不是一处，在湘南以至全州附近渡过湘江时，所过城镇乡村，都是如此。至此而我更深叹剿共之不易矣。

赤军之所以能得民心者，不仅在于乡村农民拥护赤军"打土豪，分土地"、"没收土豪劣绅的谷米分给农民"之宣传和行动，而且在于军队有纪律。朱毛赤军中之三大纪律、八项注意

（内容我已记不清），确使赤军兵士遵守。不说旁的，即如进延寿圩（湘南大镇）、宜章城时，赤军所用苏维埃银行钞票，均按日兑现。所以除几家大店主自惧有土劣之嫌者逃走以外，全城店铺照常营业，而且莫不利市三倍。这一点我在南京军中已服务多年，在乡僻之区行军或驻军时，均未见过。而且因为对于中央银行钞票之行使，过去各省门户之见特深，许多地方未设分行，当然不能兑现。故军队一到时，仅凭该军官长之一纸命令“按市通用”，而又无兑现机关，使商民对中央银行钞票反生疑虑。特别是兵士不守纪律，由此造成居民中不好印象。

还有一事为国民党及国军所无者，亦使我有深感者：赤军路过宜章时，在粤汉铁道（未筑成，现在只通汽车）上有修路工人四百余，内有几个共产党员，已秘密活动几年。且内中有一学生，亦为该党所派在修路工人中活动者。赤军来时，全数工人加入赤军。当我路过该处时，正见修路工人在持枪上操，赤军已派军官去训练，而该共党学生作修路工几年者已当政治委员（赤军营以上都有政治委员，职权甚大），正在向修路工人演讲。此事深深使我忆起，国民革命军北伐时，各处民众响应，北伐军势如破竹，正如王者之师。自国共分裂以后，像北伐时民众响应之事，已销声匿迹。反之，全国人心，大都失望。共党分子如此埋头苦干，而返视国民党员，则徒争名利，何曾见一个在东三省日本势力下埋头苦干的人！我深感共党自有其社会上根深蒂固之潜势力，剿共与消灭共党决难成功也。

赤军渡过湘江之后，已使当时薛周两军与桂军之迎头拦阻完全失败，而且尾追亦极困难。因为赤军渡过湘江以后，即上越城岭之西延山脉〔111〕，山势连绵，追剿军无法包围。赤军之后卫节节抵抗,而赤军前锋即向湘黔边西进。

赤军之能够翻过越城岭之西延山脉,而且在此山高人迹稀少之区,未受损失者,确是赤军上至首领下至兵伕具有刻苦耐劳与其他各种优点,而这些都为国军所不及者。

西延山脉之高峰老山界,确为我十几年来第一次上过的高山。千家寺是在老山界的山脚下。我记得是一天的下午,总卫生部才抵千家寺,当时休息吃饭后,即上山。上了二十里,到一小村子,只七八家人户。此时太阳西下,伕子、马伕均忙于找火把。过一下天黑了,队伍还是前进。可是因为队伍中有些人没有找到火把(因为人家少,找不到火把的材料),在黑夜里黑摸,走得慢得很。我在第六连的先头走,简直是走一步停一下,走一步停一下。天气又冷,风又大,山又高,山下的泉水的流声如万马奔腾。人又疲倦,可是不敢合眼,因为路太狭了,只有一海关尺〔112〕阔的路。有一个看护生在行军时,因为天黑未找火把,再加上睡眼朦胧地走着,忽然一失足滚入水沟里去了。当时就命传令兵执了火把,慢慢地拉住树根攀到水沟里,可是那个看护生已经跌得不只满身泥水,而且不能言语了。这就警惕了各人小心翼翼地慢慢地走着。因为走得慢,即使下午预备了火把的人,也已经把两三个火把烧光了,以后简直前后看不见火把了,只有稀稀地看见几个马灯的灯光在走动。队伍越走越慢了。走几步,停五分十分钟,既不像走路,也不像休息。时间已经是次晨两点钟了,前面顺次序地传下了司令员的口头命令:"各连队随地靠路旁露营。各连火伕到前面煮饭。"同时大家又顺次序地喊:"向后传……。"实在太疲倦了,不管地下是湿是干的,大家就横七竖八地倒在地下把被单往身上一盖就睡。人生再没有比这个时候、这个地方睡得舒服的，不要两分钟已经鼻息呼呼地入睡乡了。

次晨天尚未明，吹号，起身，吃饭，并且各人还带了午饭。据当地居民说，此地到唐庄还有六十里，而上山还有四十里。

山实在太耸了，因此队伍走不快。的确空身上山还要脚酸气喘，而那些伕子还要挑上三十五斤的担子，真是不容易。

在我们总卫生部先头走的是赤军总政治部，而苏维埃中央政府之要人林祖涵〔113〕、徐特立等亦均与总政治部同一行列，故我时与林徐路遇。当日上老山界时，我见林徐两人亦正步行上山。林祖涵为苏维埃中央政府财政部长，曾与孙中山共事，创办同盟会，领导辛亥革命；北伐时为国民革命军第六军党代表；在赤区所有财政均出其一手计划。林年将五十，白发童颜，身体甚健，在八月余的行军中，林只骑十八天马，经常步行。徐特立为教育部副部长，年逾五十。赤军离江西时，徐本有一马，但半途因知伤兵缺乏驴马，徐竟转送给卫生部之伤兵，而其本人则步行。此林徐两老之洁身自好，愈老愈壮之精神，诚非南京政府之要人可比拟也。

老山界这个山高得非常使人发急，到了一个山顶，见前面只有一个高峰了，不料上了那个高峰，前面还有一个高峰。这样一个又一个地爬着高山，大家不停喘气和汗流浃背。正在这个时候，忽听见隐隐有留声机的声音，正唱着："骂一声毛延寿你卖国的奸贼……。"一张片子唱完，又听见一阵歌声："同志们快起来拿刀枪，我们是人民的武装，要打倒帝国主义国民党……。"原来是政治部的宣传队正摆着宣传棚，为鼓励行军、提起部队的精神，使之忘却行军之疲劳。在宣传棚旁边的石头上,拿粉笔写着:“同志们努力啊!还有二十五里就到山顶了。”“竞赛一下,谁先上山顶?”经过宣传棚的留声机和唱歌,的确我们把上山的疲倦忘掉了。我们队伍内的那些小看护生也唱起来了:“……骂一声×××〔114〕你卖国的奸贼……为什么投日本,你丧尽了良心。”这样一唱,又到处引起唱着:“粉碎了国民党的乌龟壳,我们真快乐……。”唱了一阵以后,大家还是照着路向上走,这样走了共有十二个高峰,才到山顶。当然到了山之最高顶,大家就兴高采烈,精神也兴奋了。时间已经下午四时了,但是八十里路的高山,终于走到了山顶。

从山顶到唐庄,名为二十里,实在将近三十五里,所以大家又走了一节黑路,当晚就到唐庄宿营。

八十里路的老山界,比之后来赤军所过的高山看来当然不算高。但是赤军在高山上两天两晚的不断地行军,而没有多少掉队落伍的兵伕(卫生部的病员都到齐了),这不是一件容易的事。这实在是由于赤军中兵伕的团结,同时在山上行军中,赤军政治部能设法以减少行军疲劳及提起行军精神,如用宣传棚等等,这确是他们设想得周到。

赤军在西延山脉周围遭遇了极多困难。最重要困难之一,就是赤军每到一处,全村全镇房屋、粮食统统烧了。究竟是谁烧的呢?开始老百姓传说是赤军烧的,但是事实上我不能完全相信,因为许多镇市在赤军未到前已在火烧了,这样难道是赤军自造困难吗?把房屋、粮食统统烧光,岂非使赤军自己无处住无处吃吗?后来这个事情水落石出了。当赤军驻广南寨(广西龙胜县之西北)时,我们总卫生部于次晨集合于广南寨镇外田野间而快将出发时,忽见镇内三处房屋同时起火,显系有人放火。总卫生部司令员贺诚即下令警备连回镇搜索，忽然捉到七八个穿赤军军装的放火人来。一问他们，都是广西口音，就供出他们是龙胜县政府所派，专烧民房，每日得大洋两元，作用在一方使赤军无处住，不得食，一方则引起居民对于赤军之怀恨。一询其何处得来军衣，均说县政府捉获赤军之掉队落伍兵佚，杀之而剥去其军服，即由所派之放火人穿上赤军军服，冒充赤军。放火之后，使居民愤恨赤军。这几个人已放火烧了好几个镇市了。他们穿上赤军军衣，冒充有病而掉伍者，天天随在赤军队伍后面走，或者冒充赤军之侦察队，在赤军将来时，先放火烧屋。

总卫生部长贺诚当然不是一个笨人。他听了他们如此说后，即传令部队大家去救火。救熄后，召集全镇居民来开会，当场要这放火的冒充赤军的七八人在居民面前自供。结果，几百居民立刻动手，把这七八人一顿拳足，打得那几个人气都快没有了。贺诚忽然又劝止说："这是广西军阀官僚一方面诬害红军，一方面是残酷地使你们年终的时候，弄得无家可归。红军是帮助百姓的，我们帮助你们救火。现在你们太可怜了，哪家房子被烧的，红军愿把没收土豪的洋钱救济你们。大家到那边去领。这几个放火的人，大家愿意怎样办呢？"一经贺诚的演说，数百居民众口一声要求枪毙这七八个人。结果把这七八个人拖到镇外去了，大家跟着去，一会儿又回来在一个空场角上的桌子上领洋钱。忽一会就有五六十个年轻力壮的男子到贺诚面前说："我们要当红军。"结果就有一百多人连续地写上名字当红军了。

我于此事深深感觉，桂军领袖白崇禧氏，虽有小诸葛之称,但派人纵火以嫁祸于赤军之举,终属太惨,且也不智。如广南寨之事,岂非反增居民对于地方当局之恶感而助赤军以取得民心乎!

赤军由广南寨西北进,即为两河口[115]与牛皮山,地处桂湘交界,由此下山西通湘之通道,北通绥宁,南通三江。当时薛周两纵队及湘军大部集中于城步、绥宁、靖县、会同等县以阻赤军北上与贺龙、萧克之赤军会合。桂军以一部扼于桂湘边以阻赤军南下,并以一部尾追赤军。当时赤军前锋已占通道县,即避实就虚而径趋贵州之黎平府。

贵州东部与北部之守军为侯之担部两个师。侯之担本为贵州三首领之一(王家烈、犹国才、侯之担),兵力虽号称两师,但枪弹均系其赤水兵工厂所土造,且无新式武器。这样兵力,如何能当朱毛赤军。故赤军分路连占锦屏、柳霁[116]、剑河、台拱[117],而入镇远占领通贵阳之汽车线。侯之担部可怜连战连败,直败至乌江边。王家烈部此时在新黄平扼守,但亦被赤军击败,弃城而走。此时赤军即完全占领镇远、施秉、黄平。

赤军由湖南转入贵州,此时确缴获不少。侯之担部至少一师人被缴械,并连失黎平、黄平、镇远三府城,尤其镇远为通湘西之商业重镇,赤军将各城市所存布匹购买一空。连战连进,此时赤军士气极旺,服装整洁。部队中都穿上了新军装。在湘南之疲劳状态,已一扫而空矣。

贵州居民之贫苦真是远非我等居住于江浙十里洋场者所能想象。做庄稼的(农民)冬穿单衣,且无完整者。每人有一件已补缝千百次的“家常衣”,小孩则隆冬还是一丝不挂。当我等行军经过时,立于路边之小孩,正在发抖。而居民唯一御冬之物，即为“烤火”。也真是“天无绝人之路”，在这个贫穷的地域中，煤炭却到处可得。上海卖三十余元一吨之无烟煤，那里只要一吊钱，而且一元大洋要兑二十余吊。当我等行经剑河县附近之某村落时，见路边有一老妇与一童子，身穿单衣，倒于路边，气息尚存。询之，始知为当地农家妇，秋收之后，所收获之谷米，尽交绅粮（地租），自己则终日乞食，因今日气候骤寒，且晨起即未得食，故倒卧路旁。正询问间，赤军领袖毛泽东至，告以老妇所言。当时毛即时从身上脱下毛线衣一件及行李中取出布被单一条，授于老妇，并命人给以白米一斗。老妇则连连道谢含笑而去。

贵州东部各县之苗家甚多。过去我见《东方杂志》或其他游记上所载苗家之照片及村落，此次则亲睹苗家而且住于苗家。苗民自称苗家，称汉人为汉家。汉人向来欺侮苗家，故苗汉之间时相械斗。此处苗家身穿汉服，女装如清末民初之阔边长衣大袖之服装。苗语则与汉语全不相同。惟一般苗民皆能汉语。苗家好武，常身携利刃。在黔东之苗家已与汉人相处甚久，除城市外四处都住苗家，间有汉人同住者。苗家之房屋系用木板制成，上覆草或松树皮，屋之周围用木编之篱绕一圈。苗家食物为玉黍，但间有白米者。惟苗家无存米，只储谷子于树杈上所筑之谷仓内，每天吃米，每天打谷子。

赤军一入贵州，更尽力在汉民、苗民中活动。赤军以民族平等、解放苗家、反对贵州军阀压迫苗家等之宣传取得苗家之拥护，并鼓动苗家、汉人到当地平日压迫汉苗贫民之区公所长等的家里，把财物谷子散给汉苗民。间有缴获民团枪支者，亦发给苗家，武装苗民。赤军时时防备不使引起与苗家的冲突，而且处处给苗家以利益。如赤军在黎平时,政治部即通告各部队,在苗家区域中绝对遵守纪律,并叫赤军兵士每人备一件东西送给苗家。

贵州之一般贫苦汉人与苗家,确受赤军之宣传甚大。当萧克由湘边转入湘西时,亦由此经过,亦给当地汉苗居民以好感。故朱毛赤军一至,汉苗人民非但不逃,且有大批加入赤军者,并有时询赤军何时"安民"者。赤军因有汉苗人民之助,故在此贫瘠之区未受饥饿。

贵州汉苗贫民之所以接受赤军之宣传者,不仅因赤军之活动的结果,亦由贵州当地之贪官污吏、土豪劣绅所造成。贵州人民受军阀之压迫,亦非江浙人士所能想象。军队则抽丁、苛捐杂税、勒种烟苗〔118〕,使农民之生活,终年辛勤而不得一饱。此次赤军入黔,侯之担已勒收过两次"剿赤捐"。军队既不能卫民而反是害民,此实为共党取得人心之一大助力也。

一入贵州,除见居民之贫困而外,尚有三事,为长江流域所未见者,即是:一为鸦片满地;一为天天下一丝丝的毛毛雨;一为处处是高山峻岭,找不到如湘赣两省之平地,更说不上江浙之平原矣。所以地图上有形容贵州地方情形之言曰:"天无三日晴,地无三里平,人无三分银。"确符事实。入黔两月,未尝连晴三天。

乌江战役为赤军入黔以来第一次激战。当时侯之担部扼守乌江北岸,赤军则占余庆、瓮安两城,向乌江边之猴场前进。猴场为黔北四大场之一,商业极盛。我至猴场时赤军已占三日矣。此时正值阳历新年,到处布满赤军之布告与标语。赤军中每人发过年费,商店及小贩莫不利市三倍。此处居民多能道

“萧军长”(即赤军萧克部)经过猴场之情形者。此时因为赤军驱逐乌江北岸之侯部尚未成功,故后方部队在猴场停止。第二日见一老者携一病者至,询之则称赣之莲花人,系萧克部赤军过此时所留养居民家中之病兵,现在病将愈,愿随朱毛赤军去。后将此人送给司令部去。此事亦使我感觉赤军兵士之深受共党之训练与对共党信仰之深。

第三日部队都向乌江边之江界河前进。一至江边,则深叹乌江确为军事上的天险。河之两岸,均为高山绝壁,河面之宽,远过湘江,水流之急,为一秒钟三米特[119]之流速。赤军以竹子架一浮桥,不用一船,人行其上,不能负重,而每人行列须隔一米特。赤军夺获一船,用以载渡无线电机械及马匹者。我等走上竹子浮桥时,见两旁水流甚急,心甚惴惴。渡过河之北岸,即上高山。山上险要处,侯部所筑之工事,累累在目。

乌江战役中有赤军之伤兵七名及黔军之伤兵两名,均由总卫生部之担架队抬着。我为之治伤时,询及一轻伤者,据云乌江战役之经过如下:

侯部在河北工事中扼守时,赤军于拂晓时依树木竹林之隐蔽而接近江边。赤军当即以机枪、迫击炮攻击对岸侯部,侯部立即还击。但侯部之手提机枪及花机关都系赤水兵工厂所土造者,射力不远,不能达南岸,所以赤军做好了几个以竹捆成之竹排子后,即冲下河边。以工兵连之一部及步兵连之一部架竹排强渡过河。但水流太急,第一次之两个竹排子全被水流冲入下游。但赤军并不因此气馁,又有六七个竹排一齐过河。这次有六个排子达到北岸,赤军即一跃登岸,驱逐河边工事内之侯部而占领其工事。侯部即退守半山之工事,同时向下射击。此时也,赤军坚守河边工事,河之南岸继续放竹排载赤军过河。三小时后,赤军以奇兵由上游十二里处偷渡一团人,向下游之侯部侧击,并抄袭侯部之后。这样侯部一部被缴枪,一部突围而向团溪〔120〕、遵义退走。赤军则一方架桥,一方追击。指挥乌江战役之红军军官为刘伯承,四川有名之军官,曾击败吴佩孚〔121〕,并为四川军队中极有声威者。在川时已加入共党。国共分裂后,曾领导四川军队于泸州起事。

赤军渡过乌江之后,侯之担残部已无抵抗能力。故赤军于占团溪后乘胜直追,在两百里路中节节追击,不停留地攻击前进,终于在第三日上午三时占领遵义城。同时赤军右路即占湄潭、绥阳,中路占桐梓城与川黔边之松坎场,击败川军廖泽旅,大有乘胜入重庆的形势。当时重庆富豪顿现不安,川省汇款至上海之汇水〔122〕,增至百分之七十。人心不安,可见一斑。但赤军消灭侯部后,并未前进,在遵义、桐梓、湄潭、绥阳休养兵力。

此次赤军入黔北后,确使赤军得到极大之收获。

收获之一:赤军击败侯之担两师,大部枪弹多被赤军缴去,赤军武器弹药因此得一补充。赤军以此而击败二进遵义时之王家烈之两师与南京追剿军薛岳之两师。此种小军阀在剿赤声中不知淘汰几多。平日鱼肉人民,一旦有事,则兵败师丧,而以枪弹济赤军,故赤军称南京及各省军队之长官为输送队长,称蒋委员长为输送总指挥。诚属刻薄之至。

赤军收获之二:使赤军在黔北休养十二天。而这十二天的休息,使赤军在湘南之疲劳,完全恢复,精神一振;使以后之战争,不仅战斗力不减,反如生龙活虎。

当时赤军之所以能得休息十二天者,由于南京进剿军薛周两部急急进贵阳城，争夺贵阳地盘，不愿向赤军攻击，深惧牺牲自己实力。然而侯之担、王家烈等小军阀之命运则均至末路矣。薛岳用彼等以当赤军之锋，借赤军之力以除其实力，结果王家烈、侯之担实力一完，不是枪毙，就是下野。南京军此种办法，莫怪各省当局均有飞鸟尽良弓藏之叹，大有畏南京军甚于畏赤军之慨。因赤军只在乡僻之区，而南京军名正言顺，则可以取其地盘，驱之以御赤军，而使其实力丧失也。惟此种情形，亦是俗语所云："斧头吃凿子，凿子吃木头。"薛岳之被命为追剿部队，亦非薛岳所愿也。

赤军收获之三：莫大于收获人心。因赤军在黔东之纪律较侯之担部好得多，此事已风传黔省。因此遵义城之商民非但不逃，而且孤儿习艺所、学校学生及商民贫民等成群结队，悬旗欢迎赤军，旗上高书欢迎苏维埃政府毛主席、欢迎红军总司令朱德。朱毛两赤军首领竟在欢迎声与爆竹声中进入遵义城，在城门口空场上与欢迎代表一一握手后，即略略与欢迎之民众讲一些话，并表示感谢欢迎，赤军愿为黔民解除痛苦。

赤军于第三天在第三中学操场开民众大会，朱毛亲自出席，工农、学生、商民被宣传而执旗参加大会者将万人。朱德大讲其赤军之三大纪律八项注意，并说赤军愿意联合国内各界人民、各方军队一致抗日。毛泽东则大讲其苏维埃政权不收苛捐杂税、全民选举及主张抗日等等。

赤军这种宣传，影响黔省人心极大。赤军在这个大会上成立革命委员会，并真有几十个学生、工农、商民当选并演讲，且内有教育界分子。革命委员会成立后，不几日就成立了几百人的抗捐队，自动去清查贪官污吏，没收其财产，当场鸣锣聚众散发。贫民之集在县公署(驻总政治部)天井中等发“土豪衣服”者何止千数。

赤军一方宣传,一方招募赤军新兵。十二天中确有四五千人加入赤军。此辈均系川黔滇籍之贫民或退伍者,对于川黔滇之地方情形均熟悉。此辈加入赤军,对于赤军有莫大之作用。以后朱毛之能转战于黔北者,此辈出力甚大也。

赤军办事之敏捷,我在国军中亦未见者。赤军进遵义城后第二日,被服厂、修械所、粮秣厂均已开办。新兵之军装不久即发出,旧枪即修理完竣。

总卫生部所有之伤病兵约三百余人,在此休息期中,有十分之八医愈出院。赤军总司令朱德曾亲至总卫生部之病房,慰问伤病兵,与参加乌江战役之赤军受伤兵士谈话半小时。当时有乌江战役中侯之担部之伤兵二名为总卫生部收容而为其医治者,朱德亦略与其谈话,嘱他们安心静养。

我以驻军有暇,曾步游遵义全城。遵义地处黔北要冲,有汽车路北通川边之松坎场,自遵义向南,越乌江而直达贵阳。遵义为黔省通川重庆之要埠,因地处川边,故风俗习惯及商业情形,均与川省有密切关系。遵义城有新旧两城,新城为商业集中之区,旧城为官署与住宅区域。两城之间有小河,中贯以石桥。城中官署庙宇,当时悉被赤军驻满。据闻黔军柏辉章师长之公馆(在旧城)驻有赤军总司令部,朱毛即驻于此。遵义全城有男女中学校五六所,赤军对于学校机关不驻兵,以示维护教育,但各校均未上课。惟赤军对于青年学生曾特殊注意,派人组织抗日救国会及赤军之友社等等。所以赤军进城之第一日即有几十男女学生,大部为中等学校学生,执旗在街上演讲，为赤军演说。当我步至县立三中时，见操场上有该校学生之篮球队与赤军篮球队正在比赛。赤军球艺甚精，因平日提倡体育甚力。赤军想尽方法鼓动青年学子，由此亦可见赤军对于青年学子之注意焉。

尤有一事可记者：当赤军在遵义成立革命委员会时，有一女学生名李小侠者，年约二十，同情赤军，在大会上演讲，后被举为革命委员之一，为当地学生中之长于交际者。当赤军退出遵义时，李小侠亦随红军而去。闻黔军进入遵义以后，李小侠之家属有七十岁之祖母，并有父母及一弟，均为王家烈氏枪杀。待红军二进遵义城时，李小侠已不能再见其全家矣。因此李小侠活动益积极。后闻赤军逼近贵阳时，李曾单身混入贵阳城中进行密谋。以后此黔北女将不知还在否。

当我步行遵义全城时，只见三种店铺，门庭若市：一为洋货铺，套鞋、面巾莫不售卖一空；二为书店，遵义城有书店三家，间有上海、南京之杂志出售，此三家书店之新旧书籍、铅笔、抄簿，均售卖一空；三为酒肆，全城面馆、酒楼，莫不利市三倍。遵城酒肆中颇饶川菜滋味，我亦同二三人去过一次，回锅肉、辣子鸡及各种泡菜，均饶川味，且价极廉。

赤军在遵义时，所以商店照常营业者，系因赤军之苏维埃纸票按日均兑现。赤军没收黔省主席王家烈氏所经营之盐行值几十万元，王家烈氏向上海南洋烟草公司所定购之白金龙香烟值五万元，准备旧历年节以慰薛岳军队者，均被赤军截获没收。赤军除以此盐及香烟一部在遵义、桐梓两城发给贫民外，其余出售。每赤军钞洋一元可买盐七斤，可买白金龙香烟四罐，价值远贱于平昔。故赤军以盐及香烟两项收入之现洋兑付纸钞也。

赤军在黔北休息十二天后,即全部经桐梓、习水而由土城渡过赤水河,向川南前进。

桐梓县为黔北入川的门户,县城不大,自南至北只一里余,但有一特点,足使我永远不忘者,桐梓城为贵州历年来该省军政领袖之家乡,故有美丽堂皇之洋楼数十座。这些洋房,都属贵州历年来之军政要人的。而在洋房之旁则有无数鄙陋之草屋。军政要人之门前有汽车,可以来往于遵义及川边,而贫民则背负背斗(云贵川几省运夫及小贩,不用肩挑而用背斗),终年辛劳而不得饱。贫富之分,宛然如画。

自桐梓经良村至赤水县之土城,均系大路,地势均向上,间有几段筑有汽车路基。但此种汽车路,确为中国最难行之汽车路。我经过时,正值下雪,故路上湿而且滑,行路之难莫甚于此。当我上桐梓西门外之高山时,见赤军领袖毛泽东正手提竹杖步行上山,两脚污泥及膝,且满身沾泥,恐系路滑跌于污泥中所致。

赤军由土城、太平渡两镇架浮桥渡过赤水河,向古蔺以南前进,此即由贵州而入四川省矣。以后经川黔边沿赤水河上游西走,经过许多小路,为赤军西行以来湘黔两省从未经过之小路,尤以两河隘为最险要。由两河隘进威信县为三十里,两边削壁中有水沟,一边山崖上凿一人行道而通过,只要道路破坏五尺,军队即无法通过。历尽无数困难,而到达云南之威信县(旧名扎西,在滇黔边)。部队达到威信之时,正系旧历正月初三[123]。即在该县休息一天。但气候严寒,夜间降雪。

云南之民族问题,值得注意者,龙云[124]为彝家,云南军队与政府中上级官员，都属彝家，汉人则受压迫。故赤军未到威信时，在某一乡村中，曾有北京大学毕业而曾任云南某县县长者，晤赤军首领，愿率当地民团并可号召各县民团助赤军进攻云南，为汉人解除压迫。赤军在此区域时，以各民族解放为口号，以取得汉回苗各民族的同情。以后，赤军曾以罗炳辉〔125〕（云南人，久在云南军队中服务，曾属朱培德部下。早为秘密共产党员。在江西吉安为民团指挥时，率几百民团加入赤军）的九军团在毕节、宣威、东川一带活动。汉回苗民之加入红军者五六千人，震动全滇。滇民盛传赤军有一苗民籍之罗军长要回滇驱逐龙云。罗之声名，亦以大振。但赤军虽反对龙云彝家压迫汉回苗民，同时却对一般彝民，则以民族平等、反对大汉民族主义等等进行宣传。

赤军原定计划本拟由威信继续西进，渡过牛栏江而入川。但在威信休息一天之后，忽然又向东回，恐系当时局势不能过江，故不冒险。但赤军之忽然折回黔北，确出川黔军队意料之外。川军本在北面与赤军并行向西追击，以便迅速驰赴江边扼阻。而赤军之忽然由威信折回赤水河东，待川军发觉而折回时，赤军已渡赤水河而占桐梓、娄山关。赤军此种狡猾机动之作战方法，常以出奇制胜，此均为朱德、毛泽东之特长。故在赤军中，毛泽东有诸葛亮之称。

赤军重回黔北之桐梓、遵义，曾打一大胜仗，此为赤军自江西突围以来有数之胜仗。此仗似出赤军极有计划之行动。当赤军占领桐梓之日，即整备野战医院，我被贺诚派往野战医院收容伤兵。当日下午赤军在娄山关即与由遵义向娄山关攻击前进之王家烈部两师人接触。王部几次仰攻娄山关，均为赤军守军击退。赤军则派大部由两翼包抄王军之后，攻战王军之后之遵桐马路上之板桥镇，截断王军归路。而当时娄山关之赤军亦居高临下进攻王军，王军不支，四方包围，两师人大部缴枪，小部溃散。赤军则猛烈追击，当夜三时占领遵义新旧两城。闻王家烈出走时只率师长柏辉章等随从数人。此仗实使王家烈倾家荡产，不久即出黔游历而作下野客矣。

当时野战医院即随军进遵义城，但次晨又开始大战。进攻赤军之军队系薛岳所部由吴奇伟率领之两师人，自贵阳北进，渡过乌江后，本拟增援王部，不意王部失败如此之快。至烂板凳〔126〕（离遵义城约六十里）时，王氏率随从退下与吴军遇，备告失利情形，吴氏即急趋遵城。在遵城南之十里铺以外（离遵义城约二十里），与赤军彭德怀之三军团接触。彭德怀亲在火线上指挥。在接战后一小时，彭德怀即断言当日下午吴部两师可大部缴械。未几林彪率领之一军团由捷径迂回至吴军之后。当日上午十二时，吴军两师即陷入赤军四面包围。四周有利阵地，均为赤军夺去。吴氏见势不佳，拟即撤退。但赤军愈逼愈近，缴枪之声四起。大部已被缴枪，吴即拼命率领两团突破南面赤军包围线，由汽车路上向乌江撤退。幸乌江浮桥未撤，故吴氏等即得渡河。但赤军勇悍异常，一部由汽车路上向南尾追吴军，一部即由左翼山路急行军赶到乌江边。此种急行军亦为赤军之特长，综计夜行军在山路上八小时走了一百里。当赶到乌江边时，吴氏本人早已过河，但所部尚有一千八百余人正在渡河。吴氏见赤军到，恐乌江浮桥被占，而乘势进迫贵阳，故下令立即在江南斩断浮桥之保险索，桥即为急流冲断，赤军不得过江，但在乌江北岸之一千八百余人，均被缴枪。闻吴军全部辎重都在江北尽为赤军所得。此仗之后，遵义城中满布了赤军与黔军、南京军之被俘缴枪者。此项俘兵，赤军特为之组织新编师，每人发缴枪费三元，专派共党人员进行宣传。后闻被俘官兵有十分之八被鼓动加入赤军，不愿当赤军者，每人发路费送出赤军警戒线。赤军对被俘之中上级官长，亦由朱德亲自召集谈话，多方安慰，说明赤军主张抗日救国，希望全国军人一致合作，被俘军官之愿留赤军者留在赤军，不愿者就给川资送出赤军区域。此种办法确为赤军新办法，故一般被释之官长，殊有死里逃生之感。

赤军这一胜仗，确使南京军及川滇黔湘各省军阀为之震动。薛岳、周浑元以川军不能冒险前进，须重新布置。湘军则由围攻贺龙、萧克之部队抽调几师，扼守乌江东岸。据以后赤军之捷报云，贺龙、萧克之部队亦由此而将湘军陈渠珍旅全部缴枪。自遵义赤军获胜之后，赤军兵士及下级官长都愿与薛岳、周浑元部打仗，自谓：川滇黔军队之武器不足，缴之无味，与南京军作战，则有新式武器与充足之弹药可缴。骄傲气概，可见一斑。

赤军此次所以能连胜王家烈部与吴奇伟部之原因，一方面因赤军之有顽强作战之能力，而且赤军兵心之团结一致。当犹国才二进桐梓城时，赤军政治部所派之地方工作团中有一儿童局书记（即专在儿童中活动者），年仅十三岁，由江西随军来，当时被犹军截断于娄山关附近之高山上，与赤军失去联络。但此十三岁之童子毫不惧怕及失望，竟日夜爬山，走了两天三夜，终与赤军会合。闻此童子在行路口渴而找不到一点水饮时，实在口渴不能耐，曾以自己之小便盛之于口杯中而饮之,以解口渴。此诚趣事,亦可见赤军团结之坚矣。同时其中另一原因,因赤军中有大部黔省新兵。此辈在未当赤军时,愤恨黔省当局之苛捐杂税,使之生活不安,故作战时据赤军云新兵极勇敢。且此辈新来之黔籍赤军均熟道路,几次带领赤军由捷径包抄王军及吴军之后,包围王吴两军而缴枪。故赤军沿途打仗,非但未有极大减员,而且能到处熟知地理者,正由于赤军每到一地,即鼓动当地居民加入赤军,而在作战时,则得此辈之助也。

赤军在遵义战役胜利之后,驻重兵于鸭溪(在遵城西南六十里),几次想引诱薛周两军及川军决战。但薛周两部及川军郭勋祺、廖泽、潘佐等部均小心异常,不轻易进攻。故虽赤军几次在赤水河两岸引诱决战,薛周两军均不前进,只小心地建筑碉堡。赤军见黔北无计可施,即急行军乘隙偷过乌江,拟向南威胁贵阳。此时贵阳确大为震动,后我到上海时,见当时报载有贵阳飞机场被赤军占领、飞机二十余架被毁等事。

以我猜测,赤军南渡乌江,即思入川。但赤军则故向东,佯攻瓮安、黄平,待南京军东向及滇军出滇而向贵阳时,赤军忽然向西南插入贵阳,竟由贵阳与龙里之间通过,以佯攻贵阳姿势,而以主力占领定番〔127〕、长寨〔128〕、紫云、贞丰、安龙、兴义等各县城,并渡过北盘江。赤军此种狡猾之机动,确出蒋委员长意料之外,而当时滇军四旅已入黔,赤军反得乘空入滇,毫无阻碍。南京军、川军、黔军、滇军,均落于赤军之后。故赤军得一路无阻,到处缴少数滇军之枪械,占领滇中许多城市,截断昆明通黔之几条汽车路,而得从容渡过金沙江。

赤军入滇后,有两件有趣的事,亦为赤军兵士平日引为笑谈者：

一为赤军包围曲靖而向马龙前进时，截得由昆明来之薛岳副官所乘汽车一辆，内满载军用地图并云南著名之白药（可医枪伤，极贵重）。据被俘之副官云，他系由薛岳派入滇省谒龙云者。前日薛岳来电，因无云南军用地图，请龙云送去。龙云接电之后，本拟派飞机送去，但次日机师忽病，故改用汽车送去。但未知曲靖已被赤军包围，汽车路亦被截断。龙云并送薛大批白药、云南之宣威火腿及普洱名茶，共满载一车。车离曲靖二十里时正遇赤军。因此卫兵、副官均被缴枪，军用地图未交薛岳反而被赤军用以渡过金沙江，白药、火腿、茶叶均为赤军享受。故赤军兵士每谈至此，皆为捧腹。咸谓三国时刘备入川系由张松献地图，此番红军入川，则有龙云献地图。

另一事则为赤军进嵩明城及官渡〔129〕时，皆由县长及当地军警各界领袖迎入。原因并非此辈通赤。盖云南地处中国西南，年来虽知湘鄂赣川等省赤军活动之消息，但官场布告向称赤军为“赤匪”，而云南人心目中之“匪”均系衣衫褴褛，困苦不堪，并无新式武器，而且抢劫居民者。彼等见赤军临该地时，既未沿途抢劫，而且纪律甚好，买卖公平，钞票兑现，并且服装整齐，有许多新式武器，为云南军队所未见者。此辈地方官绅自以为此必是南京军，因纪律、军容远优滇军，此非南京军而谁？因此排队欢迎，且将省府命办之军米、军款全数交出，并募几百伕子与大批向导以供“南京军”。赤军亦将计就计自认“南京军”，将一切军需及伕役接收后，并应地方之盛宴。席间，由该县长一一介绍，谁为县长，谁为局长，谁为民团指挥，谁为绅士。一一介绍之后，各地方领袖并请此“南京军”长官训话。赤军领袖即席起立,口呼“同志们!”即在此时赤军伏兵四出,立即将地方领袖监视矣。赤军官长当即宣布:“我们不是国民党的南京军,而是中央苏区的中央红军。”此时地方领袖早已相顾失色。但赤军并未与地方领袖为难,即好言安慰而去。

当时赤军立即召集由地方交来之几百伕子、向导开会,即席宣布他们不是南京军而是赤军,并询问伕子是出钱雇来抑系强迫派来当兵差者。众伕子异口同声均称被强迫派来,并言概无工资,家中妻小亦将因本人出外而饿死。赤军当即宣布:“云南军阀官僚如何使你们吃苦,红军现决全部放你们回家;但如有人愿留为红军伕子者,每日工资五角大洋,先付半月工资安家。”当时十分之九以上之伕子及向导均愿被赤军雇用,只有十余人则要求回家,当由赤军发给每人一元之路费回家。

我自经滇省以后,对滇省有极好之感想。先是赤军中人,常以为滇省为中国西部高原,必系高山峻岭,道路难行,气候恶劣,物产不丰;不意自入滇省以后,虽觉云南之地势甚高,但在滇东北有很大的平原。自黔入滇,地势虽系向上,但此处地势,绝非黔省可比,而与赣省入湘南之地势相似。在向滇省前进时,虽面前有许多高山,但一到山巅,则并不是下山,而是一片平原。以后走完平原,前面又是高山。上山之后,又是平原。地势层层向上,且每一县城及镇市周围又有几十里几百里之平原,俗称昆明坝子、大理坝子、曲靖坝子等等。坝子者即县城周围之平地也。因云南之道路平坦,兼以道路甚宽,可行北方之骡车,在交通事业之开展上又觉便利,如修汽车路则较黔省之凿山开路容易多矣,故云南汽车路发展甚早。

云南气候甚佳,远非贵州之“天无三日晴”可比。昆明附近气候温和，正如江浙。我等经过曲靖附近时，即已不能穿棉衣。惟每天气候之变化甚大，时至下午四五时，常有巨风及阵雨，气候亦较寒。

因云南之气候好，所以物产甚丰。曲靖、马龙以及滇东北产米甚多，且有棉花。惟全国闻名之云南鸦片烟，确是遍地种植。云南鸦片之所以贵于黔川几省者，系云南鸦片所结之果实如拳，较大于川黔所出者。惟鸦片在云南亦极便宜。在马龙、嵩明，每现洋一元可购云土半斤。我常笑谓江浙之瘾君子闻云土如此便宜，岂不将口涎欲滴乎。

滇省居民最多者为汉人，其次为苗家、彝家、回民。而现在彝家则为统治云南者，故彝家一般之生活亦较富裕。乡间之村长、区长，在某些区域中，以彝家为多。我等在官渡经过时，有几十里路都系回民所居。风俗习惯，亦如江浙之回民，有清真教堂。赤军之五军团中亦有不少甘肃之回民，故与回民感情极好。赤军亦极尊重回民之教堂。赤军领袖朱德曾亲至清真教堂与其教民首领谈话。次日教堂以赤军与回民之感情甚好，且排队欢送，并有几十回民加入赤军。此辈回民加入赤军之后，赤军为之单独成立回民队伍，一切风俗习惯饮食起居，悉照回民原有习惯。

在昆明附近，我常见居民之年三十岁以上者，多数在颈间（即喉部）生一瘤，男女均然。据云居民中十之七八均生瘤，此系泉水缺乏碘质所致，并有一个山上之泉水不能饮，饮之喉部即烂，故赤军经此山时，均未饮水。

云南不仅在气候上、物产上、地形上均对我之印象甚佳，而且云南在政治地位上有过讨袁之云南起义〔130〕，拥护共和政体，有过光荣之历史。

赤军入滇目的本在渡过金沙江，故即分兵两路入滇：主力则占沾益[131]、马龙、寻甸、嵩明而直逼昆明；而其另一路则先在滇黔边吸引黔滇军，曾击败犹国才之五团，缴获甚多，乘胜入滇占宣威、东川两府，后直趋巧家县而渡过金沙江。赤军之主力逼近昆明时，昆明及全省震动。但赤军目的并不在占昆明，而是引诱滇军不向金沙江边而急援昆明。同时赤军原定在交西渡[132]口渡过金沙江，但为迷惑追军而故意西占禄劝、武定，更西进而占元谋，由元谋北上至龙街佯作渡河。这一调虎离山之计，追军确又上一大当。周浑元、滇军、湘军将全部进剿部队，均趋元谋，而赤军却全部在交西渡全无阻碍地渡过金沙江。龙街之佯渡部队，亦由捷径赶回交西渡。赤军在金沙江边计渡九天九夜。而追军则直至赤军渡过金沙江占领通安州[133]、直逼会理州[134]城下时，才知赤军已由交西渡渡河。待追剿部队折回交西渡，则赤军早已全部渡过金沙江，而早将船只破坏矣。故赤军安然渡了九天九夜，周浑元之追兵在第十一天下午才接近江边，但船只已毁，且江北山洞内有赤军扼守，不能接近河边，徒呼负负而已。赤军此计一成，赤军士兵均极快乐。在第五军团的政治部机关报上，编出一出新剧，名为《破草鞋》，形容蒋委员长自江西起追剿红军几省，历时半年以上，对赤军追剿毫无所获，只在赤军之后尾随，拾得少许赤军穿烂而抛弃之“破草鞋”而已。当时赤军傲慢之精神，亦可见一斑矣。

赤军之渡金沙江为自离江西以来，最险要亦最得意之事。渡河情形，我见上海及各地报纸所载者，不确也不详。我曾亲自渡过金沙江，我亦觉此事为平生一大幸事，使我永远不能忘却者。

金沙江为扬子江之上游，发源于青海，在西康、云南省境者，均称金沙江，再下流而至四川之宜宾（即叙府）称扬子江。金沙江之两岸，均为高山峻岭，除几个渡口外，均为悬崖绝壁。自云南省走向金沙江时，离江六十里处，即为下坡。连下四十里而至交西渡，由交西渡到江边为二十里，路上的山峰嵯峨，千奇万怪，状甚可怕。夕阳西照时，山峰照耀如黄金。自交西渡至江边则山势更陡，下山必用手杖，否则有滚下山沟之危险。而且这二十里中在当时天气（阳历四月底）已极炎热。二十里中几无草木，愈下山，愈觉热。一到江边，天气更热，赤军士兵莫不痛饮冷水。江边居民只五六家，系平日借渡船为生者，因春夏天气炎热及秋冬气候严寒，故均凿山洞而居。相传三国时诸葛武侯“五月渡泸深入不毛”之地，即系此处。《三国志》上并云江边气候极热，马岱过水之二千人，中水毒死了一千五百人，或真有其事也。

金沙江之北岸有船夫六七家，并设有关卡。川滇两省之货物来往，均须在此纳税。闻云南著名之鸦片——云土过江以后，即价高两倍。居民自称江北岸为四川，江南岸为云南。我渡江时，船之两旁所坐之人数不均，且有立于船中者，船就倾折于北面，船夫则大呼“先生！背靠云南”，意即叫立于船中之人，坐于船之南边，面向四川而背靠云南，以免船之倾斜。南岸之泊船处为沙滩，北岸都系悬崖，悬崖内凿一将近一百米特之孔道，并有山窗洞，船到北岸即泊于悬崖内之孔道口。渡客即由孔道内走入东边半山之关卡。我等渡河时，水还未涨，故江水尚距孔道口二丈余。有石级直上孔道。

金沙江宽约等于黄浦江之一半，立于江边不能闻对岸之呼声。水流自西而东，流速极快，计每秒钟约有四五米特。上游山高，水如瀑布而下，平时水浪已有一二尺，而风雨作时，则水浪骤增至三四尺。金沙江之风势，真是吓人。我渡过之时正值怪风骤起，沙滩上之沙土，随风飞舞，河边居民在石洞所筑之草屋被风吹去。我站立路中，忽来一阵巨风，竟立足不住而被吹倒于地上，因此我等莫不叹金沙江风威之大。但半小时后，风停雨止，且见太阳。询问居民，始知金沙江边之风雨每次不过半小时，过后就晴。中国西部气候变化之巨，由此可见一斑。

金沙江如此水急，因此不能通船只，自宜宾以至泸州，才通木船，泸州以下则通轮船。但金沙江之渡船在东川、巧家以下则船只较多。巧家以上每渡口最多十余只。龙街以上则只通皮船。船以兽皮制造，每船只渡一人。上游之所以用皮船者，因水流太急，江中礁石极多，木船易破。

赤军渡河时，不能架浮桥，只在交西渡渡口及其附近上下渡口搜集六只船，大者可渡三十人，小者可渡十一人。而且船已破烂，常有水自船底流入，每次来回，均须专人在船舱中将流入之水以木桶倒入江中，才能复渡，故危险异常。渡河速度因水流太急，故每小时只能来往三四次。而赤军全部人马，几乎都从此渡河，故除日间渡河而外，夜间则于江之两岸，燃烧木材，火光照耀江面，终夜渡河。

赤军之渡过金沙江而仅凭此六只破烂之船，国人未目睹此或不信之。但事实赤军确仅仅靠这六只破船以渡江。当然赤军之所以能如此从容渡江，最大原因，是由于南京军、滇军中了它的声东击西、调虎离山之计，故有充裕之时间渡过全部人马。而且全部渡完两天之后，追军才到，所以掉队落班者亦极少。但另一原因，则因赤军之渡河技术，有极好的组织。试想，如无较好的组织，则在渡河时，人马拥挤，一不小心，小船即可翻身，而船只稍有损失，即将延长渡河时间矣。故赤军在各方面之组织能力，确远优于南京及各省之军队。我曾见赤军总司令部及共党中央委员会派有共党高级人员组织渡河司令部。一切渡河部队均须听命于这个渡河司令部。各部队按到达江边之先后，依次渡河，不得争先恐后。并在未到江边前，沿途贴布渡河纪律。部队到江边时，必须停止，不能走近船旁。必须听号音前进。而且每一空船到渡口时，依船之能渡多少人，即令多少人到渡口沙滩上，预先指定先上那一只船。每船有号码。船内规定所载人数及担数，并标明坐位次序。不得同时几人上船，只能一路纵队上船。每船除船夫外，尚有一船上司令员，船中秩序必须听命于这个司令员。而赤军之对于服从命令纪律之严，亦非国军所可及。即如赤军中军团长、师长渡河时，亦须按次上船，听命于渡河司令部，不稍违背。赤军之组织能力，除表现于组织秩序外，而同时极好地组织船夫。船夫第一天只有十八人，后闻增加至二十七人。工人之所以能增加者，由于赤军渡河司令部除派共党干部进行宣传工作外，并优给工资。闻每天日夜工资现洋五元。工人中大部吸鸦片，赤军则命人烧云南鸦片一大锅，随便由工人抽吸不算钱。且日夜进食六次，每次杀猪。而共党指挥渡河之人员，则每餐之菜蔬只吃青豆。语云，重赏之下，必有勇夫，诚可信也。并闻渡河以后，共党即毁船,船为当地彝家领袖金土司所有。但念船夫之生活暂时将绝,故每人除工资外,各给现洋三十元及几斤鸦片,因此船夫中有大部对赤军有好感而随赤军入川者。

赤军之人枪由船渡金沙江,而同时亦将全军马匹渡过金沙江。渡船上本不许载马匹,但渡河时赤军想出方法,命马夫弃马鞍,拉住马口索坐于船尾,使马立河边上,船离岸时,岸上派人执鞭驱马,马即跟于船尾游泳过江。故赤军自豪,渡过金沙江,未掉一人一马,诚趣事也。

渡过金沙江以后,自江之北岸,至川省之通安州为三十里,均为上坡路,而且山极耸,正如交西渡至金沙江南岸一样。在这个三十里中全系荒山,极少树木,沿途只见一家人户,偶于山坡上见些羊群,此处已为游牧区域。自通安州至会理城须再上坡三十里以后,道路始稍平,但两旁仍有高山。通安州只一镇市,为川滇通商之第一镇市,居户约三百余家,有小学一所。我到时,正见几百乡人,身佩红布列队将行,系由共党鼓动去当赤军者。闻共党曾在通安州成立革命委员会、抗捐军等等。过通安州将到会理时,远见会理城正在火烧。至宿营地后,才知会理守军为川康军刘文辉所部之刘元瑭师。刘师据城死守,因恐赤军爬城,故将城外附近之房屋全部烧毁,使赤军不能接近城墙。但此举却引起城外居民之大愤,因被赤军鼓动,数千居民,协同赤军攻城。后闻此数千人大部加入了赤军。

会理既有刘师死守,赤军亦未强攻,只加监视。赤军之目的,系在渡河以后,南京军的追剿部队暂时不能过河时,借此休息补充。故赤军总司令部命令全军在会理休息五天,并命各部队加紧居民中宣传工作,规定招募赤军新兵五千人的计划。

这一计划，赤军各部都执行，总卫生部亦亟亟执行。五天后果然有新兵五千人加入赤军。赤军部队之所以经常得如此补充，一因赤军善于宣传居民，二因云贵川三省居民平日之生活实在太苦。会理居民莫不怨愤刘元瑭平日种种之压迫：苛捐杂税，层出无穷；自铸铜质银元，强令通用；三丁抽一，五丁抽二；年轻女子，随意奸淫，不从者累及全家。如此行为，岂有不遭民怨之理。加以赤军领导贫民"打刘家"、"打土豪"，莫怪贫民之成千成万加入赤军。

五天以后，赤军即北上，由会理、德昌、西昌、泸沽、越嶲〔135〕，而至大渡河边，每天行程六七十里，计行二十九天。赤军因急于抢大渡河，故未攻西昌，绕道而北上。自会理到大渡河边，为沿安宁河之大道，平坦处有二十余里之宽度，但狭隘处只一安宁河与河边之小道而已。安宁河两旁均系高山峻岭，东为大凉山，西为雅砻江流域之高山。这两旁高山都住彝家，汉人只居于沿安宁河之大道上，且每家筑有碉楼，因彝汉民族冲突甚烈，彝家时常下山攻击汉人村落，故筑碉以御之。赤军至泸沽时，即分兵两路，小部至富林南岸，佯作强渡姿势，以吸引对河之敌。大部则由泸沽向西北进，占冕宁县城，而企图在大渡河边之安顺场渡河。但由冕宁西北五十里之大桥镇而至安顺场，须经过彝民所居之高山，历时两日半，这是赤军当时之一大困难也。

四川之彝家为川人所最恐惧者，安宁河以东之大凉山为彝家之根据地。大凉山面积极大，南至宁南县，北至大渡河，西起安宁河，东至金沙江沿岸之雷（波）马（边）屏（山）。冕宁西北，直至康定以南，均属彝家区域。此处彝家，相传为诸葛武侯征伐之所谓“南蛮”。在冕宁西北之彝家山上确有哑泉，饮之即哑。冕宁县志及宁远府志均有记载。彝家均有武装，有数千快枪并有少数手提机关枪（只就冕宁西北山上的彝家而言），均缴自汉军。沿安宁河两岸土地，本为彝家之土司官所有，但自刘文辉成都失败而入雅州后，即驱逐彝家土司官而据其土地为己有，因此彝家与刘家军结仇甚深。实际上政府官吏之统治，只及于沿安宁河两旁平原上之汉人而已。彝家则不受统治，而且抗缴一切租税。政府军队通过彝家之山时必须大队，一团以下可被缴械。

此处彝家不若蒙古、西藏等民族。彝家还系部落。性情多猜忌，疑虑无定。各部落之间，常有世仇，故常相械斗。彝家之生活，半为游牧，半为种植。种植以玉黍为多，畜牧牛羊马为多。

彝家中有两种阶级：一为黑彝，即为彝家中之统治阶级；一为白彝，白彝即为黑彝之奴隶，终身为黑彝耕作，除衣食外，其他无所得。黑彝随时有权置白彝于死地。每一黑彝常有白彝数百人、少则数十人为之耕作，黑彝则终岁不劳动。黑彝与白彝不通婚。现在黑彝人数渐少，但仍保有其统治势力，所谓土司者即此辈黑彝中之首领也。白彝原系汉人，系由黑彝掳来。黑彝将汉人掳来以后，常由大凉山与冕宁西北山上之黑彝相互交换掳获之汉人，使其不知道路而不能逃逸。黑彝并为白彝之男女配婚，均称男女白彝为娃子（意即四川话之孩子）。但每一黑彝家必信任一个白彝为当家娃子（如当家人）。当家娃子掌有一切银钱出入及日常事务之权。因过去汉人只笼统地不分黑白只反对彝民，加以彝民中之文化落后，所以白彝都助黑彝反对汉人。遇与汉军作战时,白彝均参加。

汉人之与彝家贸易,系由通司翻译,亦有彝家能汉语者,但黑彝恐汉人杀之,故不下山,遇事则命白彝与汉人往来。彝民常以兽皮、麝香等物售于汉人,换布匹及盐而回。

彝民之服装与汉人完全不同,头包青布而在脑后堕下一尺布。如上海之印度马巡[136]。有些鼻穿银环。不论男女,均悬耳环。耳环不是金属制,而以骨制,共有三四颗或圆或长圆之骨块连成一串而挂在耳上。面部熏黑。身上穿的如和尚之袈裟,系由羊毛自织而成(此种外衣,质轻而软,且可御风,极适于行军之用)。腰系带。彝民所居之山上气候一日数变:中午炎热,下午四时起发巨风,晚八九时下雨,次晨天晴。我们经过彝民之山地历时七八天,均系如此顺序不变。因每日气候变化甚烈,所以彝民出门,不论何时,必将外衣带在身上。遇刮风落雨即以外衣裹身。彝家每人身携利刃,用以防身,亦用以割肉进食。足有绑腿,终年不穿鞋袜,只少数穿草鞋。但彝民生长山地,善于爬山。赤军于山路行进时,彝民则由路旁之山石攀登而上,而且上山之快,宛如猿猴。

彝民生活之痛苦,远过于汉人。汉人还能耕平坦之田亩,彝民之田亩,日渐被川军之官长及当地官吏所侵占,而只耕植于山地。在山下远望彝民所耕种之山坡上的山地,倾斜度几如削壁,望之可怕,但彝民终年耕植于此。因其只耕种山地,故彝民平日所食者,亦只玉黍而已。至于彝民所居之家室,则更鄙陋不堪,以竹木编为壁,上覆松树皮,潮湿特殊,跳蚤成群。

赤军所过之彝民居住之山,共有彝民十余部落。当赤军之前卫团出大桥镇上山二十里时,即有三个部落之彝民在前后及左翼包围赤军，意欲缴枪。但赤军善用宣传政策，向白彝声明共党主张国内各民族一律平等，反对汉人军阀压迫彝民，并提出为彝民所迫切希望之要求“打刘家”（意即打刘文辉的军队，因刘文辉压迫彝民甚烈）。当时赤军领袖即与当前的一部落名“沽鸡”者以鸡血充酒，与彝民领袖共饮，表示歃血为盟共打刘家。经过歃血为盟后，“沽鸡”一部落彝民非但不打赤军，而反被赤军收编作“红军游击支队”，而与赤军引路及招抚“阿越”、“罗洪”等十余部落。此后赤军全部过此彝民山时，彝民则牵牛送羊欢迎赤军于道旁。赤军则以皮衣、旧枪、盐、布送彝民。故当时我等日夜恐惧之彝民山地，如此竟安然地通过。

走完彝民山地，即至开罗场〔137〕，该镇有人户二十余家。但此处有一趣事可记者：刘文辉驻西康打箭炉〔138〕之队伍，米粮须由西昌府供给，故刘军设粮站于开罗场。当赤军前卫行抵开罗场时，刘军粮站之人员还以为南京军至，亟为设筵招待官长，并将军米如数点交，计有四千余包。每包六十斤以麻皮袋装之。赤军领袖将此项军米照数发给各赤军部队，剩余甚多，悉发当地民众。我至开罗场时，正见民众不论老幼均肩负一袋回家，面有喜色。询之则云：“红军先生，我们白米好久没得吃了。红军来了，才把刘家的米发给我们吃。红军好！”刘文辉之搜刮民食反以之济赤军，而赤军则以发给民众，此则愈使当地民众反对刘军而欢迎赤军矣。

自开罗场至大渡河边之安顺场为六十里。赤军政治部谓安顺场为“有革命的历史意义的地方”。原因是太平天国时，北王韦昌辉杀东王杨秀清后，当时太平天国内部顿起分裂，石达开率部离南京而入川，安顺场即为石达开兵败身擒之处也。当晚我为政治部副主任李富春诊脚病，适李召见一老者，年已九十以外，为当地之童馆教师，尝亲见当年石达开在此失败者，正由李富春享之以酒肉，请其讲述石军历史。据老者言，石军到安顺场时尚有五六万人，刀枪马匹无数。但一至安顺场，忽遇上游大水，安顺场前面之山水暴发不能渡河。前有大渡河，右有清军，且拆断渡河之铁索桥，左为山崖绝壁，后为彝民，且当时彝民之数量远过于现在，石军被困于此者，凡四十七天。当时军心不固，而石氏本人亦动摇，故自缚入清营。石军均为俘获。老者并云“长毛”并非强盗，自称“复汉驱胡”。石部对人民甚和气，军队有纪律。老者并云“红军之纪律则较翼王（即石达开）军更好。”据老者之所云若是。石达开当时未能渡过大渡河而失败于大渡河边确系事实。我后见沪川各报，蒋委员长亦曾伸引石军为例，以比喻赤军之必然不能渡过大渡河而失败于河边。但赤军竟安然渡过大渡河，故赤军颇以之自豪，认为渡过大渡河是历史上的军事胜利。

大渡河亦扬子江之上游。大渡河流入岷江而转流入扬子江。赤军至大渡河时，时已五月底，气候已暖，上游雪山正溶解，故水势暴发，水流甚急。大渡河之河面及水流均较金沙江为更宽更急，水浪更高。渡船每一往返，历时五十分钟。且每只小船之船夫，至少须有八人作工。渡河方法，先将载客之船由南岸河埠沿南岸逆流拉上五六十米特，再顺流如飞箭似的斜过对面河埠。船至北岸河埠时不能稍前稍后，一不小心，即触礁石，船即破裂，故非当地熟知水路礁石之船夫，不能驾船。船返南岸时，亦须由北岸沿江逆流拉上五六十米特，再顺流飞箭似的斜过南岸来，故如此往返需时五十分钟。

赤军抵安顺场时只获两只船。有刘文辉军之一营兵驻于安顺场对岸之大渡河北岸,并筑有野战工事,沿河扼阻赤军渡河。但既有守军,何以船只不收容于北岸而系之于南岸呢?事有如此凑巧者,北岸刘军营长之岳家在河南岸之安顺场。该营长当晚宿于岳家,以备明晨将其岳家及当地绅商全部渡至河北岸。因其情报赤军尚距安顺场六十里,须次日下午才能抵安顺场,故安心在岳家与其娇妻酣睡,不料赤军行动如神,当夜急行军,半夜即抵安顺场,因此两船被扣,营长被俘。

但赤军即使有两船,并不易渡过大渡河,因河之北岸有守军一营,船只不能接近对岸。且当时船夫早逃,没有驾船之熟练工人。但赤军终于击溃对岸刘军而渡过大渡河。此事亦为赤军据以自豪者。但即以我之旁观者目光视之,亦觉赤军之士气勇敢及共产党团员之奋不顾身有以致之也。

据闻渡河经过如此:赤军领袖获得两船之后,即拣选十七个共产党团员,中有几个为江西、福建之木船工人。十七人即携梭标、步枪、驳壳、手榴弹及机关枪,驾着这两只船,不顾一切,向河之北岸驶去。河之南岸,赤军则布置机关枪及迫击炮之阵地,并配置有特等射手,以配合船上的强渡部队。

当赤军所驾之两船离南岸时,刘军即对之射击。但赤军不稍畏缩,勇往直前,竟抵河之北岸,当即一跳上岸。虽刘军对之射击,但只有四个受伤者,其余则一齐扑至刘军工事内。此时刘军一方惊于赤军之英勇,胆气已寒,又加河南岸赤军之机枪、迫击炮瞄准射击,刘军几不敢抬头,而渡河之十余赤军即占刘军工事而缴其一部枪支。闻刘军有一机关枪手,正拟至高山阵地架机关枪,行不十步,即被对岸赤军之特等射手射倒于地。因此刘军全部向后退上高山。赤军即抢守工事制止刘军向下，一方则重驾两船返至南岸载赤军渡河。待赤军渡过一营后，赤军即向刘军冲锋。刘军兵心已寒，全部溃败，赤军即占高山，乘势向刘军猛追，闻刘军大部被其缴枪。此次战役，赤军在队伍中大施宣传及奖励此十七个抢渡大渡河者，尊之为英雄。的确，我虽非军人，但在军队中服务已有几年，强渡河流之冲锋部队亦已见过不少，但在如此水宽流急之大渡河中，能以十七人驱逐敌军一营，占领敌垒，却未之见也。故共产党常以共产党团员为赤军模范。此辈共产分子常以冲锋在前、退却在后自任，此诚非国军及其他一切军队所可比拟也。

赤军既获两船之后，即开始渡河。但仅依此两船而思全部赤军渡过大渡河，历时甚久，且后面追兵将至。故赤军以两天半的时间，渡过轻装之赤军一师，而当时目的即转向夺取泸定县之泸定桥，以求赤军之全部由泸定桥上过河。故赤军大部由河南岸西进，经西康省区而向泸定桥前进。已渡之一师，由北岸西进，同以夺取泸定桥为目的。

但在河之北岸，刘军沿河布防，故河北岸之赤军，自离安顺场对岸向西走了三十里以后，即与抗击之刘军节节作战。但刘军如此分散，且缺乏通信工具，故被赤军节节击溃。刘军中大部为抽丁得来之新兵，不愿作战，且亦不会作战，早闻赤军之宣传不杀白军官长及士兵，故沿途缴枪。赤军以缴得刘部之枪弹，还击刘军，闻河北之一师获利不少（赤军打仗时如消耗之弹药与缴获之弹药相等，则云“不折本”，如缴获与消耗核对有余，则谓“获利”）。在离泸定桥四十五里之冷碛，赤军曾与顽强扼守之刘军作激烈之战斗。后由赤军南岸之部队，隔河向刘军之后射击,结果河北正面赤军得迂回至冷碛之后而包围刘军。闻此处刘军一团全部被俘,冷碛被占。此时赤军南岸前锋即抵泸定桥矣。

泸定桥为四川通西康、西藏之桥梁,泸定县城即在河之北岸。此处之大渡河,河面虽较狭,但两旁绝壁,水势更急。泸定桥为铁索桥,以十三根铁链为之。铁链之两端,系于河之两岸。九根铁链并排于下,四条则为两旁之扶手。下面并排之九根铁链上横铺木板,再在横铺木板之上铺长条直板。人马即由桥上过去。吾始闻铁索桥时,以为极难行走。但泸定桥则非但可以过人,而且可以过马。泸定桥长有九丈,阔约一丈,十三根铁链,系由中国十三省募捐而造成。

南岸赤军因无刘军抵抗,故先抵泸定桥之南岸。此时北岸桥头有刘军筑工事扼守,且刘军将桥上之木板抽去,只剩十三根铁索,以阻赤军过河。赤军领袖林彪(第一军团长)即命该部最有战斗力及共产党团员最多之一连,担任冲锋,并在河南岸之天主堂内收集许多堆积之木板。这一连人前面冲锋者从九根铁索爬过去,后面的赤军则在后铺板子。当时冲锋部队,勇往直前,冲至桥北岸之刘军工事前,刘军已无斗志,即呼愿缴枪。赤军当即缴其枪并占领其工事。泸定城内刘军退出时,沿街放火。目的在使赤军之粮食及宿营两感困难。但赤军一过桥北,一面向刘军追击,一面救火。不一刻赤军由北岸冷碛攻来,把泸定县撤退之刘军前后包围而缴械。此时城内之火已救熄,但全城一半以上之房屋均被刘军火毁矣。幸存之一半,则大感赤军救火之恩惠,而莫不痛骂“刘家兵”。刘文辉部队在会理、西昌、泸定等县沿途放火,以阻赤军,实质上非但不能阻赤军前进，而且反遭民怨。

赤军之全部渡过泸定桥，确为赤军之莫大成功。如赤军不能过桥，则安顺场渡河至北岸之一师，势将孤军作战，而南岸之赤军主力则必走西康。西康则系游牧区域，粮食、宿营两感困难。而国军进剿则以雅安为后方，追剿部队虽感困难，但有后路接济；赤军则极难克服困难也。今赤军全部渡河，自此川陕甘青几省均将为赤军活动之地区矣。

赤军既占泸定县后，如向雅州前进，则仍须走向东南至汉源、荥经而达雅州。但赤军将至泥头〔139〕分县时，知汉源川军扼守高地，居高临下以待赤军。赤军当即改变方向，折向东北至天全河边，强攻天全河守军杨森部之六个旅。这一转动，使赤军部队由大道转入高山小路矣。我记得赤军在化林坪〔140〕分县驻军一晚。化林坪在四千五百米特之高山顶上。此时已阳历六月初，但当晚气候极寒，明晨出发时，则四望皆系雪山，盖昨夜已下大雪矣。此时气候骤寒，而赤军军士之棉衣早于云南丢掉，但赤军士兵虽在严寒之下，依旧人人面有喜色而毫无怨言。

赤军大部抵水子田〔141〕时，前锋已击退天全河岸杨森之六个旅，而占领天全、芦山两城。我等由水子田出发，经一高山，几无路，亦无石阶。两旁竹木丛生，遮蔽天空，山上泥水极深，两腿全在泥沟中爬走。上下此山共只三十里，但自天明走起，后卫部队半夜才达山顶。既无人户，当然找不到火把，所以大部伫立于泥沟中，待至天明后才下山来。赤军军事委员会副主席周恩来（为国共合作时黄埔军校政治部主任）亦在山顶泥沟中站立一晚，次晨我见其虽仍神清气爽，但已满身污泥矣。

下山至山麓,有居户六七家,见赤军至如天而降,群相惊奇。据云彼等世居于此山麓,虽闻祖先言此山有路可通,但荒山野地,野兽成群,从无人敢走此小路,群围赤军询山路上之所遇。

赤军虽经化林坪之降雪高山,虽经水子田之泥沟小道,但赤军兵士人人面有喜色而未出怨言。此无它,因此时赤军军心一致,坚信必可与川北赤军徐向前部会合,而同时人人自信在天府之国之四川发展,不但有无限之前途,而且可以由四川北出陕甘,可径与日本军队开战,实现共党几年来抗日及收复失地之主张。故赤军至天全时,部队中有一歌曲,词云:"(一)目前中心的任务,要打日本兵,收复华北、东三省,保卫民族。(二)四川地方顶呱呱,什么也不缺乏,敌人要想封锁我,那才笑话。(三)工农红军铁一般,渡过金沙江,两大主力来会合,敌人发慌。(四)红军越打越有劲,团结像一人,我们伟大的任务,一定完成。"这一歌曲之词句,即可见当时赤军情绪矣。

赤军占领天全、芦山两县之后,曾出兵于飞仙关,离雅州只二十余里。此时赤军的目的系在急求与川北之松潘、茂县〔142〕、北川等县之徐向前赤军会合。故避开川军之拦阻,向西走邛崃山脉,占宝兴、懋功,而与在理番之徐部会合。不久两支赤军即已会合,而我于此时,即被贺诚遣往川西特委之独立营为卫生主任。不久即被川军冲散,幸遇旧同学蒋君而得安全返抵家乡。当搭民权轮至上海时,全家在码头候我,别后重逢,诚庆更生。

我三年来在赤军中之见闻所及和此次随赤军西行入川,我觉到赤军及共党现在已经成为中国国内的一个实力派,这是无可争辩的事实。如赤军仅系跳梁小丑,那末何需乎南京政府及各省当局集中百万军队，费时几载，每年耗费国家财政之大部？并且何需蒋委员长亲自在江西、贵州、云南、四川督剿？很显然的，赤军已经是南京军的一个主要对手，而且这个对手——赤军——的实力，超过国内除南京军而外的其他各个实力派。论全国赤军数量，除南京军而外，赤军则超过任何中国南方、北方各个实力派。若论赤军之质量，则我虽不知其详，但有一事可以反证者，国内过去及现在之实力派，如唐生智、李宗仁、白崇禧、冯玉祥、阎锡山等，当年都占有比赤军优越之地区及优越之经济条件，但一旦与南京政府作战，则在短时期内，都被蒋军所败。而赤军则相反，蒋委员长之剿共已历数载，屡屡限期消灭，可是赤军并未消灭，而且朱毛徐会合，活动愈烈。并且南京军几年来之剿共，却送了赤军不少枪弹武器。赤军所有武器之来源何在？既无海口可买，又无新式兵工厂，而连年作战之消耗，以及赤军武器之扩充，都系缴自国军。即退一步言，至少是赤军能够在几年来，并且直到现在还在与南京政府对峙，而不相上下。故我谓赤军在数量上在实际上是中国的一个数一数二的实力派。

以我旁观者之地位观察，赤军部队之所以坚固与有战斗力，是由于下面的几个原因：

第一个原因，赤军兵心团结，这确系事实。试想赤军几年来在这样困难条件之下作战，如果军心不固，则早已失败。而赤军兵心之所以团结，一方面确因共党在赤军兵士中进行许多教育工作，赤军兵士是自认抗日救国、解放工农是自己的责任，这就使赤军士气大振。同时共产党员及共产青年团员于赤军兵士中占百分之四五十，而这些共产分子，曾受共党之专门教育者，在赤军兵士中确有极大的细胞作用。譬如，赤军之新兵，大半依靠赤军各连中党团员去教育他们；在赤军行军中发生困难时（如粮食及宿营地缺乏等等），共产分子必让非党分子之赤军士兵先吃先宿；作战时共产分子则冲锋在前，退却在后；共产分子在火线上受伤时，非但丝毫无懊丧呼号者，而且还大声疾呼："同志们！努力冲锋！""不要顾我而妨害战斗啊！"而赤军之富有战斗力者，亦由于共产分子的领导。赤军在作战之前夜，每连之共产分子必先召集会议，决定明日作战时如连长、指导员伤亡，谁为继任，如再受伤，谁再继任，这样准备了四五个。所以在作战时，即使下级干部受伤，仍有继续不断的候补者，也正因此，所以赤军部队极不易击溃。

赤军兵心之团结及士气之旺，为国内任何军队所不及。

第二个原因，赤军所以不被击败，而反日益扩大，由于民众给赤军以帮助。即以江西赤区而论，赤军在此作战已多年，人口、经济已两感缺乏，但能坚持如此之久长，正由于当地民众之极力帮助赤军。再如此次赤军入川，沿途经过不知几许困难，但赤军有居民为助，故并未饿饭，而且沿途民众之加入赤军者有几万。

有人说赤军沿途强迫居民以从赤军，实质上，不但无其事，而且不可能。试想，赤军初至一地，只要居民远避，赤军何处去找居民？实际上赤军一至某地，当地居民除非所谓"土豪"外，均未逃走，而且为赤军带路，当挑伕，沿途到处成群地加入赤军当兵。

以我观之，赤军之所以得民众帮助，不由赤军之威胁民众，而由于赤军兵士守纪律，的确不扰民，不动民间一草一木。

非但如此，而且常常没收军阀、官僚、劣绅的财物，散给居民。民众感觉赤军对他们有实际利益，所以趋之若狂。

第三个原因，赤军经过许多困难，终于克服了困难。赤军所处环境之困难，远非南京军可比。欲问赤军何以能克服困难？我以为赤军中确有一些领袖，这些领袖，非但聪敏，且有才能。譬如朱德、毛泽东为赤军之首创者，在各省军队及南京军之不断围攻与物质条件如此困难情形之下，对战七八年，竟以少数赤军而组成现在几十万赤军，这确非易事。我觉得朱毛非但是人才，而且为不可多得之天才。因为没有如此才干者，不能做成这样大的事业。此外，如周恩来、张国焘〔143〕、林祖涵等远在国共合作时，已是当时国内政治上之要人。周恩来为黄埔军官学校的政治部主任，国内各方军队之黄埔学生很多与周熟悉者。周恩来之勇敢、毅力之办事精神，黄埔学生对之仍有好感。

赤军中之上级军官如彭德怀、刘伯承〔64〕、林彪、徐向前、董振堂〔144〕、周昆〔145〕、罗炳辉、陈毅〔146〕等，大部均系国共合作北伐时之国民革命军军官出身，富有作战指挥的能力，率领赤军作战已多年，在国事及政治问题上，均对共党有坚决之信心。刘伯承、彭德怀、罗炳辉及以后二十六路军之赵博生〔147〕、董振堂辈均为北伐前后国民革命军中之共党党员，举行“兵变”而为赤军者。他们为坚信共产主义的分子，在赤军中领导赤军与国军对抗达七八年。

我在赤军中对赤军领袖之日常生活及其品行，有很好的感想。这也许多是由于我在南京军中服务时所感影响太坏而有所致之。大家知道，在别的军队中当一团长，个人生活已极奢华,更无论师长、军长矣。但赤军军官则反是:赤军军官之日常生活,真是与兵士同甘苦。上至总司令下至兵士,饮食一律平等。赤军军官所穿之衣服与兵士相同,故朱德有“火伕头”之称。不知者不识谁为军长,谁为师长。而且赤军领袖与兵士特别接近,军长、师长常杂在兵士中打篮球、排球,军官与士兵相亲相爱。这种赤军军官与兵士同甘苦之日常生活,确为国内其他军队之军官所无。也正因为赤军领袖在日常生活上与兵士同甘苦,所以虽在各种困难环境之下,而赤军兵士仍毫无怨言。赤军领袖之品行及办事精神,亦为现世一般武人望尘莫及者。兹略举一二事为例:赤军领袖自朱毛起,从无一人有小老婆者;赤军军官既不赌博,又不抽大烟;赤军军官未闻有贪污及克扣军需者。还有一事,非但为国军军官所无,而且为常人所不及者。如赵博生、董振堂两人均为西北军孙连仲部下之上级军官,在江西宁都率二十六路军一万六七千人投入赤军。赵董两人均原系共党秘密党员,他们一至赤区,即将十余年各人所蓄之七八千元,全数捐给共党中央。由此可见,赤军领袖对于共产党之信仰及牺牲个人之精神,与现世之贪污犯法、假公济私之军官比拟,显有天壤之别也。

故我谓赤军之几年苦战与赤军之所以逐渐发展,确由于赤军中有天才之领袖,有能为之干部。赤军中及共党中之许多人才,确为全国不可多得之人才。

我自离赤军至家乡以后,自思既参加了剿共的南京军,后又参加了被围剿的赤军。我在两方面参加了对战七八年,详思几年对战之结果,对内只有破坏,对外则坐视日本强吞东三省,而且目睹北方将全落他人之手。如果现在南京军、赤军以及全国军队只要枪口一致向外，则日本之欲图我国，决非易事。政府诸公时以“攘外必先安内”为言，但时至今日，事已至此，应该及时改变方针。从消极方面说，国府及蒋委员长曾以全力剿共数年，赤军并未剿灭，反而使赤军之朱毛徐会合。彼等现今所处之地区，远非如江西时之易于包围。国内军人之稍知局势者，均知根本消灭赤军已不可能。如与赤军再战几年，则不问谁胜谁败，日本将早已亡我全国矣！如国内自相残杀而坐视强敌并吞全国，则党国诸公非但不能对国人，而且中华民族将永劫不复。

我以为当今局势，如再继续内战与剿共，非但不能救国，而且适足以误国。政府当局应该改变计划，协同赤军以共御外侮。全国赤军数量，赤军之质量，有识者不能不承认是一个极大的力量。这一个力量，过去在环境十分困难情形之下，与南京军及各省军队百万对战几年，如果现在给以物质之补充，则赤军之战斗力将更加增加。为什么不许这个能战的赤军去抵抗日本呢？若合我全国兵力一致对外，则不难收复失地。同时赤军之领袖不乏极有才能者，现在正需集中全国人才以御外侮，为什么不利用赤军之兵力与赤军之人才以为国家对外之用呢？

如果有人以为赤军甘心内战，不顾外患，这我觉不然。赤军领袖如朱毛、周恩来、林祖涵、徐特立等，均系极有政治头脑的政治家；昔年北伐前、北伐时均为国民党中委及国民革命军之上级军官，且也不能不说有相当功绩于北伐，徒以各方主义不同，以致分兵对抗。今在国家一发千钧之时，内战则死、对外则生的时候，只要两方开诚布公，何愁不能合作以对外。而且赤军领袖及共党均有过联合全国兵力一致抗日的主张。我并闻友人传说,共党中央及苏维埃政府主张合全国兵力组织国防政府及抗日联军。我以为政府之对内对外政策之迅速改变,此其时矣!我辈小百姓唯一的目的,是在不使中国之亡于日本,不作亡国奴而已。我总觉得无论如何,赤军总是中国人,总是自己的同胞,放任外敌侵凌,而专打自己同胞,无疑是自杀政策。以中国地大物博、人口亦多,如果停止自杀,而共同杀敌,则不仅日本不足惧,我中华民族亦将从此复兴矣!

游击队如何去组织群众运动*

（一九三五年六月五日）

党中央正确规定，目前野战军的战略方针是，以大规模的游击战争来创造新的苏区〔19〕根据地。同时着重指出，要完成这个任务，除了必须在战略战术上正确指挥红军去争取胜利的战斗以外，还必须有广泛发动群众的游击战争。因此，我们对于发展四川的游击战争的问题，应该提到创造苏区的高度上来。

我们着重说明游击战争必须有广大群众参加而成为群众的游击战争，因为这是游击战争胜败的关键。过去中央苏区〔30〕周围的游击战争不能开展，甚至部分游击队遭受失败的主要原因之一，就是由于游击队与群众联系的薄弱。由于游击队常常仅注意到军事行动，轻视了发动群众的工作，因而不能取得群众的热烈拥护与参加，而使游击战争不能开展，甚至挫折。

目前在川西北和全省如何发动群众的游击战争？

---

* 这是陈云同志参加长征到达四川省天全县，并奉命即将赴上海从事恢复党的秘密工作时写的一篇文章，原载中国共产党中央委员会和中国工农红军总政治部合编的《前进报》第一期。

四川的客观环境是，群众为反对统治阶级的剥削压迫而开展着各种形式的斗争。四方面军[65]几年来的胜利与中央红军[72]入川的影响，更加动摇了反动统治，更加振奋与扩大了群众反对反动统治的斗争，更加推动着群众斗争走向为自己的武装、政权和土地而斗争。

在这一有利的环境之下，游击队的任务是要去组织和发动群众的斗争，并且把斗争扩大到更大的范围，发展到更高的形式。

在领导群众斗争的策略上，首先需要地方党与游击队去细心了解每一地区群众不同的最迫切的要求，用群众心坎内的要求鼓动群众起来为这些要求而斗争。这种群众的要求，不仅仅是我们平日所了解到的和笼统的，如反对苛捐杂税，反对抽丁、派伕等等，而必须是当地最大多数群众眼前的反对某一种捐税、某一种压迫的要求。我们只有提出了这种具体的口号，而且充分说明这个口号的理由，使群众充分相信这个口号是他们所必需的，而且是可以胜利的。只有真正进行了这种具体工作，使我们提出的口号成为群众自己的口号，才能动员群众为着实现这个口号而坚决斗争。只有群众在我们领导之下起来斗争的时候，我们才能逐渐地领导群众走向更高的斗争。

在群众工作的策略上，必须指出，我们能否组织和掀起广大群众反对反动统治的斗争，能否扩大斗争的范围，能否真正把握住群众的革命运动的领导权，这就决定于我们能否正确地运用广大的统一战线和保证这一统一战线内部的党的领导权。统一战线之所以成为在四川发动群众的策略上的中心，是因为在四川存在着最残酷的剥削群众的军阀统治。因此，在四川有着广大工农劳苦群众反对军阀统治的斗争，而且有着工农劳苦群众自己的苏维埃政权[38]和自己的武装——工农红军。也因为这样，在四川群众运动的开始阶段，有些流氓、富农甚至破落的小地主，以及思想不正的知识分子，他们为着自己的阶级利益，或者为着在革命运动中投机，必然会混到革命运动中来，有时这些分子可能暂时占着运动的领导地位（过去四方面军入川时，有过十几万抗捐军的运动，虽然经过几年土地革命的深入斗争，斗争中的阶级分化更尖锐了，但是在某些地区、某些条件之下，依然或多或少的可能存在着这种现象）。把这种反对反动统治的斗争（不管谁领导的），组织成更大的范围，并且掌握在我们领导之下，这是有利于我们彻底推翻四川反动统治、建立新苏区的战略方针的。

统一战线的正确运用，首先就在于不惧怕、不拒绝任何投机分子参加到群众运动中来（当着他们在与群众一起反对军阀的时候，或者还能号召群众的时候）。拒绝这些分子参加，常常使群众运动不能得到应有的开展，更谈不上争取党的领导权。在这种情形下，我们基本的策略，就在于去联合和组织这种群众运动达到更大的范围，这是有利于红军反对四川军阀的战争的。为了争取领导，必须用我们的主张去取得群众的拥护，同时组织斗争中的群众。这样做，也就有充分的可能逐渐使群众脱离那些投机的不可靠的分子，而迅速站在我们领导之下。

在组织群众的工作上，我们必须反对脱离群众的关门主义。我们应该估计到群众中政治觉悟程度的不同，不必立即在群众中组织"工农红军游击队"，而应该灵活些。依据四川群众运动的经验与群众的要求，可以大大地发展抗捐军的组织。在组织抗捐军时，必须纠正在冕宁的关门主义错误（一千余人的大会，四五百群众要求报名加入抗捐军，而正副队长拒绝登记老的、少的、不能脱离生产的分子，结果只登记了五十余人）。是的，抗捐军应该是群众的武装组织，而且要使它真正成为能够作战的群众武装，但是它不能脱离群众运动而去招兵买马组织队伍。只有把抗捐军的组织扩大成为群众运动，才能在运动中锻炼出更勇敢更觉悟的、能够脱离生产的分子来组织作战的队伍。必须注意到，组织抗捐军也是组织群众的方式之一。

要使我们的游击队完成赤化群众、创造苏区的任务，要使它这样去组织群众与灵活运用策略，同时要估计到游击队常常可能得不到上级按时的领导，而必须能够在各种顺利的、困难的、复杂的环境之下独立地工作，就必须使游击队的领导干部具有各种才能。而这种才能必须给以培养和教育。游击队在出发以前，至少要使领导干部了解：（一）产生中国苏维埃革命运动的基本原因和目前革命形势的存在；（二）发动和领导群众的策略及工作方法；（三）怎样组织党、发展党和领导党；（四）游击队的必要的军事知识。只有了解了上述问题，才能使游击队在政治上坚定起来，在群众运动的发展上措置裕如。要使游击队能够担负起这样伟大的任务，不仅必须给以上述的教育，而且在组织上要十分坚强巩固并能够去赤化群众。因此，游击队内党支部的建立和健全，领导干部的坚决勇敢，处事以身作则，与战斗员共甘苦，这是使游击队坚强巩固的必要条件。游击队必须彻底纠正看不起当地新战士的倾向，必须努力吸收他们到游击队中来，而且要培养和吸引他们逐渐担负起中下级的领导，因为这些人是游击队去接近群众、赤化群众的桥梁。

革命运动的发展和防止奸细的破坏*

（一九三六年十月一日）

五年来日本帝国主义的进攻，使中华民族处在存亡的危急关头，全中国的人民都轰轰烈烈地起来进行救国运动。在这一抗日救亡运动中，中国共产党总是站在最前线。共产党领导着中国工农红军冲破国民党反动派的“围剿”和追击，跋涉万里，北上抗日，还领导着东北义勇军〔148〕在冰天雪地中打击日寇。在国民党统治的区域中，共产党人不顾一切压迫，不怕一切困难，英勇地参加和领导救国运动，以及一切为解放民族解放人民的斗争。去年八月一日，中国共产党中央和苏维埃中央政府更具体地提出了挽救民族危亡、建立抗日救国统一战线的主张〔149〕。所有这些多年来奋斗的事实和实现抗日救国统一战线的政策，已经获得全国广大人民的同情，共产党的威信大大地提高了。

正因为如此，日本帝国主义拚命地在叫喊“防共”，而我们民族内部的不安于人民救国运动的国民党的一部分领袖人

* 本文原载中国共产党在巴黎创刊的《救国时报》第六十七期，题为《革命运动的发展与奸细的活动》，署名“史平”。

物，也拚命地进攻中国共产党和一切革命者，破坏共产党组织和革命团体。同时，因为许多觉悟分子要求加入共产党，许多人民团体要求共产党的参加和领导，所以反对救国运动的人们，他们对于破坏共产党和革命团体的手段，也采用了新的方法。

他们现在已经不仅仅站在共产党和革命团体的外面来反对革命，使用“大肚子”、“黑长袍”的“包打听”〔150〕来追逐革命者，而且还派遣奸细混入共产党和革命团体的内部，来破坏革命。在有些地方，那些伪装着“革命”的奸细，也组织起“共产党”、“工会”和“青年团”等等招摇撞骗，假冒“共产党”和“革命团体”的名义来破坏中国共产党的政策，诱杀误投罗网的革命分子。

比如在上海，中国共产党的中央委员会早已转移到苏维埃区域〔19〕，上海中央分局自从一九三四年冬季以来也已撤销了，自那时候起，上海就没有什么中央的组织或者中央的代表了。但是，现在上海却出现了不少所谓“共产党中央”，“中央局”，“中央代表”，“少共中央局”，“某某工会”，甚至还有什么“中国共产党预备党员上海委员会”。他们出版报纸，有时还转载我们党的国内外领袖所公开发表过的文字。在他们这些伪造的组织下面确实也有一些真正的共产党员和革命者，这是毫不奇怪的。因为这些共产党员和革命者直到现在还不知道受了奸细们的骗，误以为参加了真正革命的组织；另一方面，奸细们也必须以这些受骗而不自觉的共产党员和革命者为招牌，来引诱其他的革命者。

为什么反对革命的人要用派遣奸细的新花样来破坏共产

党和革命团体呢?

第一,他们企图用“共产党”的名义,伪造许多文件,使国民党中一些宁忍坐视民族危亡的领袖们可以借口来拒绝统一战线,借口来损害共产党和革命团体的威信。

第二,他们知道共产党的威信正与救国运动的发展同时增长着,要求加入共产党或者愿意团结在共产党周围的人更多了,所以企图用伪造的“共产党”和“革命团体”去欺骗这些人,诱其入网,一一捕杀之。

第三,他们知道虽然上海已经没有中国共产党的中央,但是还有许多共产党员和同情共产党的革命分子,正在英勇地独立地在工人运动中、学生运动中及一切救国运动中不屈不挠地奋斗。反对革命的人们为了要捕杀这些共产党员和革命分子,就伪造“共产党”和“革命团体”,利用中国共产党在秘密条件下党员与上级党部联系的困难,冒充中国共产党组织与这些革命者接触。许多革命者因为不知道奸细们的诡计,被骗与之接触而遭受牺牲。

当然,奸细进行破坏共产党和革命团体,不仅仅用简单的伪造的一种方法,他们诡计多端。就我们已经发现的说来,就有许多种。

有些奸细混入共产党和革命团体以后,开始时不一定就来破坏他们所混入的组织,因为他们想得到更多的收获,进行更大的破坏。他们即使遇到某种机会可以破坏某个重要组织及拘捕其负责人时,也还不一定就动手,甚至在一些地方还故意表现“出力”,而且也假装着奔走进行统一战线的活动,使共产党和革命团体可以相信他,提高他在共产党及革命团体中的地位，以便将来破坏更多更重要的组织。所以，现在有些共产党人和革命者，还以为奸细只是“见人就捕”，这种想法是不正确的了。对于那些可疑的分子，因为他在某一件事上“出过力”，或者他知道某一重要事项而未遭破坏就轻予信任，是绝大的错误。有这样思索方法的人，奸细们正好利用以掩护其活动。所以，奸细们对于这种糊涂的革命者往往不去拘捕他，而是利用他的糊涂来掩护自己的活动。

奸细们欲求混入上级共产党部的诡计的另一种方法，则是进行自下至上或自上至下的破坏。许多共产党员及革命干部遭受了牺牲以后，奸细们就假冒着出来“恢复组织”、“建立联系”，一步一步地混入上层组织中来。每次破坏之后，他们总是高喊着“破坏原因是由于某人不小心被侦探盯梢”，以免革命者去注意内部的奸细。奸细们的此种伎俩所以得售，是由于许多共产党人在困难环境之下，缺乏应有的警惕性，许多共产党人因革命积极性和坚持性的传统习惯，总是在每次组织遭受破坏之后急于去恢复关系，甚至于急不择人。因为不去细心考虑和研究混入内部的奸细，所以奸细们的诡计往往可以如愿以偿。由于内奸未曾清除，虽一次又一次地恢复组织，结果却一次又一次地使革命者落入奸细们的血手。根据多年来中国革命和世界革命的经验，在秘密条件下革命党人的活动，每次遭受破坏以后，不应该急急忙忙去恢复组织，首要的任务在于把破坏的原因审查个水落石出，考察有无奸细。因为即使暂时不恢复某一组织，这虽然是一时的损失，但这个损失比急急忙忙去恢复组织而一次又一次地牺牲宝贵的干部的损失要小得多。革命干部的损失是最大的损失。没有革命干部坚持不懈的奋斗，革命胜利是不会自流地到来的。

奸细们活动的另一种方法是，假装自己是从帝国主义和国民党的牢狱内逃出来或者释放出来的“革命者”，混入革命组织中。他们假装受刑，弄得头破血流。因为一般革命者是富于热情的，所以这种奸细也常常可以混进来。其实，从牢狱内出来的人，不加审查而立即吸收其参加组织是不适当的。且不说有奸细乘机混入的危险，就是一个真正革命者，如果他在牢狱内被照了相，侦探们一定会跟踪他追逐其他革命者，那末，革命组织也不应轻易地与他发生关系，而应该进行严格的考察。对于这样的考察，只要是真正的革命者，必然毫无怨言。他知道这种考察是为了巩固革命的组织，避免给革命事业造成损失。

究竟怎样辨别奸细呢？奸细的活动是有一般的特点的。

第一，无论奸细如何伪装努力，他们总不是真正“努力革命”的。不管他们嘴上说得如何好，或者装着一天到晚奔忙于“革命”，但是他们对于共产党和革命团体的基本主张和革命策略是不愿执行的。比如，现在共产党中央决定实行抗日救国统一战线政策，在工人运动和学生运动中实行工作的转变，奸细们对于这一政策或者实行怠工，或者故意曲解，或者进行破坏。

第二，由于奸细们的基本目的是在于捕杀革命者，破坏革命组织，所以只要他们自己估计已经取得革命党人之相当的信任，就要开始在与他没有直接联系的或者不至于使他受嫌疑的革命组织中捕杀革命者了。这些奸细在每次革命者惨遭捕杀时，他常常是“侥幸脱险”的。有些奸细，当他到达甲地的革命组织中工作，不久甲地遭受破坏；调到乙地，不久乙地又遭破坏；再调到丙地，丙地又遭到破坏。这当然已经很明显地证明他是奸细了。

第三，奸细最有兴趣的是登记革命组织的人员，了解一切他们所未闻的消息。他们常常利用上级组织的名义造出许多调查统计表格，把各地革命组织的人员详细登记。登记以后，有时就直接逮捕这些革命者，但大多数的情况，是将存放登记表的地方叫警察来搜查，使这些登记表落入警察之手，由警察逮捕革命者。奸细们这种伎俩之所以奏效，因为有的革命者对于他那种违反秘密工作原则的“登记”，不加以考察。有些在上层革命组织中工作的人，甚至把许多重要而应严守秘密的东西都抄在纸上或者竟在刊物上公布，这种人如果不是糊涂虫，那就是奸细。

第四，奸细的另一种伎俩，就是在革命组织内有意散布不满意某某人，或者不满意某一组织，进行分裂活动，组织派别。奸细们知道，只要革命组织内部一有分裂，就争吵不休，革命运动当然无法进行了。革命组织只要内部一分裂，奸细就有机可乘了。一九二九年挑拨江苏省委与党中央分裂，以后成为中国托洛茨基派头目的马玉夫〔151〕，现在不是坐在南京做公开的侦探吗？

第五，奸细看见某些革命组织内已经有了新的奸细来代替他们，或者因为群众运动的高涨，他们已经快要不能继续再做奸细了，就公开在报纸上“自首”，破坏革命组织的威信。有时在报纸上发表的所谓共产党员自首宣言，就是奸细捏造的把戏。

当然,奸细们诡计多端,决不止上述几种方法,这要靠革命者随时警惕地去考察。

奸细的阴谋所以有时奏效的原因,这固然是因为几年来奸细活动更加狡猾,但是主要的还在于革命者对于他们反对革命的进攻,缺乏应有的警惕性,有些简直是革命者的过分糊涂。比如,上海共产党在一九三二年至一九三三年曾经实行过三次公开报名、不加考察地征收党员,这就给奸细混入提供了最好的机会。在每一次革命组织遭受破坏以后,总是受惑于“被侦探盯梢”而不去追查奸细。有些分子已经组织过小派别,而且他到一处就破坏一处,或者被捕了,侦探很客气把他放走,对这些异乎寻常的事情,还不去考察考察是否有奸细,仍然把那些可疑分子当好人,当然以后就吃了大亏。甚至革命组织内,还有腐朽到这样程度的人,把一个曾经公开向官厅自首过、捕杀过革命者的奸细,竟列为“同志”,希望他走到革命道路上来,这真是不能解释的糊涂。

至于在下级组织内的革命者,或者一些还缺乏经验的革命者,时常容易走入奸细骗局的血手,这一方面由于某些上层组织未曾对他们进行提高革命警惕性的教育,同时革命组织在组织结构上有许多弱点可以被奸细利用。比如,在组织结构上,不管秘密工作条件如何困难,总是把各个组织的“架子”十余年来一成不变地照样保存,不管这个组织内有多少工作,有多少人,纵的各级组织和横的支部组织总是舍不得加以改变,因此也就滥竽充数地选择人才。其实,在现时条件之下,组织结构愈简单愈独立就愈好。由于组织结构上的弱点和过去的习惯,通常由别处组织或某一个人介绍来的人,总是不加考察地接受，这种所谓“介绍”，奸细们是可以假造的。也有这样糊涂的组织和糊涂的人，他们可以不负责任地随便把人介绍到别个组织去，奸细们是不难从他们手里取得介绍信的。所以，不论从什么地方来的人，先要考察清楚，才不会中奸细的骗局。至于那种不遵守秘密工作原则的现象，在任何地方的革命组织中都可以看到，甚至把一切必须严守秘密的材料写在公开的信件上，这方面多年来的血的教训难道还不够吗？

在现在这样极端受压迫的困难条件之下，许多地方的革命组织常常会遭受破坏，与每个革命者有失去联系的可能。这虽然是革命运动中相当的损失，但这决不是说每个革命者就不能进行独自的革命工作。世界各国革命运动的经验证明，革命者与革命组织失去联系的情况是常有的。外国有过许多地方的革命组织不能存在，而只能由很少数的领导人出版一种报纸，在这个报纸上时常登载指导革命的战略和策略，而那些与革命组织失去联系的革命者，也并不因为与革命组织失去联系而不能工作。恰恰相反，他们按着这些由远方来的报纸上的指导方针，独立地去进行革命斗争。这种做法，反而创造出许多能独立工作的出色的革命者。同时，因为彼此之间没有什么联系，反而使敌人无从追踪，奸细们也无从施其诡计。我以为这是中国革命者应该学习的榜样。像上海等地，奸细们已经组织了一些“共产党党部”和“革命团体”，其中被他们蒙蔽的真正革命者，应该立即想法脱离这些奸细们的追踪，而自己独立地到群众中去埋头进行革命活动。俄国在二月革命〔152〕以前很长的一个时期还不是如此吗？虽然当时各个革命者分头在独立工作，但是有着远方来的报纸给了革命者以战略方针。

所以二月革命时，就把各地相互没有什么联系的革命者在大革命的爆发中联系起来了。当然，这种工作方法，不仅为今天的上海，就是整个国民党区域都可以采用。即使今天某些地方还有上下层之间相当的联系，也不要忘记，联系有随时中断的可能，各个革命者应该准备独立工作。

不管敌人如何凶恶地压迫革命者，但是革命是那些违反历史前进的反动派所不能消灭的。加紧压迫革命，决不能使他们避免必然灭亡的命运。在人民和革命者看来，愈是残酷的压迫，愈会增加人民的憎恨，愈能坚强革命队伍的意志。

一个深晚*

（一九三六年十月二十六日）

一九三二年阴历十一月的某一天，大约是深晚十一时许了，我坐着一辆黄包车[153]，把戴在头上的铜盆帽[154]挪低到眉毛以下，把吴淞路买来的一件旧的西装大衣的领头翻起盖满两颊，由曲曲弯弯的小路到了北四川路底一路电车掉头的地方就停下了黄包车。付了车钱，往四边一看，没有人“盯梢”，我就迅速地走进了沿街的一座三层楼住宅房子的大门。这是一座分间出租的住宅，走进大门就是楼梯。大约是在三层楼的右首的那间房间的门口，门上有着一个同志预先告诉我的记号。我轻轻的扣了两下，里面就出来了一位女主人。我问：“周先生在家吗？我是×先生要我来，与×先生会面的。”女主人就很客气的请我进去。

秋白[155]同志一切已经准备好了，他的几篇稿子和几本书放在之华[156]同志的包袱里，另外他还有一个小包袱装着他和之华的几件换洗的衣服。我问他：“还有别的东西吗？”他

---

* 这是陈云同志在鲁迅先生逝世一周后写的一篇悼念文章，记述他在上海担任中国共产党临时中央成员、全国总工会党团书记时，为将瞿秋白、杨之华同志从鲁迅家中接出并转移到别处去，同鲁迅会见的经过。本文原载中国共产党在巴黎创刊的《救国时报》第六十四期，署名“史平”。

说："没有了。""为什么提箱也没有一只？"我奇怪的问他。他说："我的一生财产尽在于此了。"他问我："远不远？""很远，我去叫三辆黄包车。"我说着，正想下楼去叫车子，旁边那位五十以外庄重而很关心我们的主人就说："不用你去，我叫别人去叫黄包车。"说着就招呼女主人去叫黄包车去。这时候，秋白同志就指着那位主人问我："你们会过吗？"我和那位主人同时说："没有。"秋白同志说："这是周先生，就是鲁迅先生。"同时又指着我向周先生说："这是×同志。""久仰得很！"我诚恳地尊敬地说了一声。的确，我是第一次见鲁迅。他穿着一件旧的灰布的棉袍子，庄重而带着忧愁的脸色表示出非常担心地恐怕秋白、之华和我在路上被侦探、巡捕捉了去。他问我："深晚路上方便吗？""正好天已下雨，我们把黄包车的篷子撑起，路上不妨事的。"我用安慰的口气回答他。我是第一次与鲁迅会面，原来不知他哪里人，听他的说话，还多少带着绍兴口音。后来我把秋白、之华送到了他们要去的房子里，问起秋白同志，才知道鲁迅确是绍兴人。

一会儿女主人回头说："车子已经停在门口。"我说"走吧"，就帮助之华提了一个包袱，走到门口。秋白同志向鲁迅说："我要的那两本书，请你以后就交××带给我。"又指着我向鲁迅说："或者再请×同志到你这里来拿一下。"我就顺便插口："隔几天我来拿。"正想开门下楼去，之华还在后头与女主人话别。我们稍微等了一下，鲁迅就向秋白同志说："今晚上你平安到达那里以后，明天叫××来告诉我一声，免得我担心。"秋白同志答应了。一会儿，我们三人就出了他们的房门下楼去，鲁迅和女主人在门口连连的说："好走，不送了。"当我们下半只楼梯的时候，我回头去望望，鲁迅和女主人还在门口目送我们，看他那副庄严而带着忧愁的脸色上，表现出非常担心我们安全的神气。秋白同志也回头望了他们一眼，说："你们进去吧。"他们默不作声地点了点头。当我们走下到了二层楼梯口，才听到三层楼上拍的一声关上了房门。

秋白同志自从一九三二年××同志被捕以后，侦探到处在追逐他，病得又很重，住在鲁迅家里已经好久了。虽然鲁迅当时也为暗探四面跟踪着，但是鲁迅终于把秋白同志安全地保护了几个月。后来因为外面已经有些"风声"，所以我们就把秋白同志搬到另一个地方。我们本来还要到鲁迅家去替秋白同志拿那几本书，我也很想再去会会鲁迅，后来因为别的原因，很快的离开了上海，所以没有再去。我这第一次的会见鲁迅也就成了最后一次的会见鲁迅了。

鲁迅竟死了！当我读了报纸上鲁迅病卒的消息时，我脑子里一阵轰轰的声音，坐在椅子上呆呆的出神了几分钟，那身穿灰布棉袍和庄严而带着忧愁脸色的鲁迅立刻在我脑子里出现，似乎他还在说："深晚路上方便吗？"

鲁迅虽然死了，但是鲁迅的思想却深印在中国百万青年的脑子里。鲁迅的"坚决，不妥协的反抗"的精神，永远遗留在我们中国青年的思想里，将领着他们走上解放中华民族与解放劳动大众的光明大道。鲁迅虽死，鲁迅的精神不死。

鲁迅的死，是我们中华民族绝大的损失。鲁迅的死，损失了一个爱护我们党，爱护我们革命战士的中国共产党的最好的朋友。同志们！朋友们！不用悲伤！向前进吧！鲁迅一生奋斗的事业，还需要我们勇敢坚决去完成。

论干部政策*

（一九三八年九月）

干部政策，拿俗话来讲，就是用人之道。为何要讲这个问题呢？因为同学们要到敌人占领的后方去工作，不单是当一个游击队员，而且要当干部，当领导者，而用人之道对于领导工作是非常重要的。有一句这样的话："干部决定一切。"〔157〕这是通用于全世界的，不但外国通用，中国也通用；不但共产党通用，其他政党也通用。

可惜得很，中国共产党在过去十年斗争中，干部损失了十几万，没有陕北根据地〔158〕的话，连现在这一点干部也保存不了。全中国一千八百多个县，假如每个县能够保存三个党员，我们党开展工作的力量就大得多了。

我现在来讲干部政策，只想用十二个字，分成四个问题来解释：第一，了解人；第二，气量大；第三，用得好；第四，爱护人。

先讲第一点：了解人。

了解人，要了解得彻底，不是容易的事情，严格地讲是很

* 这是陈云同志在延安抗日军政大学的讲演。当时他担任中共中央组织部部长。

难的。就拿我们共产党来讲，是不是每个党员都了解人呢?我看还是做得不够的。最近就发现有两种毛病：第一种毛病是用一只眼睛看人，只看人家一面，不看全面，不能面面都看到；第二种毛病是只看到这个人今天干了什么，没有看到他以前干些什么，只看到他本领的高低，没有看到他本质的好坏。

只看到坏，不看到好，或者只看到好，不看到坏，这两种看法，哪一种多?一般地说，我们有些同志总是看坏的多，看好的少。有什么证据呢? 如分配干部时，往往听到许多不好的话，说这个家伙自高自大，那个家伙懦弱无能，要不然，就说这个人背景复杂等等。

自高自大当然不好，是坏的，但是这种看法往往包含片面性。我们要进一步地看，每一个坏处同时也常有它的好处。这个人自高自大，但是做起事来有自信心，这种人多少有点才能，因为他起码总有点本领才敢自高自大。对这种人，我们就要用他的好处，避免他的坏处。假如你指定一个范围，告诉他正确的方向，让他尽量地去发展，他是可以做出成绩来的。对这种人，给他不十分重要的工作，使他放胆做去，发挥他的长处，在工作的过程中间，随着经验的增加，他的弱点就可以慢慢克服。经验的积累和弱点的克服是分不开的。

懦弱无能当然也不好，可是其中也有它的好处，好处是小心谨慎。因为他能力不大，所以特别唯谨唯慎。这种人不能做大刀阔斧的事，但是可以担任小心谨慎的工作，例如做机要、做调查统计等等工作。我不赞成懦弱无能，但是这种人有他的好处，我们可以用他好的一方面，小心谨慎的一方面。

再来讲背景复杂的问题。当我们发展党员的时候，凡是会说话的，有胡子的，懂得各党各派情形的，就以为他背景复杂，不敢吸收。然而这种人在社会上常常是比较有经验的，他们了解许多问题，只要他们真正信仰共产主义，而且现在愿意参加到无产阶级队伍里来，一同革命，一同前进，这又有什么不可以呢？拿我自己来说，我的背景就非常复杂。我先是相信吴佩孚〔121〕的，后来相信国家主义〔159〕，后来又相信三民主义〔160〕，最后才相信共产主义，因为经过比较，认识到共产主义是最好的主义。我们说这种人复杂是复杂的，但他从自己的经验中真正了解共产主义，本质也是纯洁的。青年是纯洁的，但纯洁的不仅仅是青年，老头子也可以是很纯洁的。

从上面所说的看来，一个人的长处里同时也包括某些缺点，短处里同时也含着某些优点。用人就是用他的长处，使他的长处得到发展，短处得到克服。天下没有一个人是毫无长处、毫无优点的，也没有一个人是毫无短处、毫无缺点的，所以我们说，在革命队伍里，无一人不可用。

第二种毛病是，了解人的时候，只看他的今天，不看他的昨天，或者只看过去，不看现在；只看见功不看见过，或者只看见过不看见功；只看见今天的好，不看见昨天的坏，或者只看见今天的坏，不看见昨天的好。这样就往往对于干部不能有根本的估计。这种毛病表现在什么地方呢？表现在随便提上来，随便放下去。我们共产党中也有过这种情形：今天这个干部表现得好一点，就把他一抬抬上了天，同一干部明天表现得坏一点，就把他一打打到地下去。你们看见过老百姓盖房子打桩，一上一下。使用干部不能也像打桩子一样，今天看他好，便把他提得高高的，明天看他做得不够，便把他打下去，后天又把他提起来，再后又打下去。这种一上一下打桩式的用人是不对的。造房子打桩愈多愈好，如果对干部也这样来几次，我说顶多只要三次，这个干部就算断送完了，因为他的自信力早已失掉，再也不敢做工作了。过去我们在江西苏区〔30〕工作的时候，有一个毛泽覃〔161〕同志，是毛主席的弟弟，人家说他犯了一个错误，要不得，便认为这个人不能用。后来扩大红军需要人工作，于是派他到一个区域去，结果不但完成了任务，并且还大大地超过，成绩非常好。他回来的时候，许多人又把他抬高起来，调他到闽赣边界的游击区去工作。隔了几个月，因为他说了几句似乎有些近于右倾机会主义的话，正在这个时候，恰巧又派他去扩大红军，没有取得很好的成绩，于是又都说他不能用了。大家都不要这个人，送到这里拒绝，送到那里拒绝。一个这样的同志，竟会到处无人要，连饭都几乎吃不成了。后来红军退出江西的时候，他在战斗中勇敢地牺牲了，为着革命流了最后的一滴血。所以，我们看人不要只看一时，只看一面。对于一个人没有根本的估计，用人就会造成很大的错误。

这就是今天我要讲的了解人的问题。

再讲第二点：气量大。

用人要气量大。何以要讲这个问题？现在时代变更了。一九三八年与一九二八年有何不同？卢沟桥事变〔162〕以前与卢沟桥事变以后有何不同？我说今天许多人归向了共产党，天下英雄豪杰云集延安。我记得一九三二年在上海开办一个学校，训练工人干部，只讲六天，学生也只有六个。今天我们抗大〔163〕就有几千个学生，再加上陕公〔164〕、鲁艺〔165〕、党校〔166〕，在延安就有一万多个学生。一万个跟六个比一比，相差多少?所以我说十年以来,人心大变,不管男女老少,都不怕艰苦,不远千里而来延安。抗大在武汉登报申明不招生了,一点没有用,仍旧是络绎不绝地来,没有汽车用两条腿走,男男女女从几千里外都来了。主要是革命青年,也有大学教授,有工程师,有一个七十五岁的老头子也来了。西北旅社住的什么人都有,各党各派,新闻记者,还有青年组织的参观团,等等。这些人不见得是在外面没有饭吃,要到延安来吃小米。从这种情况看来,复杂是复杂的,但是到底是复杂好还是简单好呢?从前办学校只有六个学生,倒很简单。今天各种各色的人都有,复杂得很。我看要干大事情,就免不了要遇到复杂情况。将来领导全国的时候,情况会更加复杂。只有几个人,不要发展,才简单,但是革命一定不会成功。共产党是先锋队,要领导广大的后备军,要与广大群众打成一片,它周围必然是复杂的。今天只有抗大、陕公的同志去和敌人搏斗还不会成功,要团结更多的同志和广大的群众。干革命如果怕复杂,便会愈弄愈复杂,不怕复杂,革命就好办。

孙中山先生是一个伟大的人物,辛亥革命〔167〕武昌起义,几天之内全国就有十几个省起来响应。何以孙中山先生能够得到成功呢?原因之一就是他气量大,什么红枪会〔11〕、哥老会〔168〕、三教九流〔169〕的人他都要,不论党派成分,各种人都要,所以能做大事。我们也必须善于用人,只要这个人有一技之长,就要用,只有这样,才能成大事业。我们能不能说只有共产党员才是了不得的人才呢?不见得。社会上的人才不知有多少,许多人都不是共产党员。所以我们要有大的气量,善用各种人才。单枪匹马,革命到底是干不成功的。

同志们毕业后到敌人占领区域，到敌人的后方去工作，在那些地方用人，更要有大的气量。那里有许多从大城市避难出来的人才，躲在田野山里。你代表民族和劳动人民的利益，组织游击队，只要干得好，包管躲着的人会出来归向你。那些学者、艺术家、科学家、政治家、经济家，假装成农民的，这时候都露出真面目，投奔到你的地方，这些都是很有用的人才。山东有一处地方，只去了几个共产党员和一个八路军干部，号召老百姓抗日，一下就来了几千人，现在已经有一万人了。

现在讲第三点：用得好。

要有什么方法用人才能用得好呢？我想没有旁的道理，只要是在你领导下的人都很高兴工作，都很积极工作，能够这样，工作就一定会做得好。任何工作都是一样，你们以后做地方工作，军队工作，或者党的工作，要使每一个人都很负责，都很积极努力，都很高兴，就一定会把工作做得很好。就怕在你领导下面，常常发生这样那样的问题，如不安心，请求调动工作，等等。一个同志如果工作合适，能发挥所长，是绝对不会请求调动工作的。他要求调动，说明他已经不能安心工作。如果常常出现这种情况，根本的原因就是领导得不好。那末，要怎样领导才能使干部高兴地安心地工作呢？只有一条，就是上级要信任下级，下级也信任上级，上下互相信任。对领导人来说，一定要做到让下级敢于说话，敢于做事。有许多下级干部，把意见放在心里不讲出来，表面上看起来好像很服从，开会的时候你问他："同意不同意呀？"他说："同意呵！""同意的举手呀！"他举手。然而，实际上问题并没有解决。所以一定要使下级敢说话，同时还要使下级敢做事，就是做错了也不要紧。如果这个下级既敢说话，又敢做事，他就一定会积极起来。

不敢说话为什么不好呢?举例来说，如果有人有某些不同的意见，又不敢说，而议案已经表决通过，这些决议案在执行的时候，就不能发生很好的效力。所以宁可争论，不要形式上的一致通过。

用什么方法使别人敢说话呢? 有几点需要注意的。

第一，领导者的态度要好。如果在一个领导机关里，一个领导者别人见了他就不敢说话，事情怎么能办得好?如果大家都喜欢亲近他，都爱和他说话，这个领导者一定很能团结人。如果一个领导者架子搭得很大，面孔死板板的像阎王那么可怕，一定没有人去接近他，即使和他讲话，十句话也要忘记八句。其实，领导者又何必装出很凶很庄严的样子呢?同志们也许要问我，领导者的好坏是从政治上来看的，为什么要看面孔呢? 但是很多人都要看面孔，不要说别的，就是共产党员中间也有这种习惯，所以领导者必须注意这个问题。

还有，开会的方式不要刻板。开会时尽可让到会者随便、热烈的争论。规规矩矩请他们一个一个发表意见，很可能有的人就不会说出自己的意见，因为有人常常不敢在严肃的场面中间说话。

总而言之，如果下级敢说话，有话就讲，这就是好的现象，就证明了你们领导得好，因为他们觉得说错了也不要紧。

第二，少戴大帽子。比如，有一个人说错了几句话，你就对他来一顿批评，不是说他是“左”倾空谈主义，便是讲他有右倾机会主义的嫌疑。如果随便给人家戴上这类大而无当的帽子，一个人头上戴上三四顶，恐怕就“差不多”了，不能工作了。

有一些人，专门把任何问题都提到原则的高度。比如，某个同志犯了一些小错误，他就说人家犯错误的根源是由于政治上的动摇。小的错误能说是因为政治上的动摇吗？把每个问题都提到原则高度是不对的，这种机械的了解十分危险。因为这是一件比较严重的事，我可以说几个故事给大家听。从前有一个女同志，她把自己的一把剪刀放在枕头下面，后来大家把它检查出来了，就推论说："大概是她不愿拿出来给人家用吧？"于是下了个结论，批评她是"个人主义"。个人主义与我们共产主义是多么的不相容！又有一个同志在吃饭的时候吃菜吃得很多，向来是吃菜"打冲锋"，另一个同志就批评他是自私自利。假如这个同志是共产党员的话，凭着自私自利这四个字，就得考虑他的党籍问题了。还有一个例子，陕北公学有一个学生，丢了一把洋刀，据说这是一件纪念品，所以他心里很不好过。一个同志见了他那种样子，问他什么缘故，他就说因为一把刀子丢了，于是这个同志就批评他"没有牺牲精神"，说是一个革命者连性命都要敢于牺牲，难道一把小刀还不能牺牲？这个道理好像很对，实际上，这种批评用在这件小事上未免太冤枉了人家。爱护一件纪念品，并不是不应该的事，怎么能因此断定这个人对革命没有牺牲精神呢？所以这也是一个大帽子。戴大帽子的原因，常常是因为把每个错误夸大，不适当地提到原则的高度。我们不应该机械地去看事情，一定要分出是不是错误，错误的大小轻重，不要随便乱给别人戴大帽子。

第三，当你去批评人家错误的时候，要指出人家错误的根源以及纠正错误的方法。批评的目的并不是出气，主要是在于真正帮助人家纠正错误。一般地说，批评的人有两种态度：第一种是声势汹汹地指责人家；第二种是和颜悦色地说服人家，善意指出犯错误的原因和纠正错误的办法。只有后一种态度，才能使被批评者心服意满，问题才能够真正解决。

上级领导人对下级的批评，务必要适当和正确，千万不要戴大帽子，因为上级领导人批评下级，与同级的同志互相批评所发生的影响不一样。为什么呢？因为同级的人，他们认为大家都差不多，即使你批评他过火一点，或不大正确，还没有什么要紧，他也不会十分在意；如果是上级给他的批评，那就不同了。因为下级对上级所说的话，都是很认真的，所以不能随便地任意地批评。假如批评得过火或不正确，那要花费很大的气力，才能使得被你批评的人对你解除误会，才能使别人对他不至于蔑视。当然下级也要想到上级的出发点是好意，不要只看到态度或语气的不妥，就以为不得了。

批评的时候还要注意到：是老党员还是新党员，是老干部还是新干部，参加共产党久不久，革命的历史长不长。因为对于老党员批评，态度和方式好不好，没有多大关系。对新党员就不同，因为他们刚刚加入，他们的意识观念与老党员有差别，所以对他们批评，宜于采取温和的方式去劝导、说服。

总结起来，就是要使人敢说话。要人敢说话，就不能给人戴大帽子，不能把每个微小的错误都提到原则的最高度。要能善意地、诚恳地批评人，态度要好，还要指出犯错误的原因以及纠正错误的方法。

用人用得好，还要使人敢于做事。如果你有这样一个脾气，喜欢在你领导下的人遇到任何一个小问题，任何一件小事情，都要向你请教，先征求你的意见，你才觉得很快活，很舒服，觉得自己才像一个领导者，这种脾气对工作妨碍很大。一个人能有多少力量、多少时间？即使你的精力很强，“天下第一”，也要有天下第二、天下第三的人来帮助扶持，你才会成功。假使没有他们，你一个人也第一不起来。领导者犯了这种毛病，会降低干部的责任心，妨碍下面同志的工作自信力和积极性。比如一件事情做得很对，他说这是上面叫我做的，一件事情做错了，他也说这是上面叫我这样做的，他完全不负责任，事情做得对不对与他没有直接的关系。下面的干部没有责任心，工作一定不会做好，还会降低他们的主动性和创造性，妨碍他们工作能力的发展。

也许有些同志要说，你这种让下面的干部发挥主动性的领导方式不大好，恐怕要生出许多错误来。然而我看，错误虽不可免，但也不必怕。在一定意义上说，一个人不犯错误就不会进步。一个人犯了一次错误，同时也就是得到一个教训，不断地取得教训，方能不断地改进自己。正确的东西常常是从错误中得来的。科学家发明的东西，哪一件不是从试验和错误中得来的？今天流线型的汽车漂亮得很，灵活得很，但是到博物馆里去看一看最初发明的汽车，笨得要命，真不好看。由从前的不好，进步到今天这样好，这中间经过了不知道多少次的试验和失败，才得到成功的。一个同志犯了一点小错，并没有什么关系；真的犯了错误，只要老老实实吸取教训，他的经验一定会增加，能力一定会提高。所以，不要怕下面干部犯错误，要让他们充分发挥自己的能力。

总结起来说，使干部敢说话、敢做事是很重要的。只有这样，才能提高干部的积极性，使干部很安心地工作。假使你说一他就一，你说二他就二，那他就等于电话机，不能发挥他的才能。一个单位，干部不要求调动工作，而且有主动性和创造性，领导必定很好；如果干部都不安心，要求调动工作，领导一定有些什么毛病。以后大家出去做领导工作，能做到使下级敢说话、敢做事这六个字，工作效果一定会好的。

最后讲第四点：爱护人。

这里有几个问题要注意。

一、使用干部不要今天拉起来，明天又放下去，好像打桩一样，这是我前面讲过的。如果你要提拔这个干部，首先就必须全面地估计他的政治品质和能力，看他各方面是否合适，要详细考虑一番。既然提拔起来，要经常留意他的工作，到他实在不能支持的时候，就要想办法，不要等他塌台以后，再来追究责任，撤换他的工作。

二、对下面干部任何不安心问题，都要想法子去解决。我住在那个山上，有时候也烦得很，刚刚看文件，就会有人来找你，到底会不会他呢?很犹豫。可是，设身处地想一想，人家热心来找你，一定有什么重要的事情需要解决，所以还是应该会一会。有时候正在写一件东西，一个不速之客，事先不打招呼就跑进来了，你不能还是直挺着腰板坐在那里不睬人家，只得放下笔来，倾听他说话；谈话的时候，还要聚精会神，耐心地郑重地解答各种问题，这样才能满足人家的要求。如果花了几个钟点，替一个干部把事情办好，也还是值得的。做干部工作，无论大事小事，都要不怕麻烦。除非不接受人家的要求，既然接受了，就得彻底替人家解决，花一些时间，决不是白白浪费的。

三、当着解决一个干部的问题，关系到他的政治生命的时候，要很郑重、很谨慎、很细心地去处理它。一个参加革命工作的同志，往往对于肉体生命并不重视，对于政治生命非常重视，他宁愿牺牲一切，却不愿被党组织开除。如果在政治上发生这种问题，他就会认为他的前途没有希望了。所以不是到了必不得已的时候，决不要开除党员的党籍。

常常有许多被开除党籍的同志来中央组织部上诉，或者写上诉书。这里举个例子：有一个人还很年轻，因为有人的口供说他是托派〔170〕，被开除了党籍；这个人后来虽然解决了党籍问题，但是七年来光荣的历史完全不算了，同一个新党员一样。这个人要求把问题弄清楚，证人是有的，一个在西安，一个在延安，一个在一二九师，还有一个在外国，就一一写信去调查。经过比较长的时间，直到最近，各方面复信收集齐了，才知道以前是弄错了，我们承认了他过去的光荣历史。于是这个人由过去一个"死人"，只想"我还是到前线去牺牲掉算了"，现在变成活人了。调查时间花了两个月，值得不值得呢？我看是很值得的。因为两个月绝对培养不出一个干部来，花两个月挽回一个干部再值得没有了。

再举一个例子。有一男一女，有人告发他们，说男的是托派特委委员，女的是托派分子。他们到这里来读书，要求进党校，进训练班，便来找我想法子，但是人家已经控告了他们，于是我就照实告诉他们：有人说你们是托派。这年轻的一男一女听了我的话，马上就惊异得哭起来了。我便保证替他们解决这个问题。他们来的时候一跳一蹦的非常活泼，走的时候都哭了回去。后来只花了两个星期工夫，查清他们不是托派，解决了这个问题，不是很值得吗？

有的同志常常怕连累自己，不敢正确地替别的同志做证明人，所以领导人遇到这类政治历史问题，更要慎重办理，否则有些人的问题永远不能解决，使被嫌疑的同志冤沉大海，这实际上是损害党的事业。这一点，无论是领导党的工作，领导军队，都要十分注意。

同志们！做父母的爱护他们的子女是非常周到的，但是共产党爱护党员也并不下于父母爱护子女。任何一个人犯了错误，都应该帮助他纠正。如果他犯过的错误非常严重，甚至是很大的罪过，怎么办呢？这时候就要看他过去有没有功，如果有功，就要把他功过比较一下，再作处理。如果一个人从前犯了错误，现在还在犯错误，这样的人，经过批评，只要赶快觉悟，下一个决心，回头是岸，将来能够转变得好，也还可以将功赎罪的。我们共产党是讲公道的。犯了错误只要自己觉悟，只要能够切实改正，在革命队伍里就应该允许人家继续革命。今天犯了错误，以前的功劳可以拿来相抵；若是今天有错，以前也有错，可以将来赎罪。我们共产党要尽最大努力把有错误的人挽救回来，因为这样做对于革命有利。

四、对于干部不要"抬轿子"，只说他的好处。如果对于下面干部只说他好，掩饰他的缺点，以致养成他自高自大，工作不求实际，这样只会害干部，而不是帮助干部。

干部中间也有些人很喜欢别人说他的好话，说他好就感到舒服，不然他就生气，很不乐意。其实光说好话的人都是拍马屁的，拍马屁决不是件好事；不客气批评别人的人，才是好人，才够得上是革命同志。有些干部常常不了解这一点。俗话说，“忠言逆耳，良药苦口”，每个同志都要注意这一点。

总结起来，爱护人很重要。凡是提拔干部，得全面估计他的德和才；既提拔起来，就得多方面帮助他，不使他垮台。对干部一切不安心的问题，都要很耐心很彻底地去解决。当牵涉到一个干部政治生命问题的时候，要很郑重很谨慎地处理。对于干部，不要“抬轿子”，要实事求是。做到这些，才能算真正的爱护人。

我就讲这些。但是有两点必须申明：第一，同志们不要引起这种感觉，以为革命纪律这东西也可以不要了，这种观念是不对的。一个革命的队伍必须有铁的纪律，来保障完成革命的任务。中国共产党和八路军如果没有铁的纪律，也就不会存在，不可能发展到现在这样。革命的纪律一定要遵守，希望同志们不要违犯革命的纪律，我这篇讲演不能帮助那些违犯纪律的人。第二，有的同志过去受了什么冤屈、处罚，不要使用我这篇讲演来打反攻战，今天乘机来反攻、报复，这样就不好。过去的事，已经过去了。谁能够不做一点错事？只要改正了，就算很好。同志们的气量要大些。

我的讲演完了。

为什么要开除刘力功的党籍*

（一九三九年五月二十三日）

刘力功去年加入了共产党，并且在抗大[163]毕业以后又进了党的训练班，专门学习了一次党的建设的课程。当他在训练班毕业时，党组织根据他在学习过程中的表现，给他作了鉴定，认为他“非常自高自大，有不少共产党员所不应有的观点”，又是工作无经验的新党员，因此党组织决定他到基层工作中去锻炼。刘力功则坚持要进马列学院[171]或回原籍（离延安很远）工作，否则就退出党。为教育新党员，党组织曾经与他谈过七次话。在第一次谈话中他声明退出党的说法是错误的，但是仍旧坚持自己不到基层工作的意见。党组织认为马列学院是党的比较高级的学校，不能接收像刘力功这样思想意识极端错误的分子，认为派他回原籍工作，只是满足了他的家庭观念，非但不能对当地工作有帮助，而且有害于事，因此拒绝了他的要求。在最后一次谈话中，党组织告诉他：“个人服从组织”是党的纪律，要你到华北去做下层工作是党的决定，必须服从。可是他还是要求党接受他的意见，实际上是要“组织服从个人”。最后党组织给他一个时间去反省自己的错误，几天

* 本文原载中国共产党中央委员会机关刊物《解放》第七十三期。

以后，他声明愿意到华北去，但是又提出条件，一定要到八路军总司令部工作。党不同意他的意见，他就干脆拒绝执行党的决定。

中央党务委员会〔172〕认为，党已尽了最大的努力，对刘力功进行说服教育工作。“个人服从组织，少数服从多数，下级服从上级，全党服从中央”是党的纪律，党的纪律不容任何人破坏。刘力功违犯了党的纪律，又不接受党的教育，改正自己的错误，因此，决定开除其党籍，并公布于全党。

刘力功开除出党了。如果问：我们党内具有或多或少像刘力功这样观点的党员还有没有？还有。这是由于我们党内接收了大批新党员，这些新党员极大部分是散漫的小资产阶级的成分。他们为追求真理，愿意为共产主义奋斗，加入了共产党，我们欢迎他们。但是，他们之中的许多人还带着浓厚的非无产阶级的思想和习惯，这就需要引起我们极大的注意，加强对新党员的思想意识的教育。同时，要求每个新党员自觉地在革命工作中锻炼，不断地克服自己的错误思想和习惯。

我们在分配党员工作时常常碰到对于党的决定讨价还价的现象，借口干部政策来抵制党的决定。这样的党员虽然他满口“干部政策”，可是他并没有完全了解干部政策。他没有想到：分配党员工作时，党固然要考虑到个人的特长，但主要还是决定于党的工作需要。试问，你如果是一个飞机师，但是我们今天还没有飞机，不能用你驾驶飞机的特长，那还不是只能分配你做其他工作？所以，不能只讲干部政策“量才使用”的一个原则，而不讲干部政策的另一个原则，而且是主要的原则，这就是党的工作的需要。那种只看重个人，不顾及党的利益的观点，是错误的、片面的，实际上是不了解干部政策。

那末，究竟一个共产党员在党分配工作时有些什么权利和义务呢？只有说明自己意见的权利，只有在党决定以后无条件地执行决议的义务。除此之外，决不能增加一点权利，也决不能附加一个条件，否则就违犯了党的纪律。能不能说“如果党不答应我的要求我就不服从”？决不能。如果那样，实际上不是个人服从组织，而是组织服从个人了。因此，每一个共产党员在接受党分配工作时，只能是这样的立场：“我个人有做某种工作的愿望，但是如果党有任何别的决定，我绝对服从。”作为一个新党员，本来应该积极要求到基层工作中去锻炼，而刘力功却要到总司令部去工作。还有些新党员，在意见书上也说要做“上层工作”。在这一点上，许多老党员与他们恰恰相反。我碰到许多久经锻炼、有不少工作经验的党员，他们常常说：“啊呀！我们新的经验不够，要到基层工作中去锻炼一下。”而某些新党员却以为自己已经在某个学校或几个学校毕业了，学得差不多了，现在就可以做“领导工作”了。他们不懂得学校内学的理论固然重要，但到实际中去运用，并取得实践经验更重要。干部是从实际工作中锻炼出来的。班长要从老兵中提升起来，区委书记要从支部书记中提升起来。一般说来，越级提拔常常会发生领导无经验和不称职的现象，而有害于事。领导工作的能力要从下层的实际工作中生长起来。

刘力功上过党的建设的课程，曾经举过手“拥护”党的纪律。但是，要他从口头上赞成到实际上执行党的决议时，就完全相反，不服从党的纪律了。这就告诉全党同志，遵守纪律不是在口头上，而是在实际行动上。口头上说遵守纪律是容易的，困难的是在实际行动上真正遵守纪律。所以党观察党员是否遵守纪律，要看他的行动。党不仅在课堂上要教育党员遵守纪律，而且要在每个具体违犯纪律的问题上给以纪律的教育。我也碰到过这样的党员，他平常批评别人不遵守纪律的时候，理直气壮，还要进行“不调和的思想斗争”；但是自己在执行党的决定时，就完全相反，讨价还价，甚至公然违犯党的纪律。似乎党的纪律是为别人写的，他自己可以例外。这个不成。中国共产党党章〔173〕第四十四条规定：“严格的遵守党的纪律为所有党员及各级党部之最高责任。”这里所谓“所有党员”，不管你是中央委员，还是一般党员，不管你是老党员，还是新党员，都要遵守纪律。所谓“各级党部”，不管是中央委员会，还是支部委员会，都要遵守纪律。一句话，党内不准有不遵守纪律的“特殊人物”、“特殊组织”。遵守纪律首先要从自己做起，要与党内一切破坏党纪的倾向作斗争，但尤贵于与自己破坏党纪的倾向作斗争。

那末，怎样才叫做真正遵守纪律呢？一句话：迅速确切地执行党的决议。为什么执行决议是遵守纪律的表现呢？因为党所规定的“个人服从组织，少数服从多数，下级服从上级，全党服从中央”，无非是用这样民主集中的制度来作出党的决议，统一党的意志和行动。这个决议，这种纪律，就不仅是口头上的赞成，而要实际上去执行。你执行中央和上级决议才算是真正遵守纪律。那末，为什么要“迅速确切”地执行呢？因为要考验你在实际工作中执行决议是拖延的，敷衍的，甚至故意歪曲的，还是真正忠实执行的。党不容许任何党员在党的决议面前有“阳奉阴违”的两面派态度。

为什么共产党要这样看重纪律?理由很简单,因为共产党要领导无产阶级及劳动人民争取彻底的解放,这不是容易的事。革命胜利基本的条件之一,就是要使无产阶级的党成为有组织的统一的部队。只有有组织和统一才是我们的武器,才是我们的力量。要保障我们的党能有组织和统一,这就需要有严格的纪律。列宁在十月革命胜利以后说过:"无产阶级的无条件的集中制和极严格的纪律,是战胜资产阶级的基本条件之一"〔174〕。

中国革命是长期艰苦的事业,共产党及其党员没有意志行动的统一,没有百折不回的坚持性和铁的纪律,就不能胜利。中国是一个小资产阶级成分占优势的国家,如果中国共产党没有严格的纪律,将无法防止小资产阶级意识侵入党内。如果党不是有铁的纪律的队伍,就不能去团结最大多数的人民群众。因此破坏党纪,实质上就是破坏革命,我们必须与任何破坏纪律的倾向作斗争。

今天党内加强纪律的教育特别重要。毛泽东同志在党的六届六中全会〔175〕的报告中,论党的纪律及个人服从组织、少数服从多数、下级服从上级、全党服从中央的四个基本原则时,说:"经验证明:有些破坏纪律的人,是由于他们不懂得什么是党的纪律;有些明知故犯的人,例如张国焘,则利用许多党员的无知以售其奸。因此,必须对党员进行有关党的纪律的教育,既使一般党员能遵守纪律,又使一般党员能监督党的领袖人物也一起遵守纪律,避免再发生张国焘事件。"〔176〕我们党内今天有大批的新党员,他们还没有受过党的纪律的教育,还没有养成遵守纪律的习惯。今天处在抗日战争的时代,共产党员遵守党的纪律是胜利的必要条件。我们共产党员在政权机关中、民众团体中工作着，他们行为的好坏就立刻影响到人民对共产党的观感。因此，今天在党内尤其是新党员中加强纪律的教育，使他们了解为什么要遵守纪律，怎样做才是遵守纪律，什么事是违犯纪律的等等一类问题，是非常重要的。纪律虽然带着强制性，但必须自觉遵守。只有使全体党员自觉地遵守纪律，纪律才能成为铁的、不可动摇的、有效的东西。共产党之所以能够成为无产阶级有组织的部队，正是因为它的党员都有着高度的政治觉悟，对革命有无限忠诚和责任心，是无产阶级先进分子。一切经验证明，不是无产阶级的先锋队就不会是有组织的队伍。所以，在无产阶级有组织的队伍内，也决不允许那些明知故犯的不能自觉遵守纪律的分子存在。

怎样做一个共产党员*

（一九三九年五月三十日）

一　入党资格

中国共产党是中国无产阶级的先锋队。中国共产党要成为无产阶级的先锋队，其重要条件之一，就是要保持党的成分的纯洁。什么人有资格加入党，是我党经常留心的问题。征收党员是每个共产党员的义务和经常工作之一，所以，什么人有资格加入党，是我党每个同志都应该通晓的。

第一，什么人可以加入共产党？

依照中共党章〔173〕第二条，对于什么人有资格可以加入党的规定是：

“凡承认共产国际和本党党纲及党章，加入党的组织之一，在其中积极工作，服从国际和本党一切决议案，且经常缴纳党费者，均得为本党党员。”

党的性质和党员的成分与入党的条件是有着密切的关系的，在党的建设中党员的意义和作用这一问题，占有头等重要

* 本文原载中国共产党中央委员会机关刊物《解放》第七十二期，一九四三年编入解放社出版的《整风文献》。

的位置。这个问题远在一九〇三年，在俄国社会民主工党[177]第二次代表大会上，是第一次引起热烈争论和严重意见分歧的问题，并成为列宁与孟什维克基本分歧之点。

列宁的主张是：

“凡是承认党纲、在物质上帮助党并亲自参加党的一个组织的人，都可以作为党员。”

而孟什维克马尔托夫[178]的条文是：

“凡是承认党纲、在物质上帮助党并在党的一个组织领导下经常亲自协助党的人，都可以作为俄国社会民主工党党员。”

根据列宁的主张，只有真正加入组织，一切服从组织和愿意将自己全部贡献给党的事业——共产主义事业的人，才能成为共产党员。为了建立党的组织上的基本原则，列宁曾与马尔托夫进行了斗争，坚决反对马尔托夫所提出的一个人不一定甚至不愿加入到党的任何组织，只要能在组织外同情和赞助党，都可算作共产党员的主张。这种十足的机会主义的观点，不仅根本抹煞了党和阶级的界限，而且混淆了党的本质，使党降为职工会或学生会，使党沉没在同情者的大海中，“为一切涣散的、动摇的和机会主义的分子敞开大门”[179]。所以参加党的一定组织，为党积极工作，是每个党员最低限度的义务。

坚持列宁的原则，布尔什维克建立了自己的彻底马克思主义的、在思想上和组织上一致的战斗的党。这一事实具有伟大的国际意义，给了全世界共产党一个建设党的根本原则。而中国共产党在十八年来的斗争中之所以能成为英勇奋斗的强大的党，也正因为我党在开始成立时的第一次代表大会上便对李汉俊[180]的合法主义的孟什维克的观点作了斗争，根据列宁的原则，奠定了党的建设之基础。

在现在我党大量发展党员时，列宁的关于党员的这个原则，更有着重要的意义。要克服我们党内还存在着的个别党员不经党的允许任意离开原来所属的组织，任意离开工作的倾向。

第二，每个入党者必须承认党纲，但这不等于要求精通党纲。

中国共产党现在虽还没有成文地规定自己完整的党纲[181]，但是它却有世界共产党总的纲领（共产国际纲领[182]）和它自己的最低纲领（如历次大会的政纲和一九三七年的抗战十大纲领[183]）。承认党纲是每个入党者的先决条件，但这并不是说要把精通党纲作为入党的条件。因为精通党纲，是要有理论修养的人才行的。如果要求加入党的人特别是工人、农民，必须精通党章党纲之后才能入党，这样不仅会把许多要求入党的革命的优秀分子拒之门外，而且也是否认了党对于党员的教育的责任。

第三，共产党员不仅要积极参加抗日，而且要为共产主义奋斗。

不是每个积极参加抗日战争的人都可以成为党员的。要求加入共产党为党员，必须是承认党纲，并且愿意献身于解放无产阶级和全人类的共产主义事业的分子。所以，我党吸收党员，只有依靠经常有系统地在群众中宣传共产主义及党的纲领，并从民族的、阶级的斗争中来细心地考察和选择他们之中的先进分子。

二 党员的成分

共产党是无产阶级的先锋队，是由无产阶级中觉悟的先进分子所组成的。但是，党要成为无产阶级的先锋队，就必须经常有系统地注意调剂自己党员的成分。

第一，首先是加强优秀的工人成分。

共产党是无产阶级的先锋队。斯大林指出，党应当把工人阶级的一切优秀分子吸收进来〔184〕。因此，有计划地加强党内无产阶级的骨干，这是我党组织上的一个重要问题。

特别是现阶段的我党，加强和扩大工人成分是有着重大意义的。我党过去在城市职工运动中工作比较薄弱，工人阶级曾经遭遇到空前的摧残，以及抗战以来我各大工业中心城市的沦陷，更加使中国工人阶级受着非常的灾难和损害。广大的工人由在业到失业，由集中到分散，这就使党更加加重了吸收工人入党的任务。城市中的党组织必须首先集中注意力吸收工人党员，在乡村中的党组织应该特别注意吸收由城市转入乡村的工人，吸收农村的雇农和手艺工人入党，以扩大党的无产阶级基础，发挥工人在抗战中的中坚作用，加强工人阶级对广大农民及城市小资产阶级群众的领导。

但是，也必须指出，共产党并不是“工党”，而是无产阶级的有组织的先锋队，是它的阶级组织的最高形式。因此，不是全体工人都可加入党的，而只是工人阶级中最觉悟、最积极和最忠实于工人阶级事业的优秀分子。

第二，党应该注意到贫苦的农民和知识分子成分。

中国不是一个资本主义发达的国家，而是一个半殖民地半封建的落后的国家。在这样的国家中，存在着广大的、贫苦的、革命的农民群众。他们遭受种种压迫和剥削，生活在多重痛苦和压抑下，因而决定他们愿意拥护共产党，能够在共产党的领导下，为反帝反封建作坚决的斗争。历史的经验已经充分证明了农民在革命中的伟大作用，而在今后革命的进程中，贫苦的农民仍然和必将成为无产阶级最有力的联盟者。因此，大量吸收他们之中的积极分子到党内来，使自己在农村中的社会基础放在农村无产者和贫苦农民分子的上面，是完全必需的。

同样地，半殖民地半封建的中国的小资产阶级知识分子，在革命运动中也有着重要的作用。在过去的革命运动中，特别在今日抗日战争中，都证明他们之中有许多是能够为正确的政治方向而英勇奋斗的。由于他们的文化水平和政治觉悟，使他们成为党与群众之间的必要的桥梁。我们党应该吸收许多能够献身于共产主义和无产阶级事业的革命知识分子入党，同时，经验还告诉我们，应该特别注意吸收知识分子中间的革命的贫苦的成分入党。这些革命的贫苦的知识分子，是不同于一般的知识分子的。由于他们贫苦的生活决定他们最易接近党，并且他们比较接近社会的下层，思想和生活习惯都与劳苦群众有密切的联系。因此，他们是党在知识分子中发展党员的最好的对象。

第三，党应该特别注意到女工和贫苦的革命的小资产阶级妇女——农妇和知识分子妇女的成分。

妇女占人口的一半，没有妇女参加革命，革命就不能胜利。现在女党员的数量太少，这首先是由于党内对吸收女党员注意不够。要反对借口于中国社会男女不能接近而放弃共产党员介绍女党员的任务。每个共产党员首先是女共产党员应该把发展女党员当作重要工作之一。党今日应该强调提出吸收大批革命的妇女——女工、贫苦的农妇和知识分子妇女到党内来。党应该以此作为有计划的经常工作之一，并且注意在学习中工作中提高她们的政治觉悟和文化水平。

第四，一切党员必须为无产阶级的共产主义事业奋斗。

工人成分是党的基础，党特别要注意在自己的组织内加强工人的成分。对于在日常斗争中和革命运动中训练出来的其他阶级出身的分子，党并不拒绝将他们吸收到自己队伍中来，但是他们必须放弃自己原有的非无产阶级的、非共产主义的立场，承认党纲党章，才能允许加入党的组织。因此，党坚决反对不保持党的成分的纯洁，不加强无产阶级的骨干，不以共产主义为根本目标，使党降为各阶级的“民族革命联盟”的任何观点，而牢固地确立一切党员都必须为无产阶级的共产主义事业奋斗终身的思想。

三 入党手续，恢复党籍或重新入党

第一，一定的手续。

新党员入党时必须经过一定的介绍人（依党章及目前规定是：工人、雇农一人介绍；小资产阶级出身者二人介绍；脱离其他政党而加入本党者三人介绍）。由党的小组和支部通过，经上级党委的批准。参加过其他政治派别的分子入党，必须经过区党委、中央分局或中央的批准。

第二，恢复党籍或重新入党的规定。

恢复党籍或重新入党的问题，应遵照中央的决定，并按具体情况决定之。其原则有四：

（一）长期脱离党，但仍在继续为党工作，党内有人证明者，恢复党籍。

（二）长期脱离党，自称仍在继续为党工作，但党内无人证明，而今日已具备入党条件者，重新入党，候有证明时，恢复党籍。

（三）曾经长期参加党的工作，中有相当时间（一两年）脱离党的工作，未做违反革命利益的事，而现在已经恢复党籍者，则脱离党的工作的这一时期，不算在党龄之内。

（四）长期脱离党，未做违反革命利益的事，经过相当长期的考察而今日已具备入党条件者，重新入党。

至于政治上变节的分子，则不得重新入党。

四 候补党员〔185〕

第一，候补期的规定。

候补期的长短是根据新党员的阶级成分而定。目前党中央暂定候补期间如下：工人、雇农不需候补期；贫农、手工业工人一个月；革命学生、知识分子、小职员、中农、革命军人三个月；其他成分六个月，但在特殊情形下得延长之。

第二，候补期的作用，介绍人的责任，以及转党的手续和标准。

凡非工人成分入党者，必须经过一定的候补期限。候补期的作用是教育和考察。党应该按照各地具体情况给候补党员以党的教育，用马克思列宁主义的理论提高他们的政治认识到党员的水平，分配他们一定的工作，在工作中教育他们。同时，党应该审查候补党员的个人品质，以及历史地多方面地去考察他们在政治思想上、在党的工作上和对党忠诚的程度上，是否具备了入党条件，以作为转党的准备工作。

凡新党员入党都各有其一定的在政治上负责的介绍人。介绍人对其所介绍的新党员应该对党郑重负责，决不可苟且了事。他们不仅需要精细地留意被介绍者的行动和言论的表现，而且特别应该经常在政治上、工作上积极地耐心地帮助、教育被介绍者；而党也可以以此作为测验该党员对党负责、忠实于党的标准之一。

转党标准。党应该根据在候补期内对于候补人教育和考察的结果，来判断他在思想上对党的了解程度和对共产主义事业的信心如何，在工作上是否经常积极，以及在他的一切言论行动中是否忠诚于党，这样细心地去判断他是否符合正式党员的标准。倘认为符合时，则经过转党的手续，由小组、支部通过，上级党委批准。环境允许时，各地党委并得按该地具体情况，举行入党仪式。

转党条件不在于候补期限已满与否，而决定于候补党员对党的认识程度如何。如候补期已满仍不够转党标准，必得延长之，延长期限应等于其原有候补期的期限，必要时可停止其党籍。但是，延长候补期亦不能视同儿戏，例如延长一二十天用以作为党内的处分方法等。

至于青年党员，一般的不征收十六岁以下者入党，十六岁以上者可以开始被介绍为候补党员，至十八岁才能成为正式党员。但已加入党的十八岁以下的青年党员应保持原状，不能因此开除或停止党籍。

第三，候补党员的权利和义务。

候补党员应执行党所分配的一定的工作，缴纳党费，并得受适当的党的教育——阅读一定的党的文件和受政治的或军事的训练。候补党员在党的会议上有发言权，没有表决权。在介绍新党员时，可以提出其所介绍的对象，再由支部派人谈话和考察，作正式介绍。在党内工作上，候补党员不得为支部干事或党的小组长。以上规定，在特殊情形下，在新建立的支部或全支部绝对大多数都是候补党员时，可以有例外。

候补党员不能参加党的某些会议，并不给予阅读党内秘密文件。

五　共产党员的标准

第一，终身为共产主义奋斗。

共产党是为人类的彻底解放，为共产主义和无产阶级事业而奋斗的政党。因此，一个愿意献身共产主义事业的共产党员，不仅应该为党在各个时期的具体任务而奋斗，而且应该确定自己为共产主义的实现而奋斗到底的革命的人生观。怎样才能建立和坚定自己的人生观呢？首先必须认识到人类社会历史发展的规律和坚信共产主义社会必然实现的前途。这就是说，一个共产党员应该从他的阶级觉悟，从他的实际革命锻炼中，从他对于马克思主义的修养中，深切了解到无产阶级在社会上的历史地位和作用，懂得无产阶级的利益及其解放全人类的伟大事业，洞悉共产党及其党员的当前任务和根本目标。只有这样，他才能确定自己的人生观，终其一生，为他的信仰的实现而奋斗到底。同时，每一党员应该深刻知道，中国革命是一个长期的艰苦的斗争过程，在弯曲险峻的革命道路上，革命者必须经历长期的艰苦和波折；在与敌人经常的斗争中，在每一事变的紧急关头，还有牺牲的可能。因此，每个共产党员不仅要坚信共产主义的必然实现，而且必须对于工人阶级和中国人民、中华民族的解放事业，有不怕牺牲、不怕困难和奋斗到底的决心。

第二，革命的利益高于一切。

我党是以彻底解放中国无产阶级和全国人民、全中华民族，建立共产主义社会为职志的政党，因此，民族的和人民的利益与党的利益是一致的。共产党员是在党的领导下为共产主义事业奋斗的战士，党员的利益同民族的、人民的和党的利益也是一致的。每个党员必须对于民族、对于革命、对于本阶级、对于党，表示无限的忠诚，把个人利益服从于民族的、革命的、本阶级的和党的利益。

但是在革命工作中，在党的工作中，可能发生党员个人的利益与党的利益的不一致。在这样的时候，每个党员必须依靠他对革命对党的无限忠诚，坚决牺牲个人利益，服从革命的和党的整个利益。每个共产党员，都要把革命的和党的利益放在第一位，以革命的和党的利益高于一切的原则来处理一切个人问题，而不能把个人利益超过革命的和党的利益。

革命的和党的利益高于一切，这不是一句空话。党不仅要求每个党员懂得这一条，特别是要求每个党员能在实际行动和日常生活的每个具体问题上，坚决地毫不疑惑动摇地执行这一条。党内有了这样为革命为党的利益而牺牲一切的党员，才能保证党胜利地完成革命。

第三，遵守党的纪律，严守党的秘密。

十八年来党的斗争经验，证明了纪律是执行党的路线的保证。在过去，由于正确地开展了党内斗争，执行了党的纪律，我们克服了陈独秀〔186〕等人的错误路线，制止和战胜了张国焘〔143〕的反革命破坏阴谋，保证了党在各个时期的革命任务的实现，以及现在抗日民族统一战线的成立和抗日战争的进行。在今后，党仍应坚持这种纪律，才能团结全党，克服新的困难，争取新的胜利。因此，一个共产党员坚决地自觉地遵守党的纪律是他的义务。他不仅应该与一切破坏党纪的倾向作斗争，而且要着重与自己的一切破坏党纪的言论行动作斗争，使自己成为遵守党纪的模范。不要以为自己能够在会议上或稠人广众之前声明拥护并举手赞成党的路线，就算遵守了党的纪律，这是十分不够的。

一个真正能自觉遵守纪律的好党员，就在于他能在实际行动和日常生活的每个具体问题上，表示出自己是坚决地遵守党的铁的纪律的模范。

革命力量的增长，共产党威信的提高，使敌探、汉奸、反共分子更加阴险地进行破坏共产党的活动。因此，在党的工作中，不但丝毫没有减轻秘密工作的重要性，相反地，党应该特别加紧自己的秘密工作，提高秘密工作的纪律，与忽视、破坏秘密工作的现象作斗争。党应该指出，在今日的某些地方党部，还竟以为在现在环境下可以忽视秘密工作，这是十分危险的。每个党员应该不忘记许多年来由于疏忽秘密工作而受到牺牲的血的经验教训。为了保持抗战的力量，为了保证革命和党的事业的胜利完成，每个党员必须高度地提高政治警惕性，严守党的秘密工作的纪律，并且与一切忽视、破坏党的秘密工作的危险倾向作斗争。任何党内的不对外公开的事件，不准任意向党外宣传；任何对其他党员没有必要说出的秘密事件，不准在其他党员中乱说。一切破坏秘密工作的行动，必须受到党的纪律的制裁，直到开除党籍。

第四，百折不挠地执行决议。

一个共产党员，不能只是口头上拥护党的决议就算完事，他的责任在于坚决地执行决议，在实际工作中实现这些决议。实现党的决议时，在工作中不可免地会遇到一些挫折和困难，共产党员必须有大无畏的百折不挠的精神去克服这些困难。在工作中萎靡不振和用雇佣劳动的态度来对付党的工作，是绝对不允许的。中国革命是艰苦的长期奋斗的事业。中国共产党的特色之一，就是它具有不怕困难、牺牲奋斗的作风。每个中国共产党党员，必须具有艰苦奋斗的精神，继承和发扬党的优良传统。

共产党员不仅在日常工作中要忠实于党的决议，而且要在困难中，在生死关头时，忠实于革命和党的决议；不仅在有党监督时，而且要在没有党监督时，忠实于革命和党的决议；不仅在胜利时，而且要在失败时坚持执行党的决议。只有具备这样坚定和顽强的英雄气概，才配称为一个好的共产党员。

第五，群众模范。

党的政治影响越是扩大，党的威信越是提高，则工人阶级和人民大众对于我们党员的要求越多越严。因为是共产党员，是群众所信仰的先进队伍中的一分子，群众就有特别的要求。群众常常根据我们党员的行动来测量我们的党，所以党员无论在何时何地的一举一动，都必须给非党群众一种好的影响，使他们更加信仰我党，更加敬重我党。

党的六中全会〔175〕号召全党党员在民族解放战争中应该起先锋的模范的作用：

“共产党员在八路军和新四军中，应该成为英勇作战的模范，执行命令的模范，遵守纪律的模范，政治工作的模范和内部团结统一的模范。共产党员在和友党友军发生关系的时候，应该坚持团结抗日的立场，坚持统一战线的纲领，成为实行抗战任务的模范；应该言必信，行必果，不傲慢，诚心诚意地和友党友军商量问题，协同工作，成为统一战线中各党相互关系的模范。共产党员在政府工作中，应该是十分廉洁、不用私人、多做工作、少取报酬的模范。共产党员在民众运动中，应该是民众的朋友，而不是民众的上司，是诲人不倦的教师，而不是官僚主义的政客。共产党员无论何时何地都不应以个人利益放在第一位，而应以个人利益服从于民族的和人民群众的利益。因此，自私自利，消极怠工，贪污腐化，风头主义等等，是最可鄙的；而大公无私，积极努力，克己奉公，埋头苦干的精神，才是可尊敬的。”〔187〕

每个共产党员应该积极地在实际行动和日常生活中，真正以模范党员的姿态,响应这一号召。

共产党员的模范作用,还表现在对于革命利益严肃的立场上面,对于一切为国为民的事业,应该始终不变地坚持自己的立场。任何威胁,任何利诱,都不能动摇自己的立场。谁要是放弃了革命的和党的立场,谁就丧失了共产党员的资格。

在我们党的历史上,有过无数的模范党员,他们为了共产主义的事业而斗争,在任何困难的环境下,百折不挠,在种种威胁利诱下,表示对于党和革命无比忠诚。成千成万的优秀党员及党的领袖,在火线上、刑场上和监狱中,英勇牺牲。他们在全世界和全中国劳苦大众的面前,显示了中华民族优秀子孙的至高无上的气节,而他们一生的丰功伟业,更是光辉千古。他们是一切革命者的模范。我们党的党员不但要敬仰他们,而且应该学习他们。

第六,学习。

革命事业是一种伟大的艰巨的工作,特别是中国革命的环境和革命运动更是万分复杂,变化多端,而领导革命的共产党,它之所以能在变化的、复杂的环境中把握一切伟大的革命运动,并且指导各个运动使之走向胜利,是因为有革命理论的指导。共产党员有了革命的理论,才能从复杂万分的事情中弄出一个头绪,从不断变化的运动中找出一个方向来,才能把革命的工作做好。不然,就会在复杂的、不断变化的革命环境中,迷失道路,找不到方向,不能独立工作,也不能正确地实现党的任务和决定。所以每个共产党员要随时随地在工作中学习理论和文化,努力提高自己的政治水平和文化水平,增进革命知识,培养政治远见。

根据目前的环境,我们应该学习什么呢?

(一)我党是马克思列宁主义的战斗的党,首先,我们要学习马克思、恩格斯、列宁、斯大林的理论,才能培养自己成为一个真正有能力的有坚强党性的共产党员。我们的学习是学习马克思列宁主义的精神,学习他们观察问题的立场、观点和方法,而不是背诵教条。

(二)要研究中国的历史和时事政治的情况,不然也就不能规定当前的革命工作的任务和方法。

(三)要学习军事知识和军事技术,特别是游击战争。在今日,"党员军事化"已成为全党的战斗口号。

(四)文化程度低的党员,首先要长期地进行识字和读书读报的工作,以提高自己的文化水平,只有文化程度的提高,才能求得政治上的更加进步。

(五)尤其重要的是,每个共产党员要随时随地的在实际工作中学习,向群众学习。一切实际工作中的和群众斗争中的经验教训,是我们最好的学习的课本。

自我批评是共产党员学习的宝贵的武器,虚心地接受党的批评是一个党员进步的必要条件。好的共产党员,对党的每个批评都必须以诚恳的态度、愉快的态度去接受和了解,以改正自己的错误。

学习的敌人,是自己的满足,或者不愿学习。我们反对那种"自高自大"、"自称高明"的倾向,反对那种不愿学习或者对学习没有信心的现象。一个共产党员是难得机会长时期在课堂上学习的,因此,必须善于在繁忙的实际工作中,自己争取时间去学习,这一点必须有坚持的精神才能做到。

共产党员的口号是“学习，学习，再学习”[188]。全党应该热烈地响应党的六中全会提出的“对自己，‘学而不厌’，对人家，‘诲人不倦’”[189]的口号。

只有具备以上的六个条件，才不愧称为一个良好的共产党员，才不致玷污了这伟大而光荣的党员的称号。

党的支部*

（一九三九年六月十日）

支部是党的最下层的组织，也是党的最基本的组织。党的一切口号、主张、政策，依靠支部才能具体深入到群众中去。依靠支部在群众中日常的宣传组织工作，才能使广大群众团结在党的口号、主张、政策之下，进行革命运动。

正因为支部是党团结群众的核心，党就依靠支部去征收新的党员、扩大党的力量。支部在革命斗争中领导和教育党员，培养党的干部。所以支部是党的基本组织，是党的力量增长的主要源泉。

一　支部的组织

第一，按生产单位组织支部。

党的支部建立在什么地方呢？中国共产党与各国共产党一样，依列宁提出的原则，按生产单位组织支部，即在工厂、矿山、铁路、轮船、农场、农村、兵营、商店、学校、机关等生产

---

* 本文原载中国共产党中央委员会机关刊物《解放》第七十三期，题为《支部》。

场所和工作单位中，组织党的支部。列宁反对社会民主党[190]不以支部为领导群众的核心，而把支部当作选举运动的竞选工具。我们党在某些城市中组织街道支部，只是因为个别自由职业者的党员暂时不能编入适当组织，是一种临时性质的支部。

我们党是无产阶级先锋队，它首先应该注意在自己的阶级队伍中建立支部，建立工厂中的党的堡垒。列宁一九〇二年在谈到俄国社会民主工党[177]的组织任务的时候，即已指出工厂作坊支部在革命中的重大作用。他说："工厂小组对我们特别重要。运动的全部主要力量就在于各大工厂工人的组织性，因为大工厂中集中的那一部分工人，不但数量上在整个工人阶级中占优势，而且在影响上、发展上和斗争能力上更占优势。每个工厂都应当成为我们的堡垒。"[191]

在农村里还没有大农庄的时候，党的支部按党员的多少，环境的适合与否，在乡或村的范围内组织支部。在我们党所领导的政权下（如陕甘宁边区），党的支部按最低级的行政单位组织起来，以便利于领导乡村政权机关。

由于中国革命的特点，是要以民族的武装反对帝国主义的武装，以革命的武装反对反革命的武装，所以我党在抗战的军队中（如八路军、新四军和游击队等）及敌伪军中的工作占有头等的意义。党必须以坚决的步骤，在军队中建立、巩固和加强党的堡垒。

党的支部怎样组织呢？党章[173]规定，在有三个党员以上的生产场所中，即可组织支部。大的支部下面，可以小的生产单位（如工厂之车间，农村之副村、自然村）设立分支部或小组。

在绝对秘密的环境下(如敌占之大城市工厂中),党的支部应该扩大与群众的联系,但支部的人数不应过多,应该短小精干,而且可以在一个工厂中建立两个以上的相互之间并不直接发生联系的党的组织。

第二,支部的领导机关。

支部领导机关的健全与否,对于党的任务的完成有决定的作用。因此,支部的党员必须慎重地选择自己领导机关的人员。要保证支部书记和支部委员(或支部干事)必须是政治坚定,忠实执行党的政策,有工作能力并为大家所信仰的党员。党必须严重注意现在大量组织的新支部及新党员政治上还幼稚的情形下,投机分子混入支部领导机关的危险。

支部委员会(或干事会)人数的多少,按党员的数量和工作的范围、工作的需要来决定。在我们领导的政权下(如陕甘宁边区),则分书记、组织、宣传、军事(自卫军)、政府、工会、农会、青年、妇女等各种工作的委员。为了处理日常工作的便利,可以设立支部委员会的常委。不满五个党员的支部,只设支部书记或加一副书记。

支部应该经常有计划地输送好的干部到上级党部,但同时必须保证支部工作不因此而受到损失。

二 支部的基本任务

支部不但要在组织形式上具有核心的堡垒的姿式,而且要在实质上真正能起核心的堡垒的作用。为着实现这个目的,支部必须建立起它自己的基本工作，分配和责成每个党员去执行。依据中共党章及中国革命现在发展的形势，支部的任务，或者说支部的基本工作，应该包含着下列四个方面。

第一，支部是党团结群众的核心组织。

支部在周围群众中间工作的好坏是测量支部工作好坏的尺度。支部中每个党员积极地、经常地进行群众工作，是支部周围的群众工作开展的基本条件。支部周围群众工作的开展，可以使党员更加积极，支部生活更加健全。新党员占绝大多数的支部，要特别注意分配新党员去进行群众工作；支部委员会及上级党部必须经常地帮助他们，因为他们往往缺乏工作的经验。

支部进行群众工作的目的，是要争取自己周围的群众，接受党的领导。支部及其每个党员应该密切地与周围的群众联系着，了解群众的情绪，倾听群众的呼声，依据群众当时的觉悟程度，有计划地在群众中解释党的政策和口号，散布党的报纸，宣传共产主义，使群众走到党的方面来。

支部，尤其是战区的支部，进行群众工作的中心一项，是在组织和领导群众参加抗战，动员他们参加正规军，组织游击队、自卫队，进行为战争服务的各项工作。同时，应该领导群众开展生产运动，进行经济建设，改善群众的生活，并使优待抗日军人家属的条例得以实现。在没有建立我们政权的地区，要发动群众进行必要的斗争，取消不公平的和无理的负担，撤换贪污横暴的官吏、村长、保甲长〔192〕。应该依靠群众自己组织的力量，采取协商、调解和一切适合于抗战环境的办法，解除群众所感受的参加抗战的各种困难，以提高他们参战的积极性。支部应该在群众中作广泛的深入的宣传解释：积极参加抗战，驱逐日本帝国主义出中国，是每个中国人今天最高的利益。

支部在组织群众的工作上，应该依据当地的具体环境和群众的需要，去选择适当的群众组织的形式。战区中一般的要以适合战争需要、对于战争担负具体工作的组织形式开始（如自卫军、慰劳队、少先队等），以这些组织为基础去建立更广泛的群众组织（如农民救国会、工人救国会、妇女救国会、青年救国会等）。在大后方及敌占区，一般的首先要把积极分子组织起来，经过他们去组织更广大的群众。支部应该分配适当的党员到各个群众团体中去积极参加工作，并且参加群众旧有的一切团体，与群众在一起，领导他们，同时向他们学习。要以民主的作风与群众一起工作，不要包办，不要以支部的领导来代替群众团体自己的领导。要经常注意团结群众的领袖，尊重他们，向他们学习，并吸收他们到党的领导下来。

支部的责任是要引导群众一步步走向共产党的周围，所以应该在各种斗争中提高他们的政治觉悟，使他们相信我们党的一切口号、主张就是他们的切身的要求，并且为这些口号、主张而努力奋斗。

支部要保证自己对于群众团体的领导完全正确，就必须在支部会议上经常讨论群众团体中党的工作，及时审查自己的决定是否正确，党员执行支部的决定是否正确，以及群众的意见和要求。应该随时注意情况的变化，使党的活动适合于情况。

第二，支部是征收党员的机关。

支部是征收党员的机关，应该在党员中经常进行教育，使党员了解征收新党员的意义。共产党组织力量的扩大，是革命运动发展的主要保证，无论为了巩固抗日民族统一战线，为了推动革命的继续发展，均必须如此。征收新党员应是每个党员的经常的重要工作。支部领导机关，必须经常检查和督促党员，按照党章规定，去进行这项工作。

因为中国共产党的政治威信日益提高，许多愿意和要求为共产主义事业奋斗的革命分子，都在要求入党，这是支部征收新党员的顺利条件，支部应该利用这个条件去大量地征收新党员。但同时支部必须注意，正因为共产党政治威信的提高，敌探、汉奸、反对共产党的分子，正在用种种方法钻进共产党内，进行阴谋破坏活动。有些投机分子，也在企图混进共产党内，达到他个人的目的，并腐化我们的党。所以支部在征收新党员的工作中，应该时刻防止敌探、汉奸、反共分子的阴谋破坏和投机分子的混入。每个党员都有责任，随时随地注意发现并清查和清洗这些破坏党的分子。

支部必须使党员了解：共产党是无产阶级的先锋队，共产党员必须是不惜牺牲个人一切为共产主义事业奋斗的自觉的战士。为了保证党在政治上组织上的纯洁，支部征收新党员的工作，必须把前提放在每个党员的日常群众工作的基础上，在群众运动的斗争中发现积极分子，发现愿意并且能够为共产主义而奋斗的分子，接近他们，教育他们，向他们解释共产主义，吸收他们入党。支部必须教育党员，党不是亲戚朋友的集团，随便的吸收一个不合党员条件的人到党内来，这对于党和对于每个党员自己，都是极大的危险。

支部征收党员必须严格遵守个别征收的原则，防止和纠正只要报名、不经审查即吸收入党的办法，防止和纠正“小集团”整批入党而不作个别审查的办法。即使在群众斗争中有一批积极分子具备入党的条件，在吸收他们入党时，也必须逐个进行审查、通过、批准。支部必须教育党员了解党章上所规定的征收新党员的手续和办法，要他们详细去了解准备吸收入党的对象，包括什么样的社会地位，为人如何，在群众运动中特别在紧要关头的表现，判断其是否具备入党的条件。总之，既要保证支部能大量地征收党员，而又不让一个坏分子混入党内。

支部必须要求党员按照党章规定缴纳党费，不能以为这是可有可无的小事。共产党员按月或定期缴纳党费，是应尽的义务。这与服从党纲、党章、党纪和参加党的组织为党工作，同是每一个共产党员必须具备的基本条件。

第三，支部是教育党员的学校。

支部是教育党员训练党员最基本的学校。支部委员会应该取得上级党部的帮助，有计划地教育党员。支部教育党员的内容首先着重于共产主义的基本教育，以坚定党员的革命人生观。在支部的日常工作中，要监督党员遵守党的纪律，开展批评和自我批评，克服党员中间各种脱离党的理论、政策、党规、党法等错误倾向。文化程度低的党员，支部应该帮助他们识字读书，督促他们自习，以提高他们的文化政治水平。支部应该教育党员进行群众工作的方法，利用现成的事例和经验教训，教育党员。

支部领导机关和支部中党龄较长的党员，应该担负教育新党员的责任。更重要的是，以自己在思想作风上、工作上、遵守党纪上的模范行为，去教育新党员。

第四，根据地内的党支部要领导党、政、军、民、学各项工作。

我们党领导的政权下的地方支部，应该是乡村政权机关的领导者，地方武装（如自卫军）的领导者，民众团体的领导者。党、政、军、民、学的工作都是支部所必须管理的工作。这些工作都是为着一个目的：建立和巩固模范的抗日根据地。

支部的重要任务，就在领导民众来管理政权，领导群众参加选举，选出群众自己所信仰的领袖到乡政府的领导机关，领导群众去帮助和监督乡政府实施上级政府的指示及群众的决议，包括实行上级政府所颁布的改善民生的一切法令；同时，武装群众去反对破坏抗战法令的分子，肃清敌探、汉奸。总之，支部应保证乡村政权成为群众自己所管理的抗战的革命的政权。

要实现民众自己管理政权，支部必须首先组织民众的武装（如自卫军、少先队等），并把全乡民众组织于农民救国会、妇女救国会、青年救国会、工人救国会等等的团体中，使这些民众武装和民众团体成为乡村政权的支柱。

如果有些地方，政权还握在妨害民族革命战争和反对人民的不良分子的手上，支部首要的任务就在把民众动员和组织起来，用群众的力量和适当的方法，改造政权，清除坏人，使之成为真正民众的政权。如果政权为广大民众所爱戴，而民众团体和民众武装尚未组织起来的时候，支部的任务就在帮助政权机关，去发动民众、组织民众和武装民众，充实和健全政权。这都为着一个目的，就是建立民众自己所管理的民主政权。

支部在民主政权管理下的乡村中的日常工作是：领导群众参加抗日军队或游击队、壮丁队〔193〕，组织运输队，动员一切男女老幼，进行站岗放哨，协助政府动员征收粮税，募捐慰劳军队，实行优待抗日军人家属，进行一切参战工作，保卫家乡。同时，领导群众协助政府进行一切可能的改良民众生活的工作，如进行可能的经济建设，扩大农业生产，改善农具、种籽、肥料，开垦荒地，改良水利，组织春耕和秋收运动，组织劳动互助社〔194〕、耕牛站〔44〕，调剂劳动力，扩大手工业，组织合作社，增加农民收入。此外，还应进行文化建设，如成立识字班、夜校，实行小先生制，举办农闲时的临时学校，以提高人民的文化水平。支部在领导这些活动中，应该特别注意动员妇女，她们占有人口的一半，在一切参战参政及建设运动中，没有妇女参加，是不能成功的。依靠支部的努力，要逐渐破除农村中轻视妇女、束缚妇女和对于妇女不平等待遇的现象，培养乡村中的妇女领袖，提高妇女的政治经济的地位。

支部动员和组织民众的工作，必须首先在党内详细讨论，然后经过党员在政权机关中和民众团体中进行各种解释，由政权机关和各民众团体号召，群众民主的讨论，使民众了解党所提出的号召，是他们自己的事情，动员起来响应和完成这个号召。共产党员应该在群众响应这个号召中起模范作用，并且要善于团结各民众团体中男女老幼的积极分子，采取竞赛鼓励的办法来完成这个号召。

三　地方党部如何领导支部

当一个支部的组织生活和群众工作还不健全的时候，地方党部（区委或县委）对支部进行正确的领导和具体的帮助，有决定的意义。正确的适当的领导可以使不健全的支部健全起来；没有这种领导，即使好的支部工作也会退步，党员积极性不能提高反而下降。

第一，了解支部的情况，给以适当的领导。

地方党部及领导某一支部的同志，要使自己的领导正确而适当，就必先熟悉这个支部党内党外的具体情况，了解支部的历史，每个党员的各方面，支部的环境，如地方情况、群众情绪和阶级关系等。这些不是从一两次会议和谈话就可以了解的，需要比较长期的了解和研究。因此，上级党部负责各支部的领导人，固然不可能长期不换，但也不能常调，以便熟悉情况，积累经验。不了解支部党内党外的具体情况，就不能作出正确而适当的指导。

地方党部负责各支部的领导人，在指导支部执行上级党部的一切决议和指示时，必须依据支部当前的情况，并经过支部的讨论，去定出在这个支部如何执行决议的具体办法和步骤，而不是机械的千篇一律的应用。只有这样灵活的切实的领导，才能保证上级决议的完全执行，保证支部工作活跃起来。尤其在某些党员还幼稚、积极性还没有达到应有高度的支部中，地方党部的领导，要善于抓住当时推动工作的最中心的一环，不慌不忙地首先抓住这一工作去推动支部的积极性，提高党员工作的信心，在支部工作的继续前进中，去全部完成上级的决议，使之转变成为活跃的健全的支部。

第二，培养支部的干部。

地方党部对于支部领导上的重要一环，就是培养支部的干部。没有积极分子，支部工作就不能活跃、健全。要经常注意挑选和培养支部书记和支部委员（或干事），在政治上工作上教育他们，帮助他们掌握开展工作的方法，提高他们的责任心。要尽可能举办支部干部的临时训练班，或者经常地进行个别谈话。所有这些，是为在支部中培养出干部，使支部能够独立地进行工作。因之，在帮助支部培养干部的过程中，也必须避免上级领导人包办代替支部工作的现象，因为这种方式，是与培养干部的目的相反的。

巩固党和加强群众工作*

(一九三九年九月十八日)

巩固党的首先而且基本的工作是巩固党的内部,教育党员,清除坏人。因为只有健全的巩固的党,才能够领导群众去完成它的历史任务。

但是,当着我们去巩固党的基层组织——支部的时候,除了去整理支部内部以外,同时应该加强支部在群众中的工作。推动党员到群众工作中去锻炼,加强党与群众之间的联系,都可以帮助党的组织的巩固。群众工作的好坏,是测量党组织的巩固程度的标准之一。苏维埃时期[19]江西兴国县的群众工作是模范,而这个县的党组织也是最健全的。过去,大城市中有些支部不巩固,时起时伏,大半也是那些脱离群众、不进行群众工作的支部。《联共(布)党史简明教程》在总结苏联共产党历史的基本教训时说:

“当布尔什维克保持同广大人民群众的联系时,他们将是不可战胜的——这可以认为是一个规律。”“如果党在自己的党的狭隘圈子里闭关自守,如果它脱离群众,如果它蒙上了官

* 本文原载中国共产党中央委员会主办的党内刊物《共产党人》创刊号,题为《巩固党与战区的群众工作》。

僚主义的灰尘，那它就会遭到灭亡。”

能不能说我们党没有领导群众或者与群众脱离呢？不能这样说。现在我们党领导着八路军、新四军，领导着广大人民参加反对日本帝国主义的各种工作，党在人民中有着空前的政治威信。但这并不是说我们所有支部都已成为群众的核心。在战区内，在共产党领导的地区（如边区〔195〕等），能够掌握全村的党、政、军、民、学各方面工作的农村支部还不多。如果我们在巩固党的时期〔196〕内，把整理党的内部与加紧支部周围的群众工作联系起来，那末，不仅党的组织可以巩固，而且群众工作也会大大深入。两者相互配合的结果，会使整个工作向前推进。

我想说一说战区党〔55〕尤其是我们领导着政权的地方的党，如何把巩固党的工作与开展群众工作联系起来？

一般地说，那些地区群众工作由上而下建立工作的阶段已经完结，现在应该是由巩固下层来加强上层的阶段。这第二阶段在许多地区还没有开始，少数地区虽已开始但还没有完成。

现在应该开始并完成第二阶段。从何着手呢？一切工作在于乡或者村。不管上级的各个机关有多少决议、命令，但是具体实现这些决议、命令，还是靠乡一级的组织，加强和改造它们的工作是目前重要的一环。

面向乡级之后要进行些什么工作呢？

一、要采取组织上的办法，使党和群众团体接近群众。实现这一点，过去和现在的经验都说明，要把区委及区一级团体所管的地区缩小些，人口稠密的乡也要划小。我们在江西苏区[30]和陕甘宁边区都曾经这样做。区、乡划小以后，由于工作范围缩小，就有可能去接近党的支部和接近民众。现在有些区委管的支部太多了，所以设立了中心支部，区委只去领导中心支部，中心支部成为一级。而且各级管的地区太广，直到县委，都有中心一级，区委则有类似副区委的组织。这样层次愈多，上下联系愈弱，工作推动愈慢，收效也就愈小。

划小区乡，增加区委，岂不是与行政区域不相符合而工作不便吗？如果主张政权要接近民众的话，划小是应该的。但是，即使行政区不划小，党的组织也可以划小，在同一行政区内的几个党的组织，在共同的问题上可以共同协商。

增加区委，就要增加干部。如何解决呢？可以从下面提拔。不要怕他们能力不够，过去中心支部管理乡村支部的能力决不会比新提拔的区委干部强些，而且在工作中也可以锻炼新干部的能力。

二、支部要经常注意解决群众迫切需要解决的问题。支部的责任，不仅应该接受上级所给的任务，按照当地环境适当地完成，而且要经常了解群众的情绪，群众的呼声，帮助群众解决困难。群众的日常问题愈解决得好，支部及党员在群众中愈受拥护，则一切动员工作也就愈能顺利完成。

现在许多地方党组织很少问问下层和支部中的情况，很少引导支部去注意群众的呼声，很少把“经常解决群众的日常问题”作为指导支部工作的中心之一。一般是把工作布置下去，按级向下要这要那，而不大关心下级和群众的日常要求。如果改变了这种工作方式，则群众工作的活跃，支部的巩固，党的干部在群众运动中的锻炼，都会得到更大的成绩。

我们要向着这样一个目标：支部掌握乡或村的全局，即掌握全乡或全村的党、政、军、民、学的工作。做到了这一点，支部才算得是群众的核心，党在群众中的堡垒。现在个别地区的党已经向着这个目标努力。

满足群众的要求，岂不就要加紧经济斗争吗？我们的回答：共产党人是主张改善民生的，同时又认为，抗日时期群众运动的目的，主要的是为了反对日本帝国主义，加强抗战力量。改善群众生活，并不是说抗战中一定要比抗战前好得怎样多，这是办不到的。我们应该向群众说明：要解除目前痛苦，只有驱除日寇。当然，我们不应该忽视群众的政治、经济、文化地位的任何细小的可能的改善。愈是多注意群众各方面生活之尽可能的改善，他们参加抗日的积极性就愈会提高。同时，经济上改善群众的生活，也不仅是要求解除过度的剥削和不合理的负担，还可以从其他许多积极方面增加群众收入，减少他们不必要的损失。

三、要使群众工作活跃，不在于团体多，会议多。有些地方，一个老百姓在七八个团体名册上都有他的名字，而每个团体又规定五天或七天开一次小组会，十天或半月开一次大会。如果真有这样老实的老百姓，遵守纪律，每会必到，即使不种地，时间还不够分配。显然地，老百姓不能照各团体的章程办。

各团体领导机关的人，少去召开那些开不成的会，多用些时间到民众夜校或类似这样的组织中去接近民众，这里可以自由谈天，不妨讲讲《三国演义》，吹吹“山海经”〔197〕，谈谈国家大事，说说家常琐事。如果谁愿意这样耐心做，群众会由少而多，甚至不请即来。那时候什么农民救国会、青年救国会的任何一个抗战动员，都可以顺利地在群众中得到解决。各团体的相同的动员工作，也可以彼此不重复而集中地去解决。这种方式行得通而且做得好，是被经验所证明了的。

当然这种深入下层工作，不能了解为我们不要自上而下的活动，而是要使自上而下与自下而上两者配合起来。

四、要把百分之九十以上的民众组织于团体之内，主要问题是组织妇女的问题。现在虽然还有些男子未组织起来，或者还只是形式，但总算组织了。儿童一般地喜欢唱歌上操，所以也大体组织了。老年人除了少数以外，也组织在农民团体中了。那末，为什么我们计算各团体会员的数量总是不及这一地区总人口的一半呢？这很明显，是占人口一半的妇女还未组织起来。有些地方名义上“组织”了，但还未“起来”，实际没有组织。妇女是群众运动中巨大的力量，哪个地方妇女已经发动起来，这个地方的群众运动就深入了。过去中央苏区〔30〕的经验如此，现在有些战区也是如此。

在共产党内，加紧妇女工作是中央的指令〔198〕，为什么妇女工作还是落后呢？我问了四个乡村支部书记，当他们抽象地说到“妇女工作重要”的时候，似乎也很认真，可是我问：“你的老婆参加了党没有？参加了妇救会没有？”他们虽然在不同地方不同的谈话中答复我，但答复的内容是半斤与八两〔199〕：“她懂什么事？有什么用？”原来还是那个争论的大问题：“妇女有用没有用？”共产党员不打破“女人无用”的观念，连自己老婆都看不起，说服教育不了，那还说什么领导民众、组织民众呢？

如果我们在群众工作方面加一番努力，把它做得更好，可以使现在某些群众团体改变“官办”的性质，涌出许多群众领袖，变成群众自己的团体，不仅群众工作可以做得更好，而且也会帮助我们巩固党，鉴别谁是好的共产党员，谁是混进党来的坏人；还将使现在缺乏经验的党员和下级干部，在阶级意识上、工作经验上得到许多锻炼。

群众工作的深入，将使敌后的抗日根据地更加巩固，抗日军队更易补充，抗日政权更能动员民众。所有这些，正是我们在敌后坚持长期抗战所迫切需要的。我们提出巩固党和加强群众工作，也正是为了粉碎敌人的“扫荡”，支持敌后长期抗战，争取最后胜利。

开展群众工作是目前地方工作的中心*

（一九三九年十一月三日）

我与华北六个不同地区做党的工作的同志谈话以后，觉得华北工作最弱的一环，是群众工作。这不但是华北的问题，也是华中、华南、其他战区和敌占区的问题，是全国一切地方的问题。要使抗战前进一步，要使我们党的工作前进一步，问题的根本，在于开展群众工作。这是目前地方工作的中心。

今就华北经验，并依据战争环境的特点，分为下面几点来说。

充分发动群众是开展一切工作的关键

在华北的许多抗日根据地内，我们党内及党外的工作，都有伟大的成就。但是，如果再看另外的一面，那也会看到工作还有不足的地方，还有弱点。

从党的方面来看。华北的党组织是新发展的，是大量地迅速地发展起来的。因此，一方面党员的阶级教育还很缺乏，另

* 本文原载中国共产党中央委员会主办的党内刊物《共产党人》第二期。

一方面，党内也混入了一些坏人。支部是新成立的，同志们的工作经验不足，大多数支部还没有变成当地群众的核心。县委以下的干部，绝大部分是新的，他们也缺乏工作经验。同时，在某些领导机关中又混进了一些不忠实的分子和阶级异己分子。

从政权方面来看。华北的多数抗日根据地内，乡村的政权还不是掌握在真正代表人民利益的人员手里，土豪劣绅及为非作恶的分子，仍把持着大部乡村政权，充当乡长村长。虽然上级政府曾经设法改造乡村政权，但因为一般是自上而下地改造，从下面，从群众内部去发动群众非常不够，所以改造工作未曾深入。由于乡村政权未经改造，政府的进步法令及进步措施，就不能完全实现，甚至有些被人曲解，被人倒行逆施了。例如，某县的地主把持乡政权，他们把各种负担都加在抗日军人家属及贫苦工农身上，却美其名曰“起模范作用”。

从军事方面来看。华北是处在艰苦抗战的环境中，需要大量人力、财力、物力的补充，而这些补充只能依靠民众。如果要民众在人力、财力、物力上诚心诚意、源源不绝地帮助军队，就必须在民众运动方面进行最好的工作，否则是不可能的。今天在华北各个抗日根据地，要发动民众更广泛地在人力、财力、物力上援助军队，非依靠党在群众中进行大量的组织工作不可。例如，过去党在江西苏区〔30〕的组织工作就是这样。一九三三年红五月时，一次即动员了六万三千人当红军。如果拿这样的标准来看华北，今天大多数根据地内的群众工作，还差得很远。固然情况不同，过去江西是实行土地革命〔15〕政策，而现在的华北还无这个条件。但减租、减息、减税〔200〕的政策，如果坚决地实行了，再加上党的组织工作，动员相当广大的人力、财力、物力援助抗战，是完全可能的。如果再拿今天尚未建立政权的游击区来说，在那里要坚持残酷的斗争，并使之转变为根据地，那末，群众工作的好坏，也是决定的条件。

从民众团体方面来看。应该指出，只在个别地区民众团体工作真正有了成绩，在大多数区域，还仅仅是一些自上而下、由政府帮助组织的民众团体。由于发动群众的工作，或者根本没有做，或者做得非常之不够，所以好多民众团体，在民众自己来看，并不是他们自己迫切需要的团体，而只是为军队为政府服务的机关。乡村的民众团体，大多数还是很不健全的，其中许多仅仅是“抄名册”的。因此，民众团体中也就至今没有涌现出著名的为广大群众真正拥护的群众领袖。民众团体在大多数区域中，还没有成为抗日政府的支柱。

从上述几个方面都可以看出，我们的群众工作确是最薄弱的一环。党、政、军、民、学各种工作之健全，虽然都有它们各自的单独的工作，但是把党、政、军、民、学各方面的工作联系起来，使各方面工作都能进步，都能发展，都能健全，基本的环子就是开展群众工作。如果不把这一环抓住，克服我们在群众工作方面的弱点，便无法坚持抗日根据地，无法坚持长期的游击战争。

但是，群众工作千头万绪，究竟应该从哪一点做起呢？究竟应该采取何种方针，才能变薄弱的狭小的群众工作为真正广大的群众工作呢？不是别的，就是在党的领导之下，从维护群众自己的利益出发，从群众内部去发动群众斗争，把群众团体自下而上地建立起来。这样，群众的利益与那些把持乡村政权为非作恶的乡长村长的利益之间的矛盾，就会尖锐化。在共产党和上级政权推动之下，就很容易去改造这些乡村政权，使之掌握到真正代表人民利益的乡长村长手里。这就是说，开展群众工作乃是彻底改造乡村政权的主要办法。为群众自己利益而斗争的群众运动开展起来了，群众在斗争过程中就会体验到，自己的力量就是团结和组织，群众团体也就可以在这一过程中健全起来，成为真正群众自己的团体，群众领袖才会真正涌现出来，群众的抗日积极性也才能提高。也只有这样，才易于使群众懂得维护本身利益与打倒日本帝国主义是不能分离的，才能使群众更加积极地多方面地援助军队，军队的扩大、加强和物质保证才有深厚的来源，坚持长期抗战才说得上有了可能性。

至于说到巩固党，那末，历来的经验证明，没有一个脱离群众的党组织是巩固的。一切脱离群众的党部，都是最不巩固的党部。所以，只有党与群众密切的联系着，只有党的支部真正成为群众核心的时候，那个党才是一个巩固的党，那个支部才是党在群众中的堡垒。现在党内发生的各种弱点，不管是党的组织方面的还是党的工作方面的，都是同脱离群众相联系的。为群众自己利益而斗争的群众运动真正开展起来了，就能鉴别谁是真正为民众利益而奋斗的共产党员，谁是别有企图混入党内的坏人。这样，清洗党内坏分子的工作才有客观的基础。只有群众运动，才能给新党员和新干部以实际的阶级教育，单单书本上的教育是非常不够的。我们的新党员和新干部缺乏群众工作经验的弱点是普遍存在的，他们领导群众运动的经验是很少的，但出路只有一条，就是在群众运动中锻炼和提高。他们今天没有经验，明天就变成有经验的了。参加群众工作越久，他们的经验就越丰富。他们在群众工作中，不可避免地要犯一些错误，但同时即取得了经验，取得了进步。

改善群众生活才能发动群众

“不发动群众，抗战就不能胜利。”这个道理，我们大家已经懂得。但是，有很多的同志还没有明确了解，要使群众起来，必须改善群众的政治、经济、文化地位。我们的同志在华北各个抗日根据地内，都进行了这些方面的工作，而且有许多成绩。但是，许多同志对于这个问题的认识还不深刻。有些地方的同志对于抗战主要是依靠工农呢，还是平均地依靠社会各阶层，这样的基本问题，还没有弄清楚。有些地区虽然政府颁布了不少进步的法令，但还没有使之彻底实现。

经验已经证明，哪个地方群众的生活改善了一些，群众就更加积极了，群众团体就更有组织了。如果哪个地方没有注意改善民生，或者虽有改善民生的法令，但实际上没有实现，群众就照旧起不来。凡是群众起来了的地方，汉奸的活动就要少些，也易于制裁些。所以为了对付汉奸，也要依靠群众的力量。

如果我们定下了改善民生的方针，那末，这个方针的实现也要依靠群众自己起来奋斗。过去上级政府减租减息的法令在许多地方没有彻底实现，主要原因之一，就是因为发动群众自己起来奋斗非常不够，或者并没有去发动。所谓发动群众自己起来奋斗，就是动员乡村一级的各种组织，首先是党的支部，深入各个阶层的群众中去，经过群众的讨论和决定，经过群众的斗争和努力，去实现减租减息的法令，实现那些今天可能实现和必须实现的广大群众的迫切要求。地方党部如果不关心群众的生活，不为群众的切身利益而斗争，置群众的痛痒于不顾，而要开展群众运动，要群众热烈起来与党与政府与军队一道艰苦奋斗，这是不可能的事。

把解决群众的切身问题列入地方党部的经常议事日程

群众的切身问题，不只是减租减息、废除苛捐杂税等事，还有许多日常的生活问题。所以，党的区委、支部、小组的一项经常议事日程，应该是研究本区、本乡、本村群众的切身问题。群众的情绪如何，有些什么困难，有些什么要求，如何解决，都是地方党部，尤其是区委和支部，应该严重注意的。把区委和支部的注意力引向讨论和解决群众的切身问题，引向当地的群众工作，是今天严重的任务。

根据我与华北不同区域的九个支部同志谈话的结果，知道大多数支部是不讨论群众的切身问题的。他们的经常工作，是依照区委的布置，发展几个党员，动员几个人当兵，要多少粮食和军鞋，而且一概是分派，没有造成热烈的群众运动。他们是只向群众要东西，至于群众要些什么，就不管了，就不讨论了。不但如此，而且还应该说，我们有许多支部会议没有什么明确的内容，同志们并不知道开会做什么，会议只是一种宣传。中央组织部的巡视团曾经参加过华北某乡支部的一个小组会，区委同志和支部书记都来参加了，没有提出任何要讨论的问题,就要求党员发言。到会的党员不知说什么好,因此互相推诿,结果公推了一个平常会说话的党员起来说话。于是这个同志就说:"我不会说话,不知说得对不对。我们是共产党员,每个同志要缴党费,这是为了惦记党。党费是每月三个大子儿,没有大子儿,缴鸡子儿也行,小米也行,完了。"经他这一说,算是打破了沉闷的空气,于是第二个同志也起来讲话了:"我们一定要缴党费……"。会上共有三个党员说了话,都是"缴党费"一套。区委同志和支部书记一言不发,小组会就此散会。这样的会议如果多开几次,恐怕谁也不愿再来了。完全脱离群众的政治斗争和经济斗争的区委、支部和小组,一定会失去群众的支持,是非常危险的。

基层党组织也有好的典型。晋察冀边区有一个好支部,这个村上已经动员五十一人去当八路军和出外参加救亡工作,占了全村人口的百分之十三。而在旁的地方,还不到百分之一或百分之二。在那个村,村公所代表会是真正群众选举出来的,救国公债和救国公粮都完成了计划,优待抗属组织得很好,合作社开办了,减租已经实行,有了低利借贷所,减息已经实现。群众的各种团体,都组织得很好。妇女也发动了,有了妇女自卫军。所有这些,都是群众自愿进行的。为什么这个支部的工作做得好?基本原因,就是这个支部密切联系着群众,抓紧解决群众的切身问题,在十次会议中有六次讨论群众的切身问题。我想,这一模范例子,已经足够证明我们所有支部都应该怎样做工作。

支部用极大的注意去关心和讨论群众的切身问题,会不会妨碍上级所分配的动员计划呢?不但不会妨碍,正是"顺水推舟”，为动员计划之“舟”准备好汪洋之“水”。地方党部，尤其是区委和支部，一定要把完成动员计划问题与解决群众切身问题联系起来。只有对群众切身问题有了很好的解决，才能把动员计划造起一种热烈的群众运动，为广大群众所拥护，并且高兴地去完成。

至于解决群众切身问题的办法，这不应该而且不可能有固定的方案，必须看当时当地的情况。但是，有一点是确定不移，到处适用的，这就是：解决群众切身问题的办法，必须在群众中去讨论，到群众中去找寻。因为只有群众才真正了解他们自己的问题，只有在群众中才能讨论出在当时当地解决问题最适当的办法。我们的地方党部，我们的区委和党支部，只有收集了群众的意见，才能作出很好的决定，否则是不可能的。这就是毛泽东同志常讲的那句话：共产党员“每天都是民众的教师，但又每天都是民众的学生。”〔201〕共产党员要领导群众，就必须首先向群众学习。“三个臭皮匠，凑成个诸葛亮。”离开群众，世上是没有什么诸葛亮的。

陕甘宁边区的群众工作*

（一九三九年十二月十日）

陕甘宁边区是模范的抗日根据地，党、政、军、民、学各方面的工作都很有成绩。这次边区党的第二次代表大会〔202〕，总结了各个方面的成功经验，同时也检查了这两年工作中不足的地方，以求得改进。既肯定成绩，又检查缺点，这是我们应该采取的正确态度。

现在我讲讲关于群众工作的问题。

根据在华北的经验，创建根据地一定要经过三个阶段。第一个阶段是建立军队。没有军队，根据地是建立不起来的。在华北，我们一开始就派部队去敌人后方，开展游击战争。在冀东、山东，日本一进攻，国民党垮台，八路军还没有去，我们的地方党就首先搞起游击队来，结果成绩很好。有了军队，就可以把政权建立起来，把地方党扩大起来，接着把群众团体也组织起来。所以说，有了军队便什么都有了。大革命〔203〕失败后，地方的党几乎都被破坏了，只有在有军队的地方，党没有被破坏。陕北也是这样，刘志丹〔204〕等同志很早就在这里组织游击

---

* 这是陈云同志在中国共产党陕甘宁边区第二次代表大会上讲话的一部分：关于群众工作问题的要点。

队，进行武装斗争，建立了根据地。现在的陕甘宁边区，如果没有留守兵团和保安部队〔205〕，我们也就不能在这里存在，早就被人家赶跑了。

第二阶段是大规模地建立党，迅速地大量地发展党员。军队建立了要扩大，还要把群众发动起来，组织起来，这都要依靠党。尤其在农村，人口分散，更需要有较多的党员来领导。在新开辟的地区，党员在数量上一定要多，同时还要发展得快。如果慢了，日本帝国主义就要搞它的一套组织，还有顽固分子也要来与我们磨擦〔206〕，所以，先下手为强。

党组织建立以后，就要深入地开展大规模的群众运动。宣传群众，发动群众，组织群众，这是第三个阶段。当然我们并不是说，建立军队、建立党、建立群众组织这三个阶段，是截然分开的。开展大规模的群众运动，要靠军队、要靠党深入到群众中去。假如这个工作做不好，我们的党，我们的军队，也就不能存在。因为没有群众，军队是不能扩大的；党脱离了群众，就成了光杆子的党，这样的党也是不能存在的。所以，发动群众是为了巩固前两个阶段，这个阶段完成以后，根据地就巩固起来了。那末，这是不是说，在第一阶段、第二阶段就没有群众工作了呢？还是有的。在军队建立后，就可以先成立群众组织。不过在第一、第二阶段，是自上而下地组织群众。这个从上而下的组织工作，是必要的，也是必经的阶段。但这样建立群众组织，虽然很快，也有很大弱点，就是不巩固，还不能成为群众自觉工作的组织。所以到了第三阶段，就必须自下而上地发动群众。

陕甘宁边区的情况怎么样呢？大家都承认，边区的群众是有革命传统的，对党中央是全心全意拥护和支持的，有很高的政治觉悟和抗日热情。但正如大家所指出的，今天边区自下而上地发动群众的工作，还做得不够。不要以为有了各种群众团体，群众就发动起来了，只挂牌子是不成的。这些组织应该自下而上地加以充实、健全和提高。现在的任务是要着重乡级的工作，这是群众工作重要的一环，是巩固根据地必不可少的一步。

关于边区今后的群众工作，我提出几点意见，供大家讨论。

一、继续改善人民的生活。

我们要注意群众的切身问题，帮助他们解决困难，这是发动群众的关键。陕甘宁边区群众的切身问题解决了没有？边区有些地方经过土地革命〔15〕，现在没有地主阶级的残酷剥削，群众有了土地，实行了民主，生活得到了改善，老百姓都有了吃的穿的，可以说大的问题解决了。但是，还有部分的问题没有解决，党、政、军要继续帮助群众解决。比如，现在边区商业资本的剥削很厉害，要想办法使群众不受这种剥削，就要着手办合作社。还有一部分地区的土地问题没有解决，各地方普遍缺少农具，许多抗日军人家属缺少劳动力，以及卫生条件不好，生了孩子养不活，等等。这些问题，都应该帮助他们解决。像组织代耕队帮助抗日军人家属，这是关系巩固部队的重要事情，不要看轻了。如果这个工作做不好，扩大军队就困难，甚至会影响军队的巩固。总之，群众有许多实际问题摆在我们面前，这些问题解决得好，群众会更信仰我们党，我们党在群众中的威信就越来越高。大革命时彭湃〔207〕同志在海陆丰，为什么受农民的拥护，为什么他在农民中间有很高的威信？就是因为他很关心群众的疾苦，随时随地帮助群众解决问题。农民的一些问题，在我们有的同志看来是很小的事情，可是在农民自己看来却是很大的事情。我们不仅要帮助群众解决大的问题，也要帮助群众解决小的问题。我再说一个例子。有一个农民的父亲死了，他家的地被别人霸占，无法生活，后来我们的一个同志去帮助他把三亩地收了回来。从此以后，不仅这个农民，而且全村的群众对这个同志很信任，很快地建立起党组织。像这类的问题，在群众中多得很。我们帮助了群众，群众就会积极、热情地来帮助党和政府的工作。

边区建立了人民的革命政权，我们党是有政权的党。我们要向群众要东西，如果不要，就没有饭吃。但是，当权的党容易只是向群众要东西，而忘记也要给群众很多的东西。如果真是那样，群众就会把我们看成强迫摊派的命令机关。所以，我们不应该只知道向群众要东西，更应该时刻注意为群众谋福利。关于这一点，不论党、政、军、民各团体都应该注意，把改善群众生活的工作做好。

二、把参战动员变成热烈的群众运动。

现在边区的参战动员还没有能够形成热烈的群众运动。在这个问题上，要向群众进行宣传解释工作，提高他们的觉悟。要向他们讲清牺牲眼前的利益，是为了长远的利益，牺牲小的利益，是为了大的利益。动员时一定要适合群众的心理，使他们自愿地热烈地参加抗战工作。

在战争动员中，首先要对干部和党员解释清楚，只有经过今天的困难才有将来的胜利。有些同志经不起困难的考验，甚至为了一点私利，便丢掉共产党员的党性。我们现在吃点苦，是为了四万万五千万人民的解放，大而言之，是为全世界二十万万人民的解放。我们为这样伟大的事业而奋斗，牺牲个人一点利益算什么呢？

在战争动员中，一方面要向工农劳苦大众解释，另一方面要向坏分子作斗争。向破坏战争动员的坏分子作斗争，就能提高劳苦大众的积极性。这两件事是不可分割的。又如缴救国公粮，共产党员和劳苦大众是积极的，该出一斗的出二斗。但是，有的人便不然，该出五斗的只出一斗。要地主老财自愿出粮出钱是不行的，一定要规定他们应出多少，少了不成，抗拒的要批评、斗争。当然，简单的斗争或乱斗也不好，斗争需要讲道理。我们并不是对一切有钱的人都斗争，只有做坏事的人我们才同他作斗争。

在战争动员中，政府要规定一些法律，照法律办事。比如要按照壮丁的数目规定参军人数。这一方面要向群众作深入的动员，另一方面政府下的命令一定要执行。此次代表大会通过要扩大三千战士，就要用这样的办法。政府的法令，不论干部和群众都要遵守，干部要起带头、模范作用。

三、做好行政村〔208〕的工作。

行政村的工作是发展群众运动的中心一环，它是县的工作的枢纽。我们的工作要深入下层，就要深入到乡和行政村中去。真正贯彻执行上面的方针、政策和命令，要靠乡和行政村的干部。比如党中央向特委、县委、区委发出一个要大发展党员的指示，直接做工作的还是乡支部。只要基层组织积极、认真、切实地按照中央的指示去做，什么事情都可以行得通；如果基层的组织和干部不积极工作，那就什么事情也办不成。

做好行政村的工作的关键在党支部。要建立一个纯洁的、健全的、得力的党支部。有了这样的党支部，就可以领导党员深入到群众中去，了解情况，解决问题；就可以领导各个群众组织有秩序地进行各项工作，开展扎扎实实的群众运动；就可以向各种坏分子及不良倾向作斗争，领导群众更好地完成党和政府的各项任务。党支部要真正成为乡村一切组织的核心，成为完成一切任务的领导力量。

我们要深入下层，做检查工作，不能只看下面的报告。报告上都说，任务完成了，但实际一检查，就可以发现任务完成得不一样，完成任务的办法也不一样。这里可以说说我曾经看过的两个县。一个接到上面一个命令，要动员五个人参军，于是向土豪劣绅要了一些粮食，召开了群众大会，说谁来参军，就给谁家多少粮。这里的任务虽然完成了，但工作基础是不扎实的，方法也不好。另外一个县，支部工作做得好，动员参战先做宣传解释工作，而且做得很深入，很细致，动员去的战士没有一个开小差的。同样是完成任务，但是他们的工作有很大的不同。检查基层工作，特别是支部工作，比检查县委和区委的工作还要实际。

要开好行政村的群众大会。行政村地方比较大，人口比较多。凡是关系到全体人民的事，要召集群众开会，大家讨论。这样一来，我们工作就深入到群众里面去了，同时也发扬了民主。但是，开什么会，怎么开法，讨论什么问题群众愿意来，群众来开会走路方便不方便，都要认真考虑，做好准备。总之，会议内容应该主要讨论与群众切身利益相关的问题，形式要生动活泼，而且不能耽误群众很多时间。

四、健全群众团体的工作。

各个群众团体既要做好一般的工作，又要做好各自单独的工作。比如要动员新兵上前线，动员缴纳救国公粮，各个团体都要参加，这是共同性的工作，但除此而外，它们还有各自单独的工作，如工会要管理工人，妇救会要组织妇女，青救会要动员青年，等等。群众团体不注意各自单独的工作，不注意自己本身的工作，是不对的；专做本身的工作，不问一般的工作，也是不对的。要注意把两方面的工作很好地结合起来。如果是有关各个群众团体共同的工作，可以召开各界联合会一起讨论，统一解决。这样，就可以使各个群众组织的工作都能既独立自主地又相互配合地开展起来。

在群众团体内部，要来一个民主的改选运动，真正选举出群众中的领袖人物。这样做是必要的，因为一般来说，对一个人，如果群众普遍认为是好的，便不会有什么问题，选举中党应该去保证；如果群众多数不赞成，我们去保证只会使群众不满。我们党内实行民主选举，群众团体的选举更应注意发扬民主，上级简单地提一个名单是不好的。要把发扬民主当成一种制度，形成一种风气。

关于干部队伍建设的几个问题*

（一九三九年十二月十日）

干部队伍的建设是党的建设中的一个重要方面。现在我讲几点意见。

第一点，提高老干部的政治文化水平。

边区老干部很多。老干部是我们的骨干，他们有宝贵的经验。老干部参加革命到现在已经很长时间了，但是，我们自己问一问，老干部领导革命的本领够了没有，在政治上文化上各方面的本领够了没有？还不够。因此，应该天天努力提高我们的本领，提高我们的水平。工农出身的同志因为过去吃了地主资本家的亏，他们的文化程度低，写也不会，书也看不懂。在这种情况下，可以有两种态度。一种是觉得自己文化水平低，吃不开了，唉声叹气；另一种是下决心来努力提高文化程度，一年不成两年，这样慢慢地学下去，就可以赶上来。我们需要学习的东西，今天不懂明天就可以懂，应该有这样的学习决心。没有文化不成，不要说别的，如果没有识字的人，军队中连文书也找不到，工作便不能做好。干部没有文化，没有知识，革命

---

* 这是陈云同志在中国共产党陕甘宁边区第二次代表大会上讲话的一部分：关于干部问题的要点。

是革不成功的。

文化与政治是密切相联的。如果没有文化的提高，要提高政治水平是不可能的。马克思、恩格斯、列宁、斯大林他们有很多理论著作，给了我们很多的东西，如果不识字，没有相当的文化程度，要学懂马克思主义是不可能的。许多不识字的同志都是好同志，但有时了解问题眼光不远大。不识字不能看报，许多地方发生的事变不了解，许多东西不懂得。没有文化，政治水平很难提高，不能看得远，只看到目前，只看到陕北。这不行，要看到全中国，看到全世界。许多同志以为自己年纪大了，不能学习，实际上是可以学习的，没有一个人从娘肚里出来便是知识分子。一些同志以为学习便要进党校〔166〕、马列学院〔171〕。能够进党校和马列学院学习当然很好，但不能大家都去。因为学校没有那样大，不可能住很多人；同时工作还要有人去做。问题怎样解决呢？就是毛主席说的进"长期大学"，就是要坚持自学。你现在二十几岁，活到六十几岁还有四十年，学成之后是头号的"博士"。只要功夫深，铁杵磨成针。

我们的特委、县委、区委的领导同志，要有计划地看书，要好好地学，长期地有恒心地去学，像党中央的干部一样。这件事，对领导干部是重要的。自己的知识不增加，不提高政治、文化水平，要想工作有进步是很难的。从什么时候学起呢？从一九四〇年一月一日起吧？不行。要想到便做，从现在就学起。负责的人要带头学，你这样做了，别人也会照样去做。

第二点，提拔新干部和新老干部团结的问题。

先讲提拔新干部的重要。现在的干部是不是够了呢？很不够。边区党委就常说干部不够。天下很大，现在我们的工作有很大的开展，新的根据地在不断建立，军队在不断扩大，党在全国需要用很多干部，如果没有大批的新干部补充到干部队伍中来，我们的革命事业就要停顿不前，就不能打败日本帝国主义。

有些人说，新干部没有老干部老练，经验不如老干部多，资格不够。照这样说来，就没有办法提拔新干部了。很明显，这种看法是不对的。老干部都是从新干部锻炼出来的，有经验的干部开始也都是没有经验的。新干部经过锻炼，就会从没有经验变成有经验，由不老练变成老练。至于说到资格，那末，资格不老的干部不一定都做不好工作。当然，我们的工作要以老干部为骨干，有资格的老干部做县委工作、区委工作固然很好，但是，有的地区干部的党龄都非常短，那也只有靠资历较浅的干部担负领导责任。比如在华北那个地方，如果都要有八年以上党龄的人才能做县委、区委的工作，那末，在整个的华北就没有几个能担负县委、区委工作的同志。那里的干部绝大部分是在一九三六年、一九三七年参加工作的学生。因为那个地方是在抗战以后，我们的八路军到了才搞起来的。就是靠这些干部打开了局面，工作开展了，而且搞得相当好。如果没有新干部，华北的根据地就建立不起来。边区虽然老干部很多，但是也要大量提拔新干部。这不仅是边区工作的需要，而且以后要为全国输送干部。

抗战以后，我们党接收了大批的知识分子到党内来，参加军队工作和政府工作，进行文化运动和群众运动，这是一个很大的成绩。但是，也还做得不够，在某些地方还出了一些毛病。党中央最近作出了一个关于大量吸收知识分子的决定〔209〕，为什么要专门作出这样的决定呢?这是因为,知识分子是革命的力量,并且是重要的力量。我们要把这个力量吸收进来,在抗战工作中,在革命事业中,充分发挥他们的作用。现在我们的抗战工作,建设根据地的工作,基本上是在农村里面进行的,需要大量的革命知识分子干部到农村去,到军队中去,做宣传工作和组织工作。没有知识分子,革命就不能胜利。

过去有的地方对于知识分子不敢放手使用,甚至把他们排挤出去。在某些老干部里面就有排挤知识分子的现象,因为他们没有懂得知识分子的重要,不了解半殖民地半封建国家的知识分子与资本主义国家的知识分子有很大不同。我们国家里,大多数的知识分子是愿意为工农阶级服务的,他们有较多的革命积极性。在历史上,五四运动〔4〕就是由先进的知识分子发动和领导的。五卅运动〔5〕、一二九运动〔210〕都有大量的进步学生参加。至于参加抗日战争的学生,那就更多了。这些运动,对于我们党的建设和发展,对于中国革命的推动,对于抗日救亡运动局面的打开,都起了很大的作用。我们再看农村里的革命,不少领导人也是知识分子。彭湃〔207〕同志在广东省领导过四十二个县的农民运动,他就是一个知识分子。领导陕北革命的刘志丹〔204〕同志也是知识分子。再推远一些,辛亥革命〔167〕是孙中山先生领导的,他也是学生出身。这些事实都证明了,半殖民地半封建国家的知识分子绝大多数是要革命的,许多革命是靠知识分子来领导的。

有些同志有一种错误的认识,他们不加分析,笼统地说知识分子就是为资产阶级服务的。我们说,知识分子有的是为资产阶级服务的,有的是为无产阶级服务的。在中国,大部分的知识分子是可以为无产阶级服务的。现在各方面都在抢知识分子，国民党在抢，我们也要抢，抢得慢就没有了。日本帝国主义也在收买中国的知识分子为它服务。如果把广大知识分子都争取到我们这里来，充分发挥他们的作用，那末，我们虽不能说天下完全是我们的，但是至少也有三分之一是我们的了。

吸收大批知识分子到我们这里来，分配到各地开展工作，这样就发生了一个新老干部的团结问题。过去在军队或者是党政部门都发生过新老干部不团结的现象，现在有些地方也发生了这样的问题。这里说的老干部，就是土地革命时期出来的干部。他们中的有些同志往往看不起新干部，总是说，你才参加革命几天，有什么了不起，我革命的时候，你还不知道在什么地方呢。有些新干部也看不起老干部，他们把老干部看成"土包子"，说你过来，我和你谈一谈马列主义，你懂吗？这样一来两方面就对立起来了，关系就搞不好，互相不接近。新干部和新干部在一起，老干部和老干部在一起，工作就一定做不好。

现在我们新老干部、工农干部和知识分子干部应该团结起来，取长补短，互相学习，共同提高。这是革命的需要。我们许多老干部，他们有一肚子的实际经验，但是讲不出来，写不出来。知识分子新干部读书多，会说会写，但是没有实践经验，写出来的东西往往很空洞。一个是会写没有经验，一个是有经验不会写，这说明什么呢？说明非常需要互相帮助，彼此学习，共同提高。

我在这里要讲清一个问题，新的知识分子干部，会有不少毛病。老干部有责任帮助他们克服弱点，引导他们走上正确的道路。老干部不应该忌妒新干部有才有识，也不应该向人家摆架子，而应该向他们学习。新老干部一定要团结，如果闹不团结，主要的责任应由老干部担负。因为你是老干部，怎么能够和新干部一样犯毛病呢？你从前也是新干部嘛！所以我们要帮助新干部。现在我们党内有许多新的知识分子干部，新的工农分子干部，他们都有许多毛病，这要慢慢地在革命实践中去克服，才能使他们逐渐变成一个好党员。我们对新的知识分子干部不应该害怕，不要认为有了他们，老干部就吃不开了。不是这样的。党是以老干部为骨干的，但是仅有老干部还不够，还需要大批的新干部。老干部是宝贵的，新干部也宝贵。

第三点，干部中间的思想斗争问题。

在这个问题上，我们应该反对干部里面怕斗争的倾向。我们不主张乱斗，而是主张在原则问题上进行必要的斗争。因为各个干部的思想意识不同，还有剥削阶级的影响，所以对一切不好的倾向必须斗争。斗争是为了教育全党，并帮助一些同志克服他们的毛病，挽救一些人，以免他们的错误继续发展，甚至跑到反革命的阵线去。党内不允许无原则的和平，更不允许相互包庇。有了错误不进行必要的斗争是不对的。

党内斗争主要是开展批评和自我批评。我们常常说，共产党员只有掌握批评和自我批评这个武器才可以不断前进。这是非常重要的。你们可以翻一翻《联共（布）党史简明教程》这本书，在这本书里总结苏联革命成功的六条经验，其中第五条就是批评和自我批评。那里说：“如果党不害怕批评和自我批评，如果它不掩盖自己工作中的错误和缺点，如果它用自己工作中的错误来教导和教育干部，如果它善于及时改正自己的错误，那它就会是不可战胜的。”

我要特别着重地说，领导着政权的党、领导着军队的党，自我批评更加重要。因为党掌握了政权以后，犯了错误会更直接更严重地损害群众利益。党员违犯了纪律，特别容易引起群众的不满。你有枪，又当权，群众看到了也不敢讲。所以，一定要严格要求我们的党员和干部，并且经常倾听群众的意见，有人做了违背群众利益的事，就要给以严肃的批评，以至纪律处分。对于违法的人，例如贪污分子，还要发动群众去斗争，并绳之以法。

开展批评和自我批评，首先应从领导做起，检查自己有什么缺点，有什么错误。先检查自己，批评自己，不能只说下面不好。如果工作出了毛病，作为领导者，自己应首先承担责任，不能上推下卸，诿过于人。一般说来，看别人的毛病比较容易，看自己的毛病比较难。领导者本来有责任，但不批评自己，光批评别人，这种批评便没有效力，别人是不会接受的。在批评下级的时候，领导者说话要慎重。领导者一句话说得不妥当，在下面就可能产生不好的影响。有的话在上级会议上可以讲，如果在别处随便讲，便会引起不好的后果，使下级不满。开展批评和自我批评，要从维护党的利益出发，要坚持原则，要实事求是。

开展批评和自我批评要采取客观的态度。看问题要全面，要看本质，不要只看局部，看现象。在我们这次代表大会上，党、政、军、民各方面都对自己的工作作了很多的自我批评，这很好。从总的方面看，我们的军政关系是好的。八路军对于边区的工作有没有帮助？帮助很大。比如它完成了保卫边区的任务，这是一大功劳。边区各级政府对于八路军好不好，帮助大不大？是好的，帮助也是很大的，首先是解决了军队的吃饭穿衣问题。这是从大的方面看。只有从大的方面看问题，才能把问题看得全面，看得远。地方的同志要真正地帮助军队，有了小的矛盾要向群众作解释工作。同时，在军队内部要进行教育工作，使广大指战员体谅群众的困难。这是我们领导者的责任。如果军政两方面都能这样，我想这次大会以后我们的工作是可以大进一步的。在军民关系的问题上，八路军与群众的关系是好的，比旁的军队好得多。但也还有缺点。这些缺点不改正，会在群众中产生不好的影响。在这方面，军队应该多责备自己，时刻注意把军民关系搞好。军队应更好地帮助群众，这样就可以取得群众更多的帮助。地方的同志也要看到自己工作的不足之处，多责备自己。两方面都只说人家的长处，不说人家的短处，这样，关系就可以搞好了。

第四点，纯洁干部队伍。

边区的党员和干部，绝大多数是好的。有没有坏的呢？当然也有。坏人有两种，一种是从外面混入边区的，一种是在边区的和平环境中产生的。这两种坏人已经查出一些，现在还有未查出的，正在继续审查。

我们有的同志往往是太老实了，只看到公开反对我们的分子，而没有看到那些表面上很革命，而实际上反对我们的坏人。有些人本来是反对共产党的，但是共产党一到那里，他为了保存自己的财产，也跑到共产党里头来，说要革命要抗日。还有破坏分子，也用这种方法混入我们党内和政府内。有些地方的领导机关失去警惕，往往把这些坏分子提拔成为干部，这些坏人就钻我们的空子，搞各种破坏活动。坏分子一般都是采取两面派的办法欺骗我们。但是，只要我们提高革命警惕性，他们的真面目还是不难识破的。做坏事的人表面上虽然装得很好，但心里是坏的，一定要做坏事，形式与内容相矛盾。他能够在一段时间里装假，但他不可能在很长时间里始终装假。有句老话：路遥知马力，日久见人心。他一件事情可以装得好，但一百件事情就不能都装得好。现在我们的同志要特别注意这个问题。当然，还有一种人，他本来是我们的同志，但是在根据地的和平环境中腐化变质了，也去做坏事了。有人以为共产党内没有坏人，这是完全不对的。在革命运动中，特别在大发展时期，革命队伍里会混进坏人，少数本来革命的人会变质，这是不可避免的现象。我们的任务是不断纯洁干部队伍，纯洁党的组织，与各种坏人作斗争。

我们内部是巩固的，坚强的，如果敌人打过来，就可以把他们打出去。最怕的就是我们内部有坏分子。如果内部不巩固，外面的进攻就抵抗不住。因此，要做好防微杜渐的工作。我们对于这样的问题，既不要麻木不仁，也不要惊慌失措。麻木不仁会给坏分子以可乘之机，惊慌失措则会把事情搞乱。只要我们采取既坚决又稳妥的办法去做，纯洁干部队伍，巩固党的组织，是有保证的。因为我们有政权，有枪杆子在手里，同时最大多数的群众也是拥护我们的。对于所有做过坏事的人，危害过党的事业的人，应该严肃地进行思想教育和组织审查。如果他硬要那样做而不肯改正，就只有开除，以至法办了。

同志们！我们不要把以上的问题看成是小事。这些问题解决了，对于巩固我们的党，对于争取抗日战争的胜利，对于整个革命事业的发展，是有很大好处的。边区的工作做好了，对中央的工作也是一个很大的帮助。我们要有远大的眼光，要有很大的气魄，把边区的各项工作做好。

学习是共产党员的责任*

（一九三九年十二月）

在党的六中全会[175]上，中央和毛主席提出，把学习作为党员干部尤其是高级干部的一项任务。大家都接受了这个任务。一年多来，虽然进度不同，但大体上都在学习。交换一下学习的经验，对于今后的学习是有帮助的。

我觉得对于学习的意义认识得够不够，是决定我们能否下决心学习的关键。我们过去对于学习的意义了解得不够切实。比如大家读过列宁那句话，“没有革命的理论，就不会有革命的运动”[211]，以为懂得了学习理论的重要。但是，读了《联共（布）党史简明教程》，尤其读了那篇结束语以后，实在使人感觉到列宁那句话又有新的意义，认识比过去切实得多了。

在实际上，我们过去还不曾把学习理论作为党员对党应尽的责任。即使在六中全会以后，虽然大家知道了学习是党员的一种任务，可是许多同志了解得还不深刻。我们好多同志总以为只要一天到晚不停地工作，就算尽了我们对党的全部责任，这种想法是很不全面的。一天到晚工作而不读书，不把工作和学习联系起来，工作的意义就不完整，工作也不能得到不

* 这是陈云同志在延安写的一篇文稿。

断改进。因为学习是做好工作的一个条件，而且是一个必不可少的条件。

学习理论既然是每个党员的责任，那末，党内的老干部、高级干部首先要努力学习，成为学习的模范。因为你是老干部，因为你常常担负独当一面的领导工作，你就更有责任而且更有必要提高自己的理论水平。高级干部要思索一下，看看下列两种情形，哪一种对党更有利？一种是，一天到晚地埋头工作，不去找时间读书；另外一种，就是一天抽两小时来读书。我认为，后一种无疑对党更有利。因为你是老干部，有斗争经验，学习理论更容易把书本上的东西消化成为自己的，这样，领导工作的水平就可以大大提高。同时，党要培养大批理论联系实际的干部，也首先寄托在老干部和高级干部的身上，老干部要担负起这个责任。只要大家认识清楚学习的重要性，就应该想法挤时间来读书。

我们这些老干部如果要学习，现在是一个最好的时机。十年内战时代，在白区〔37〕，虽有教材、教员，但因为白色恐怖，没有读书的环境。在苏维埃区域〔19〕，虽然没有白色恐怖的不安，教员也有，教材也可设法找到，但由于战争频繁，读书的机会也不多。在今天，延安和某些根据地的读书条件比过去好得多了。我们这些老干部应该趁此机会读些书，增加一点知识，不要再把这个机会错过去，否则将来就悔之晚矣。现在无论你怎样忙，为了把握伟大而又变化多端的中国革命运动，必须增加一点革命的理论，增加一点历史的知识。

各人的程度不同，环境不同，读书应该采取不同的办法。像我们这样没有什么底子，各种知识都很缺乏的人，要老老实实做小学生。要将现有的主要教科书一本一本地读，既不是弛怠，也不用着急，一步一步来。可以每个星期读三四十页，每字每句都要读懂，不懂的就要认真请教。

一本一本书读懂的办法很重要。过去我们许多干部，书拿到手上，这句不懂那节不晓，而又不曾想法一句一句地弄通。这样，没有益处，而且不能坚持，必然半途而废。现在要改变这种状况，要读就读懂，不要一知半解。这种力求把书上的意思都读懂的办法，是达到融会贯通的必经步骤。对于初学的人，不要企图每门功课读很多参考书，那样读完一本书要延长几倍的时间，倒不如一本书多读几次，逐渐增加参考书，逐渐加深理解，得益更多些。

学习理论一定要联系实际。老干部要认真总结自己的经验，把它提到理论的高度，来指导以后的工作，但是，如果书还没有读懂，就不要急于去“联系实际”，弄得牛头不对马嘴，还不如先把书上的东西读懂。读懂就是消化。掌握了马列主义的原理和思想方法，就会自然地同自己的实践经验结合起来，把具体经验提高到一般理论，再拿这种一般理论去指导实际工作。

读书要做笔记。这有两个好处，一是让你多读几次，一是逼着你聚精会神，认真思索，使你了解深刻些，而不像随便看过去那样模模糊糊。

读书最好有个小组，几个人在一起讨论一下，可以互相启发，程度低的还可以得到程度高的同志的帮助。

读书要与懒惰作斗争。要订出一个切实的读书计划，照着去办，坚持不懈。

共产党员特别是高级干部对革命所负的责任这样重大，自己的知识又这样少,应该是“加油”的时候了!

论游击区的一个重要斗争形式——游击小组[*]

（一九四〇年一月二十二日）

根据两年半来华北抗战的经验，今后坚持敌后抗战必然是一个长期艰苦的斗争。在这种情况下，要把斗争坚持到胜利，目前地方党的工作，就要以开展群众运动为中心。因为群众的发动，是党、政、军一切工作发展的基础。

从华北来说，大体上可分三种地区。一种是抗战的根据地，那是指比较巩固的、相当大而又联成一片的地区，敌人不能随便进来，像晋察冀、晋东南、晋西北等。第二种是敌占区，就是敌人武力占领的据点及其附近。第三种是游击区，是敌来我往的区域。这种区域的面积最大。上述三种地区都不是固定的，是可以变化而且时常变化的。某些敌伪占领的城乡据点被我收复并开展了工作，游击区就变为根据地了，原有根据地就扩大了。如果根据地中的某一块被敌伪占领了，这个根据地就缩小了一块，而敌占区或游击区就扩大了一块。过去和现在是这样的变化着，一定时期的将来也还会是这样。应该看到，根据地暂时缩小和游击区及敌占区暂时扩大的可能性是存在

* 这是陈云同志在延安写的一篇文稿，毛泽东同志作过修改。

的。我们的方针就是要在游击区中打击敌人，缩小和打掉敌人据点，使游击区重新变为根据地，并且扩大根据地，以便将来配合全国，把日寇最后赶出中国去。

对于根据地的建设和敌占区的工作，我不准备多说，现在要研究游击区内发动群众对敌斗争的办法。华北游击区内群众采取了什么办法呢？没有什么例外，所有游击区内群众中的积极分子，都在党支部、乡政权和群众团体的领导之下，组织了“游击小组”。游击小组虽然人数多少不等，武装配备不等，起的作用也不等，但是维系了乡村的党、政、民组织，并且打击了日寇，这是相同的。游击小组是群众性的武装组织，它是江西苏区〔30〕反五次“围剿”〔212〕时群众创造出来的，后来由党积极领导而大大发展起来，现在已被普遍运用于华北。这是被实际经验所证明了的一种很适合于游击区情况的重要的斗争方式和组织方式。我研究了华北七个区域的情况以后，认为这个经验是可以普遍推广的。当然，游击小组还应该有游击队和军队作后盾，否则是难以持久的。

游击小组的作用是很大的。具体说来，有下列几个方面。

第一，游击小组是一种最能动员群众起来参加抗战的方式。在游击区，敌伪经常来蹂躏，当地群众为要保卫自己的利益，就必须组织起来，进行武装反抗。这样，群众为保卫本身利益的斗争，就同整个国家抗战的利益密切结合起来了；各家各乡民众为保卫自己家乡的斗争，就同全体民众保卫抗战根据地的斗争密切结合起来了。所以游击区内的群众，容易认识到本身利益与抗战利益是不可分离的。用游击小组的办法去动员群众起来抗战，非常容易被群众接受。

第二，游击小组可以锻炼党员，培养干部，巩固党、政、民组织。历史经验已经证明，中国共产党必须依靠于武装力量，才能生存（不是狭小秘密党的生存，而是大党的生存），才能发展。这在目前战区是更加清楚的。没有武装，党就不能生存。党的生存依靠武装斗争，武装斗争又可以锻炼党和发展党。同样地，没有武装斗争，根据地政权的建立和发展也是根本不可能的。如果没有游击小组，游击区就会变为敌占区，那末，这个地区党的组织和政权组织就会缩小甚至垮台。党员参加游击小组领导群众与敌伪作斗争，对于新党员是一种最好的锻炼。混入党内的坏分子在残酷的斗争中，会暴露出他们的真面目。动摇分子经不起锻炼就会被淘汰。同时，地方党的军事干部，也可以从这个尖锐的、复杂的、广大的斗争中训练出来。

第三，游击小组是正规军和游击队的有力助手。正规军是在根据地内作战也间常去游击区作战的，游击队是以根据地和游击区的交界地区为依据经常向游击区作战的，游击小组是在两区交界和整个游击区内生存而为正规军和游击队的助手。游击小组是自卫军的核心，没有自卫军也可单有游击小组。如果游击区内满布了游击小组，正规军和游击队就很好作战。游击小组不但是正规军和游击队的助手，又是扩大正规军和游击队的可靠基础。

这样看来，加强游击小组的工作，就是不言而喻的了。

怎样加强游击小组的工作呢？

首先，要提高干部对游击小组的认识，纠正那种敷衍应付的态度，将建立游击小组当作发动群众开展抗日武装斗争的一项基础工作，认真做好。党的支部要成为游击小组的核心。

在开始的时候，可以由先进分子组织一两个游击小组，再逐步发展，在群众中建立起许多组，并使之围绕于干部所领导的那个基干组的周围。

其次，不要不适时宜地收编游击小组。如果游击小组有普遍的发展，收编一部加入游击队或正规军是应该的，收编之后应继续发展游击小组。如果游击小组刚刚开始发芽，收编走了，群众失了依靠，敌人容易摧残群众，那就不应该收编。在这种情况下，要帮助其广泛发展之后，再行部分的收编。

最后，各抗日根据地和游击区的党组织，应该自下而上地好好总结一次游击小组的工作，总结游击队、自卫军、游击小组这三者的配合发展及其相互间的正确关系。这种总结工作将使游击区的工作取得新的发展，这是我们所盼望的。

严格遵守党的纪律*

（一九四〇年三月十九日）

一、中国共产党为什么要特别强调纪律？

甲、中国是一个半殖民地半封建的国家，帝国主义和国内反动势力联合起来进攻革命，力量异常强大。这就决定了无产阶级领导的反帝反封建的革命，是长期的斗争，而且十分复杂，非常残酷。无产阶级政党如果没有铁的纪律，就不能巩固自己，团结群众，坚持斗争，战胜强敌。

乙、中国是一个小资产阶级占极大优势的国家。农民占全国人口百分之八十以上，还有广大的知识分子、小商人、手工业者和自由职业者。中国无产阶级富有组织性和纪律性，但人数较少，历史较短。他们与农民和其他小资产阶级有自然的联系，优点在于可以与之结成亲密的革命联盟，缺点在于容易保留和滋长自由散漫的习气，或受各种非无产阶级思想的侵蚀。没有一个具有铁的纪律的党，无产阶级就不能团结和领导小资产阶级。

丙、中国革命采取武装斗争的形式，“是武装的革命反对武装的反革命”〔213〕。在严酷的战争环境中，有了铁的纪律的

* 这是陈云同志在延安抗日军政大学第五期学生毕业大会上的讲话要点。

党，才能建立有铁的纪律的军队，以此战胜强敌，创建受到广大民众拥护的政权。

丁、中国革命必须正确处理无产阶级与资产阶级又联合又斗争的问题，即统一战线问题。特别在同资产阶级实行联合的时期，资产阶级会从思想上政治上文化上向无产阶级进攻，这就要求每个党组织和每个党员严守党纪，防止被资产阶级所腐化。

戊、在抗日战争时期，大量新党员涌进党内，新党员中的大多数是小资产阶级成分，他们缺乏严格遵守纪律的习惯。

全党严守党纪是革命胜利的一个重要条件。

二、用纪律保障党的意志和行动的统一。

党的纪律规定：个人服从组织，少数服从多数，下级服从上级，全党服从中央。这是为了保障党的意志和行动的统一，也是为了保障党的组织的统一。

纪律是我们的重要武器。维护党的统一，不靠刀枪，要靠纪律；同时，加强思想政治工作，端正路线和方针、政策。

社会情况复杂，各人看法不同，党内有争论是正常状态。必须用纪律来约束党组织和党员的行动。

三、党的纪律是统一的，必须无条件遵守。

严格地遵守党的纪律为所有党员及各级党部之最高责任。无特殊人物，无特殊组织。

领导干部、领导机关必须成为严守党纪的模范。要特别防范高级领导人破坏纪律的行为，如张国焘〔143〕。

不愿意遵守纪律的党员，害怕铁的纪律的新党员，尽可出党。

个人对组织，少数对多数，下级对上级，全党对中央，服从是无条件的。组织、多数、上级、中央的决策正确时，自然要服从；如不正确，或不完全正确，怎么办？在行动上必须服从，同时应该按党章规定的权利，提出建议，或保留自己的意见。

在革命成败的紧急关头，对错误领导者进行斗争是必要的，但仍须遵循党章的规定，采取合法的手续（如遵义会议〔56〕）。对危害党的阴谋分子的斗争，在紧急情况下可采取特殊的措施，但仍应遵守党内斗争的原则（如长征中对付张国焘〔214〕）。当然，叛党投敌者不在此限。

即使党员个人（或下级组织）意见正确，工作能力强，地位比较高，资格比较老，都不能作为不服从纪律的借口。

四、纪律是自觉的，又是强制的。

既知重要，就必须遵守，凡入党者都应有此自觉性。坚定的革命者视纪律为自由。

纪律有强制性。不自觉遵守，必须强制执行。明知故犯者，要给以处分；情节严重而不愿改正者，应开除出党。

为维护党的铁的纪律，每个党员、每个组织，都应该自觉自愿地接受其他党员和上下周围组织的监督，同时诚恳虚心地接受群众的监督。

五、强调纪律并不妨碍党员、党组织应有的权利。

党内有发表意见的自由。

在决议作出以前，有争论的自由；在决议作出以后，有保留不同意见的自由（但行动上必须服从）。

每个党员、党组织都有权上诉，直至中央。

纪律与自由，是矛盾的统一。无产阶级政党应该是一个最有纪律的党，也是一个最讲民主、最讲自由的党。

中国共产党经过将近二十年的斗争，已经是一个成熟了的党，广大党员对党忠诚，有高度的觉悟，因此，铁的纪律能被有效地执行。

党员对党要忠实*

（一九四〇年）

前几天，有两个知识分子新党员分别来找我谈话。他们已经在一个学校毕业，不久将出外工作。第一个同志说："有三件事过去没有向党报告过，今天临走时必须向你说一下。"接着他说了三件事，都不是严重的政治问题，但过去都未填在入党志愿书上。第二个同志也报告了一件他在党内从来没有说过的事情：某年在某地方为了"饭碗"问题加入过国民党，但是既未开过会，亦未领过党证。我问他为什么入党时和入党后不说呢？答复是，说了怕党不接收为党员，怕不准在党的学校读书。他们在讲完了过去的隐瞒之后，都表示：现在一切话都对党讲了，对党没有一点亏心的事了，痛快了。

我听了之后，认为他们临走时能把隐瞒的事讲了出来，总算向党讲了老实话，这是一个很大的进步。我原谅这些党员的幼稚，但同时不能不指出，党员对党隐瞒应该向党报告的事情是极端错误的。我们共产党不允许党员有这样的行为。为了使他们自己认识这个错误，我要他们个人写一个对党的声明。

这一类的隐瞒，在党员中特别是新党员中还有没有呢？过

---

* 这是陈云同志在延安写的一篇文稿。

去有，现在也有，而且还不少。

最普遍的情形是：家庭社会地位确实是大地主、资本家或者父兄在旧军政界服务，但是在党表〔215〕上一概不填，只写家庭社会地位是小资产阶级。有些人在社会上有过各种职业，但党表上填得非常简单，甚至有的不是工人却在党表上填着“无产阶级”。为什么隐瞒呢？就是因为说了这些怕入不了党，怕在党内受歧视。有人填“无产阶级”是想在党内吃得开。

所有这些隐瞒都是错误的。从根本上说，这种行为都是非无产阶级思想的表现。严格地说，这种人，做一个光明磊落的共产党员，还是不够格的。他们设想隐瞒之后就可不经详细考察而入党，但没有想到，详细考察每个党员的社会出身和家庭背景，这是党所必需做的，即使你入党时瞒过了，如果后来被发现，就要经过更详细更严格的考察。发生这样的问题，主要应由对党隐瞒的人自己负责。每个党员应该相信，党在考察党员时主要是观察党员的政治立场和对党的事业的实际表现。党也懂得，在反动的家庭和社会环境中未尝没有革命的子女。因此，应该信任党，对党毫无隐瞒，乐于接受党的任何考察。

另一方面，应该承认部分党的工作人员中也存在着缺点。他们选择新党员对象时，只要“纯洁”分子。他们所说的这种“纯洁”，仅仅是年龄轻，毫无社会经验。他们对于家庭社会关系或本人社会经历较为复杂的分子，就不敢介绍入党。结果是，学校和单位内年幼的纯洁的人一批一批入了党，长胡子的就吃不开。甚至有这样的怪现象：儿子入了党，父亲还是非党员，而儿子的思想又是在父亲的影响下进步的。这些做党的工作的同志不了解，我们所说的纯洁，主要的不是年幼龄轻、没有社会关系、单纯的纯洁，而是指在复杂动荡的环境中忠心为共产主义坚持奋斗的纯洁。

我们共产党是言行一致的政党，而且只有共产党才能言行一致。我们共产党内也不允许有对党言行不一致的党员，不允许任何党员对党讲一句假话。我们绝不能像剥削阶级政党那样，党员可以说假话，鬼话连篇，欺骗人民。如果我们的党员也染上了这种恶习，那末，我们党内的互相信任就不可能建立，党的意志的统一和铁的纪律也就不能建立，共产党将不成其为无产阶级有组织的队伍，也决不能被人民信任而成为人民的领袖。

因此，在党员面前放着这样一个问题：你要做一个好党员，就要与自己作斗争，经常以正确的意识去克服自己的不正确的意识。这个思想上的斗争和斗争中的胜利，就是自己思想意识上的进步。自己不跟自己的错误意识作斗争，偷偷地容忍自己错误意识存在着，则错误意识就会发展，结果越错越远，终究会离开革命的队伍。共产党员必须言行一致，这是党规定的。违反了这一条，就是违犯党的纪律。有些人对党说一次两次假话，经过教育不加改正，反而假话越说越多，越说越大。这样的人，不管你口里讲得如何革命，不管你过去有多大的功劳，应该立即开除出党，没有价钱可还。

向党隐瞒的人，说假话的人，固然有许多人是政治上很幼稚的党员或新党员，但是，确有一些政治上别有企图的分子，过去做了许多坏事的分子，自首变节的分子，或者是叛了党的内奸和混进党内的敌对分子。所有这些人，他们隐瞒历史，假话连篇，目的是为了破坏我们的党。这同上面所说的幼稚的共产党员，性质是完全不同的。此外，还有一些投机分子，他们为了取得党的信任，爬上领导岗位，也常常会采取隐瞒欺骗的态度。对于这几种人，必须提高警惕，防止他们利用任何机会破坏党的事业。

巩固党在大后方及敌占区的秘密组织*

（一九四〇年十月一日）

自从中央一九三九年八月二十五日发出巩固党的决定[196]一年多来，我们党在大后方及敌占区的组织的巩固工作，应该说是有成绩的。各地及时撤退了一些已经暴露的干部，党员开始深入到社会内部去，初步地整理了组织（编支部、淘汰不良分子），加强了党的教育工作。但是，这些秘密党组织能否说已经巩固了呢？还远不能这样说。中央检查了几个省委的工作以后，认为大后方和敌占区党的秘密组织一般说来还极不巩固。在巩固党的方面，很多地方还没有把握住最重要的工作。那末，什么工作是巩固党的最重要的工作，做到了哪几件事才能使党巩固起来呢？

肃清内奸和防止内奸

目前巩固党的秘密组织的最重要的工作，是肃清内奸和

* 本文原载中国共产党中央委员会主办的党内刊物《共产党人》第十一期，题为《巩固秘密党的几个问题》。

防止内奸。因为无论日本帝国主义、汉奸，或者反共的国民党顽固派，它们用来反对共产党的主要方法，都是派遣或收买内奸，使他们隐藏于我们党内，只要时机一到，就会立刻进行破坏，并且企图把我们一网打尽。他们的这种阴谋，是一直在进行着的。今天许多地方党内肯定还潜伏着内奸，而且为数不少。对此，我们党的许多同志还没有警惕，还没有把肃清内奸和防止内奸作为巩固秘密党组织的最重要的工作。在这种情况下，就谈不上把秘密党组织巩固起来。这是因为，不管你秘密工作做得如何好，不管你如何得到了社会的掩护，不管你统一战线工作和群众工作做得如何好，不管你马列主义学得好多，只要党内藏着内奸，只要机关里坐着内奸，他们一动手，我们的所有成绩都会丧失，党的组织就会被打垮。内战时期，上海及各省秘密党被破坏的痛苦经验，不正是如此吗？因此，不仅是目前而且是将来，巩固秘密党组织的第一位工作，就是肃清内奸和防止内奸。

保证领导机关的安全

保证领导机关的安全，是巩固党的秘密组织的重要工作之一。这有如下两方面的原因。

从党的组织来说，我们秘密党的组织是由两部分人组成的：一部分是直接深入社会，在群众中活动着的党员；一部分是专做党的工作的干部，就是各级领导机关。这两部分人是不能缺一的。但是，干部和领导机关工作的好坏，以及他们是否安全，具有决定意义。在许多场合，领导机关因被破坏而不存在时，虽然有党员，也常常会减低作用，或者没有作用，甚至党的组织完全垮台。这种事实很多，例如十年内战后期，在白区[37]许多省份和上海企业中都是如此。在相反的情形之下，即使党员很少，甚至没有党员，只要当地还有领导机关或个别领导干部，在客观形势顺利时，领导方法正确，就不难建立党、扩大党。这种事实也有过，例如一二九运动[210]以前的平津，只有二三十名党员，农村党员与组织失掉了联系，但是作为北方党的领导机关的河北省委还保存着，所以客观形势一改变，就能把一二九运动领导起来，党的组织很快地扩大了，后来创造了抗战以前国民党区域最大的党。因此，从党的组织上来说，要保证党的安全，首先就要保证党的领导机关的安全。

从阶级敌人破坏我们党的阴谋来说，他们企图残杀破坏的，首先就是共产党的干部和各地党的领导机关。他们派遣和收买内奸的目的，主要的也是为了侦察党的领导干部，混进党的领导机关，以便他们一声令下，将当地党的组织自上而下地一网打尽。因此，要防备阶级敌人的袭击，领导机关必须首先而且特别提高警惕。

那末，如何保证领导机关的安全呢？

首先，必须审查和肃清隐藏在领导机关的内奸，并且经常防止内奸混入。对于领导机关的每个人，自领导者直到煮饭的工作人员，都要经过彻底的慎重的审查，保证党的领导机关内没有一个未经审查或来历不明的不可靠分子。每个工作人员都要了解这种审查的意义，而乐于接受党的审查。

其次，既须把秘密工作做好，又须真正取得社会上可靠的掩护。做好秘密工作，就要严格遵守中央及省委规定的秘密工作条例，去掉那些惟恐别人不知或者使人一望而知的“共产派头”。取得社会上可靠的掩护，就要获得社会职业，并力求持久。必须懂得，没有真实可靠的公开合法的社会掩护，就不能保证秘密党组织干部的长期存在。从这个意义上说，获得和保持社会职业并不比革命工作次要些。

我们强调保证领导机关的安全，决不是说可以忽视下层组织的安全。下层组织被破坏，也会影响到领导机关的安全。

党员的质量重于数量

为什么要郑重地提出党员的质量重于数量这个问题？

第一，因为在敌占区、大后方的党组织是秘密的。一方面，党处在日本帝国主义和地主资产阶级直接统治之下，随时随地都可能遭受到武力的压迫、政治的诱惑、奸细的破坏，经常处于严重的被突然袭击的状态。另一方面，党在与敌对势力的斗争中，不像八路军、新四军所在地的党，有武装力量可以自卫，仅仅是依靠党员革命意志的坚定，党的组织的严密，党与群众的联系。在这种状况下，如果党员的政治质量不高，如果党内混入了奸细，那就不能与敌对势力作残酷的斗争。我们在全党范围内提出党员的质量应重于数量，那末，在敌占区及大后方，这个方针就更为重要，更应严肃对待。

第二，现在大后方的党员已经有了相当的数量，我们的方针，不再是以发展为主，而是以巩固为主。

第三，今天大后方的党组织一般说来还是极不巩固的，许多地方的党员的质量还不高。在敌占区虽然有无数党员具备着反抗日寇的英勇气概和共产主义的坚定性，但是也有很大一部分党员质量不高。大后方的党员大多数是在抗战初期入党的，遇到政治局势逆转，或者受到某些诱惑，有些人就容易动摇。虽然这种情况在革命运动中是不可免的，而且其原因在于抗战初期吸收党员时有些地方的同志缺乏政治经验，但是，应该说，我们领导机关缺乏应有的注意，是一个重要的原因。

我们强调提高党员的质量，并不是说大后方的党不要发展了。现在大后方的党组织，有的地方党员太多，有的地方党员还太少。党员多的地方，一个“保”[216]或一个村庄有几十甚至上百名党员，内中不少人并不工作，也不开会。这样的组织，实在既不精干隐蔽，又不起大的作用，宁可缩小些。那些不愿开会不愿工作的人，不必强迫他们退党，也不要开除他们的党籍，实际上可以把他们当作党的同情者。这样整理的结果，虽然党员数量减少，但是质量提高了，秘密工作会做得更好些，领导干部的精力会更集中些。这是合乎精干隐蔽的政策的。许多地方现在还没有党员或党员很少，那就应该发展党员。但是发展党员时，要避免过去的缺点，而着重注意质量。不必要求大后方农村内每个“保”都有支部，但是每个“联保”要有一两个支部。支部人数不求多，五人左右至多十人。现在大后方发展党员，主要看当地组织开展工作是否需要。如果当地组织已经太大了，那末，即使有条件入党的农民，也不必急于吸收入党，尽可使他们做党外同情者。只要客观环境一变，党需要发展党员时，这些同情者随时可以吸收为党员的。

提高质量不仅仅是洗刷落后分子，还必须加强党内的教育。每个干部，每个党员，都要经常阅读党出版的书报或其他进步的书报,增加知识,自修深造,在政治上不断提高自己。不识字的党员,要把识字读书提高文化作为对革命的责任。如果大后方、敌占区的党员人人都照这样做,定下一个长期学习的计划,则几年之后会造就成千成万政治上相当高明的干部。这虽然不是党员数量上的发展,但这种质量上的提高,远胜于数量上的发展。培养这样成千成万的干部,并且能够保存下来,使用到革命决战关头,实在是无敌的力量。

把严密党的内部与开展党外群众工作联系起来

严密党的内部还只是巩固党的一个方面,开展党外群众工作,也是巩固党不可缺少的组成部分。决不能说,与群众毫无联系而孤立于社会的党组织可以称之为巩固的党组织。没有党外上层和下层的群众工作,决不能保证秘密党的安全。十年内战时期白区党的重要教训之一,就是因为没有正确了解秘密工作与公开工作的联系及其区别,因此党外的群众工作没有尽量地开展,已经建立了的党外群众工作又不能正确地发挥作用,而使许多地方的群众工作完全垮台。党外工作垮台的结果,不能不使党的秘密组织因缺乏外层的掩护而暴露,最后必然使秘密组织遭受打击。这个痛苦的经验,应该成为现在秘密党的借鉴。正因为如此,所以中央一再指出:严密党的内部和扩大党与群众的联系,是巩固党的不可分离的两个方面。秘密党的组织要埋头苦干,既须埋头,又须苦干,并不是埋头不干。

加强党外的群众工作，是否又要像内战时期白区党那样，天天在工厂内、学校内、农村内找“斗争”呢？不是的。过去多次发动的那种既非群众迫切需要又无胜利把握的斗争，非但今天不应该这样做，过去也不应该这样做。那种办法已经证明是不能真正与群众建立起联系的。党与群众的联系，不在于发动多少次斗争。在秘密党的条件下，也不在于组织多少群众团体和吸收多少会员（几乎所有大的群众团体现在都已遭受封闭），而在于党员去做许多有益于群众的社会公益事业。各种经济的、文化的以及政治的公益事业，到处可以做，到处可以取得社会的援助。共产党员是人群中最好的人，而去进行这种社会公益事业，也正是名副其实地成了社会上公认的好人。只要做几次公益事业，就不仅能够在社会上被劳动大众所拥护，而且可以获得中上层正派人士的同情，也使反共分子难于反对我们。这样与劳动大众和社会人士联系着，经过几年的苦干，难道还怕不能在群众中产生好的影响，生下根来吗？

那末，在贪污勒索、民不聊生的情况下，当着某个地方的民众起来反抗时，我们是否袖手旁观？当然不是。共产党员任何时候都应该站在民众方面，反对黑暗势力。但是，同时又必须注意任何一次民众的斗争。我们应该帮助民众来估计斗争双方力量的对比，估计社会同情的程度，估计斗争前途的成败，不仅不要去制造“斗争”，而且如果不能取得社会大多数人士赞助，孤军独战，没有胜利把握，就不应去轻试。

应该承认，过去我们所了解的“斗争”，范围实在太小了，今天应该把自己的认识从狭隘的范围内解放出来。要认识到，一切社会公益事业如果做起来了，得到群众的拥护，实际上就是一种斗争。因为争取了群众，争取了中间人士，就是一种孤立顽固分子的斗争。

最后，要想把党外工作做得好，还必须懂得一个道理：群众工作离不开统一战线，统一战线离不开群众工作。例如，某处乡间，我们党员联络地方上的正派绅士，排除万难，办了一个学校。这件事既是统一战线（联络正派绅士），又是群众工作（开办了有益于民众的学校，取得了民众的信仰），而且又是一个斗争（因为在排除万难中孤立了破坏分子）。如果不联络正派绅士，就不容易办成学校；如果没有办学校这个题目，就不便与正派绅士讲统一战线。所以统一战线与群众工作虽然有区别，同时又是互相联系的。简单地说，党外活动就是要把社会的上层工作和下层工作都做好，这两者不能分开，而且任何时候任何地方，有了上层的推动，没有不便利于下层工作的。

如果秘密党把党的组织严密了，精干了，隐蔽了，党员的质量提高了，党员的独立工作能力养成了，那末，领导干部就不必忙于应付机关的破坏，不必天天跑来跑去在党内开会，而可以有充分的时间进行和指导党外活动。如果党内是巩固的，每个党员又在社会上获得地位而被公认为好人，这样的地方党组织才说得上是巩固的。这样的党组织，才能完成中央所给的任务：长期埋伏，积蓄力量，以待时机。

关于干部工作的若干问题*

（一九四〇年十一月二十九日）

干部的重要性

斯大林同志在一九三五年曾经指出："人才、干部是世界上所有宝贵的资本中最宝贵最有决定意义的资本。应该了解：在我们目前的条件下，'干部决定一切'。"〔157〕毛泽东同志在一九三八年召开的党的六届六中全会〔175〕上的报告中也说过："政治路线确定之后，干部就是决定的因素。"〔217〕这些话无疑是十分正确的，因为党的一切决议和政策，都要通过干部去实现。党的干部不同于一般党员，是党的骨干。干部在党的组织中占重要地位。党看重干部的作用，认为没有坚强的干部队伍，我们党的事业就不能发展，就不能取得革命胜利。因此，干部对于党的事业负有重大的责任，应该成为一般党员和群众的模范。

---

* 这是陈云同志在延安写的一份讲话提纲。在整理本文时，参考了他当时所写的另外几份讲话提纲。

干 部 的 现 状

目前干部已有很大的数量，并且有各种干部，包括党、军、政、民、文、技等。这是很大的成绩。但干部依然不够，特别是新开辟的根据地。这是因为：革命事业发展很快，工作范围扩大了，工作性质又是空前的复杂。党员增加了很多，但干部不能与党员按同比例增加。

我们党政军各部门，基本是以老干部为骨干。党政方面，地委书记、专员以上，都是老干部；中下级干部，百分之八十五是新干部。在中级干部中，有百分之八十五是知识分子。军队因有老的基础，中级干部主要还是土地革命时期的老干部，山东及华中、冀中新建立的部队除外。这是目前党的干部的大体状况。

在各个根据地中，还有广大数量的非党干部。

挑选干部的标准

（一）忠实于无产阶级事业，忠实于党。

忠实，讲得具体一点，就是革命利益高于一切，有为党慷慨牺牲个人一切的决心。“富贵不能淫，贫贱不能移，威武不能屈”〔218〕。把个人利益放在第一位，爱出风头，闹名誉地位，吹牛拍马，耍两面派，是同党的干部的称号不相容的。要做到革命利益高于一切，是一个教育和锻炼的过程。

（二）与群众有密切联系。

共产党要处处依靠群众。先了解群众，帮助群众，群众才能帮助我们。

不要看不起土生土长的地方干部。他们与群众有密切联系，要尊重他们。

（三）能独立决定工作方向并负起责任。

必须能独立工作（因为是战争环境，中国又大）；在失去联系时能独立负责，但又不是拒绝上级领导。

能独立工作的条件是学习，理论联系实际。一个干部没有理论不行，只凭经验不够。要有进取心。态度不高慢。

忠于职守。拿得起，放得下。

（四）守纪律。

纪律是保证政治上组织上统一的武器。

责人易，责己难。向好的看齐，不是向坏的看齐。

总之，用干部的标准，概括起来有二：政治，能力。两者不能缺一，以政治为主。

挑选干部的标准，同时是干部检查自己的标准。每个干部都应该经常进行自我检查，有错误就改，不足的就补。

了解干部和审查干部

了解干部是制定干部政策的基点。

审查干部，必须区别好坏，了解优点和缺点。但在现状下（延安招生，全国一时有很多人涌进来），首先要区别好坏，这种审查是不可免的。

审查干部必须实事求是，客观，严格。结论应该是不可反驳的。切忌以主观的推测为根据。不单看言论和态度，主要看本质和实际。不仅看一时一事，主要看整个工作历史。不决定于家庭，决定于个人。不怕复杂的社会关系，也不允许被审查者隐瞒社会关系。

审查干部必须对党对干部有高度的责任心。不能疏忽大意，不能冤屈好人。疏忽和冤屈都要承担责任。冤屈好人的责任并不小些。

审查干部必须采取正当的方法，切忌耍手腕。绝对不准以特务手段对付党的干部。

审查干部必须做出符合实际的书面结论。切忌含含糊糊和悬而不决。切忌空口无凭。

提 拔 干 部

（一）原则：

德才并重，以德为主。反对只顾才不顾德，也反对只顾德不顾才。才和德应该是统一的。才，不是空才；德，也不是空德。考察一个干部的才和德，主要应看其在完成任务中的表现。

坚持人、事两宜的原则，用人得当，适得其所。

要求干部能上能下。只能上、不能下，只能升级、不能降级，是个人第一、党性不纯的表现。

（二）提拔干部中的缺点：

不敢或不让新的知识分子干部做更负责的工作；反对知识分子，不放心知识分子。

主观上还未注意到本地群众领袖的培养。

只提拔，不教育。

以上缺点，必须纠正。

（三）提拔干部的方法：

提拔干部是经常的有步骤的工作。要有准备，预先审慎考虑过的才提拔。切忌提而不当又放下去。能力大小和工作历史必须符合于位置，即工作称职。超过则跌，过降则升。不越级提拔，越级提拔一般证明有害无利。

先从日常工作中认识之，证明能胜任较繁重的工作；尤须于斗争中考验之，证明政治坚定，主动得力，作风端正。从群众运动中发现和提拔。不怕没有人才。

吸收一批优秀分子到领导机关来工作。

使 用 干 部

（一）原则：

按照才干，按照需要，同时兼顾。量才为主，应急也不可免。量才的原则是用其长，不是用其短。发挥长处是克服短处的最好办法。

使用干部到当时当地最需要的环节上，而不是平铺分配。

（二）目前使用干部工作的缺点有二：

一是远未量才使用。原因：有客观困难，对干部不了解；仅顾自己、轻视全局的本位主义。如何克服？先了解干部，量才使用是一个过程；建立相当统一的各系统干部的管理机关，以大局克服本位。

二是轻视行政工作。不把好干部分配到政权机关；干部不愿到政权机关。原因:对政权机关工作的作用认识不足,有些人没有勇气。

(三)使用的方法:

放手使用,同时要经常地适时地检查和帮助。

适当分配,并保持相对稳定,不轻易调换,以造就人才,积累经验。

领导机关要有本地干部。

对于模范干部,要有计划地逐渐分到各区去,特别是落后区。

合理地经济地使用干部,由工作来决定组织形式,而不是相反。

教育和培养干部

老干部需要教育,新干部更需要教育。

革命基本理论和实际工作教育要一致起来。只停于实际,就不会有远大目光;只停于高远理论,就不能解决实际问题。理论和实际两者不能或缺。看不见理论和实际统一,或者看不见理论和实际有别,都不对。

理论教育的对象,一种是有较长实际工作经验的干部,一种是有较高文化水平和政治认识的知识分子。有经验者,从理论上去反省经验;无经验者,理论与实践相配合。教员的教育方法,是从实际经验归结到基本理论上。要打破轻视实际的观点,同时,也要反对不安心学习理论,急着要去工作的思想。

实际工作是重要的教育武器。实际工作的过程,就是教育干部的过程。分配干部适当的工作,使其负责,在工作中受到教育。在工作中发现干部有错误时,要及时教育之,纠正之,说服之,使之从错误中求得教训,并且提高到原则上来认识。同时,要鼓励他们吸取和正确地运用别人的经验。发展其长,克服其短。适当表扬优点,适当批评弱点。

纠正干部问题上的错误倾向

反对家长式的对待干部,同时反对放任干部的错误。赏罚要分明,批评和奖励要适当(包括时间、程度)。以党的原则立场来团结干部。

反对私人拉拢,搞个人系统。互相捧场,拍马奉迎,是最可耻的,结果害党害己。

反对当面客气,背后指摘,甚至打击报复。要正面、坦白、诚恳地对待同志。

反对轻视干部政治生命、随便摆布干部的倾向。要真正爱护干部的政治生命,鼓励干部在政治上的进步,克服倚老卖老或自甘落后的现象。同时,经常关心和解决干部的生活困难。

反对滥用纪律惩办干部。对待干部的错误,基本办法是教育。纪律是不得已的教育,当然又是必要的。处罚干部必须适当。

加强党内干部的团结

目前总的情况:基本路线一致,部分的不协调。党内干部不团结有四种:新干部与老干部,军队干部与地方干部,外来干部与本地干部,以及同类干部(军队与军队、地方与地方、部门与部门等)之间。其中,以新老干部的不团结为最多最久。新老干部不团结的实质,是土地革命时期的农民干部与新参加革命队伍的知识分子干部之间的关系问题。

干部闹不团结的原因,从客观上说,是工作性质不同,要求不同,个人的经历不同,工作能力强弱不同,等等。从主观上说,是个人主义、本位主义、宗派主义,互不佩服,有功必居,有过则推,不以党的利益为重。

新老干部不团结,主要责任在老干部。

鼓励干部互相了解、互相学习、互相尊重。两方闹不团结,领导人各自作自我批评,这有决定意义。党组织要主持公道,任何偏袒都是错误的。该批评的必须批评,该支持的必须支持。这是加强干部团结的正确办法。

必须使所有干部认识一个基本问题,领导革命的基本力量是党,不论新干部和老干部,军队干部和地方干部,外来干部和本地干部,都必须在维护党的利益的原则基础上团结起来。

加强同非党干部的团结

不团结非党干部,就不能团结全国人民,革命就不能胜利。这个问题,目前和将来都是对我们党的一大考验。人心归共,看你的气量如何。我们的缺点是宗派主义。不确认非党干部的地位,不接近他们,看不起他们。以成见看待非党干部,对他们要求过高。以他适我，不是我先适他。党员干部缺乏自我批评，缺乏大众的民主的作风。

党与非党干部闹不团结，应由党员干部负主要责任。

用各种方法团结非党干部，应取的基本态度是坦白、诚恳、爽直。一切原则都必须讲究适当态度以达到之。

建立和健全管理干部的组织

干部工作是组织部门中最主要的工作。干部部门要有相当数量和质量的干部，人选力求忠实，公正，有能力（包括有一定的革命经验和社会经验，以及细心、耐烦等），上下信任，使之符合于党的发展的需要。

干部部门应经常了解、考核、选拔干部，向党委提供意见。干部的任免、奖惩等重大事项，应按组织原则，根据考察材料，并考虑干部部门的意见，经党委会讨论通过，不是一两个人说了算。

学会领导方法*

（一九四〇年十二月二十三日）

一、组织工作要适合于政治路线的要求，保证政治路线的实行。因此，有两个要求：对政治路线的正确了解；对具体情况的切实了解。只谈路线，不了解具体情况，是空谈。只知道具体情况，不了解路线，是盲目。要克服“上级只谈政治路线，下级只谈具体工作”的缺点。

二、要做到主观与客观一致。领导机关决定计划，执行计划，检查工作，都必须主客观相一致。要重视我们现在的特点：在根据地当权；主要在农村；斗争形式以战争为主；工作有很大发展；各地都有大批新党员。

三、计划是主观的，但必须建立在客观可能的基础上。计划要适合于路线，又要适合于客观实际情况。客观情况是基本的。

四、新发展要从旧阵地出发。

五、工作要抓住中心，照顾其他。中心为主，做到全局与局部的一致。

六、大刀阔斧与精雕细刻相结合。先抓住，后消化。工作

---

* 这是陈云同志在延安写的一份讲话提纲。

要从一点一滴做起，踏踏实实，不能存侥幸心理，不能希望一蹴而就。

七、检查工作要开展批评和自我批评，总结经验教训，考察、补充和修正决议，使主观逐步达到与客观相一致。

八、兜底查。检查支部和乡的工作，要抓住一两个典型，总结出经验，教育其他。

九、领导方式的中心问题，是正确处理上下级关系。上级的基本态度是帮助下级，吸收下级的经验来改善领导。上级决定本身有缺点，完全由领导负责；下级执行中有缺点，领导也要负教育不够的责任。不能只批评下级，上级不作自我批评。学专制的办法是完全错误的。上下级关系不协调，一般情况下，主要是上级负责。下级要尊重上级，对上级要善意地提出批评和建议。

十、领导机关要区分命令和建议。必须有命令，但在某些问题上要有弹性，允许下级根据实际情况处置。

十一、当权的大党，领导干部很可能成为官僚。要坚决防止和克服官僚主义。

领导要具体区别不同地方，分配以不同的任务；区别任务的缓急；区别主要工作和次要工作。掌好舵，指出主要的努力方向，预防某种偏向。

十二、领导干部的工作方法：中心工作与经常工作要分清。不忘记经常工作，但必须抓住中心，防止事务主义，乱无头绪。工作一件一件来，每件工作做到底，就是最有成效，最快速度。平均使用力量，瞎抓一气，必无成效。遇事不要慌张，也不要松弛。不仅自己会干，而且会推动别人干，要改变那种一人忙众人闲、上忙下闲的状况。不仅要有听的时间，而且还要有想的时间。从感性到理性，这是思维的过程。会要少开，开会要有准备，出文件要解决问题，否则无结果。

关于党中央系统直辖各校学生使用原则的决定和通信

（一九四一年二月十三日、十四日）

关于党中央系统直辖各校学生的使用原则*

（二月十三日）

一、马列学院〔171〕、中央党校〔166〕、陕北公学〔164〕的全部学生，统由中央组织部分配于党的各方面工作。

二、女大〔219〕、青训班〔220〕、鲁艺〔165〕、自然科学院〔221〕的学生，暂时依各校现有的全部学生人数，在高级班中留百分之五十，低级班中也留百分之五十，作为妇运干部、青运干部、文艺工作干部和自然科学工作干部。其余一半，统由中央组织部随时调动使用于党的各方面工作。以后各校新入学的学生，亦照此比例分配使用。

---

* 这是陈云同志为中共中央书记处起草的决定。

给王明[222]的信

（二月十四日）

二月十三日信收到，答复如下。

（一）中组部依照最近中央多数同志通过的决定，对女大学生的调动办法是：不论高级班和低级班，知识高的和低的，身体好的和坏的，有小孩的和无小孩的，陕甘班和军委干部的老婆班，我们只在上述各种人中各要一半，归中组部随时调动到各项工作上去。陕甘班和军委干部的老婆班，我们可与边区中央局和军委政治部具体商讨如何抽一半。

你提出女大学生归中组部随时调动到各项工作上去的比例，降低为百分之二十五，在现状下恕我不能同意。因为我们党已经不完全是秘密党，而是领导着政权和军队的党，必须根据需要，分配大量干部到各方面去工作。例如，最近几天调马列学院、中央党校和陕北公学的女生四十名到中央医院去工作，就是证明。如果没有各方面工作的配合，全盘工作是做不好的。因此，我们彼此仍以服从中央书记处多数同志通过的决定为好。

（二）一九三九年中央书记处决定，在妇女工作系统中，专任妇运领导工作的妇女干部，中组部在分配她们工作时，需征求妇委意见以外，其他任何干部的出入，一律均经中组部。据我所知，中央并无各校女同志归妇委分配的决定。如果中央有此决定，我个人当然绝对遵守党纪，个人服从组织，少数服从多数。

此外，中央书记处也并未有过来延安的女学生一律送女大的决定。同时，也因为过去除女大提交中组部或书记处调动的学生，或因老公他调而需随去的女大学生外，中组部实际无权调动女大的学生。另一方面，各方要人只能向中组部要。因此，中组部有过这种情况，即除一部应送其他学校外，确有一些女学生可送女大而未送女大，这丝毫不为别的，仅仅为了调动容易，因为其他各校调动学生都不必经书记处通过。这在一定意义上说是不合理的办法，但造成我们本来不愿意而又不能不这样做的原因，是以这种不合理的办法对待另一不合理的办法，勉强还可得到不完备的“合理”。我个人希望在党内双方消除这种不合理的办法，使干部的培养和分配得到合理。

女大是党的学校，全部学生都应在中央总的意图之下，由中组部分配工作。但估计到女大等各个专门性的学校有某些特殊的意义，因此留了一半学生将来做妇运工作。我认为这已充分估计了妇女工作的特殊性。

（三）我向你声明，妇女工作是全党工作的一部分，我是党的工作者，我的责任和我的要求，也仅仅是“一视同仁”四个大字。

有空时希望面谈一次。

党员要积极参加经济和技术工作*

（一九四一年五月一日）

（一）向全党解释，各种经济工作和技术工作是革命工作中不可缺少的部分，是具体的革命工作。应纠正某些党的组织和党员对革命工作抽象的狭隘的了解，以至轻视经济工作和技术工作，认为这些工作没有严重政治意义的错误观点。

（二）解释学习理论和参加实际工作都是每个共产党员不可或缺的责任。但在革命运动中，尤其领导着军队和政权的党，党员决不能离开各项实际工作去“专做”理论工作（虽然可以和应该有一小部人专门从事理论的研究），同时也决不能单单埋头实际工作而完全不学习理论。因此，借口学习理论而不愿参加实际工作，或仅仅埋头实际工作而不在工作中抽暇学习理论的倾向，都必须纠正。

（三）每个党员必须无条件地服从党对于他的工作的分配。纠正某些党员不愿参加经济和技术工作，及分配工作时讨价还价的现象。

---

* 这是陈云同志为中共中央起草的决定，原载一九四一年五月八日《新中华报》，题为《关于党员参加经济和技术工作的决定》。

（四）一切在经济和技术部门中服务的党员，必须向非党的和党内的专门家学习。他们的责任是诚心诚意地学习，并熟练自己的业务和技术，使各部门建设工作获得发展，并使自己获得在社会上独立生活所必需的技能。

（五）党必须加强对经济和技术部门工作中党员和非党员的领导，照顾他们的政治进步，并在各方面帮助他们。

大后方党组织的彻底改组和扩大党外的活动*

（一九四一年十二月）

（一）两年来巩固党的工作虽有某些成绩，但大后方的党组织基本上还未巩固。一部分党员的行动仍然是采取继续突击的方式，多数党员则是消极不动。党组织被破坏的次数不断增加。大后方党组织易于被破坏，难于巩固的主要原因在于：党是以公开的救亡分子为骨干组织起来的，党的组织还很庞大。在目前国民党进行内线突击、多方侦察监视我党、准备一网打尽的毒计下，如果不彻底改变上述状况，则大后方党组织的巩固是不可能的。为着进一步巩固党的组织，避免国民党的突然袭击，大后方的党组织应尽量缩小，真正成为既短小又精干能适应环境的组织。

（二）目前大后方党是一种特殊的秘密党，既不同于第一次国共合作时或抗战初期的半公开党，也不同于内战时期非常孤立的秘密党。它是民族抗战时期的秘密党。它的基本特点：一方面是完全秘密的党，同时又有空前广大的革命的社会基础。依据这一特点，党的组织虽然要短小精干，但党外活动

* 这是陈云同志在延安写的一篇文稿。

必须扩大。党员数量不在多,思想上同情党的人和党外的共产主义者则不怕多。只有“党内小党外大”,才是目前秘密党唯一正确的组织形式。

(三)执行“党内小,使党短小精干”的原则,就必须彻底打破那种秘密党党员数量愈多愈好,只求数量不求质量的错误传统。留在党内的每个党员,必须是忠实可靠、有能力、有作用的分子,而不是挂名党员。他们不仅要与群众有联系,而且真正是群众中的积极分子,或群众领袖。为此目的,目前必须让不够上述质量的党员暂时退到党外。虽未暴露但必须退出党才能保存的党员,也可说服其退出。同时,在尚无党员或党员太少的地区内,应个别地吸收具有上述质量的分子入党。这样大量退出和少数收进的结果,每个省委所管党员的总数,依据其现有党员数量、质量及工作需要,大体达到三五百人至一千人左右为宜。

(四)大后方的大部分党员暂时退到党外,不仅为了实现“党内小”的方针,同时为了扩大党外活动。许多党员只有暂时退出党才能不受组织牵累,便于党外活动,避免国民党特务的追逐。过去和现在的经验都证明:有些党员失去了党的联系,因无组织牵累,不仅保存了自己,而且获得了社会地位。因此,目前让一些党员主动地暂时退出党,不是抛弃而是保存,不是缩小工作而是扩大工作。

(五)执行党内精干政策,必须打破过去那种“中上层分子都不好”的传统观点。共产党是无产阶级的先锋队,党员成分基本上必须是工人、农民及其他小资产阶级分子。但在中国的特殊环境下,不仅可能而且应该吸收中上层社会出身或其社会地位与中上层有联系的分子入党，只要他们不是投机分子，而是抛弃原有阶级利益，决心为共产主义而牺牲一切者。因此，目前在巩固党的现有基础的同时，必须加强中上层分子中的工作，适当地吸收革命的中上层分子入党，以增强党在中上层社会中的力量。但吸收中上层分子入党，既不能降低入党条件，也不能将一切可能入党者全数收入党内。党不仅要考察他们是否已经具备入党的政治条件，同时必须估计到他们入党之后是否更利于革命活动。依据“党内小党外大”的原则，大多数进步的中上层分子应该暂时只作党外共产主义者而不必入党。只有必要吸收入党者，才应吸收入党。

（六）暂时退党的党员，不是停止革命工作，而是扩大党外活动，因此党组织与他虽不作党的联系，但应保存适当的“友谊联系”。将来恢复党籍时，原有党龄仍然保存。暂时退党的党员，仍有保守党内秘密的责任。如遇被迫“自新”时，可用非党员资格去应付，但以不破坏组织为限。仅仅应付而不破坏组织者，只要继续革命，将来可以恢复党籍。在劝导党员暂时退党时，一方面必须使退党的党员不发生消极情绪，确实认清暂时退党是保其安全和发展革命工作的一种办法；另一方面必须防止反共分子和阴谋分子的挑拨。如果某些党员不愿退党并且说而不服时，可以暂留党籍，先停止党内的组织生活。

（七）今后党的组织形式，切忌呆板一律，必须“杂乱无章”，以免被敌一网打尽。因此，平行组织，个别联系，党员转移地址不转党的关系等等办法，各级党委都应采用。必须个别联系的党员，一律不编入支部。每个支部决不能超过三五人。支部和各级党委一般的不开会议，只作个别联系。对党员的教育，一般的知识依靠自修；自我检讨、纪律教育则由党内进行。目前已经暴露的干部，切勿易地对调，必须忍痛一时使其脱离工作，不能撤入根据地者，暂时静伏。各个省委必须以忠实可靠、久经锻炼、确能掌握党的政策者为骨干，以忠实可靠有职业掩护的干部辅助之。

（八）党外活动是秘密党的革命工作之主要部分，党外活动愈扩大，党的隐蔽愈有效。没有党外工作而仅仅缩头不动，决不能巩固党的组织。因此，必须打破秘密党只顾党内工作，忽视党外活动的错误认识，而将下列三种工作配合起来：（甲）党的组织的精干隐蔽；（乙）熟悉国民党，加强在国民党内的工作；（丙）熟悉社会，深入社会。不论留党或退党的同志，都必须确实执行中央关于调查研究工作的决定〔223〕。每个同志必须精通自己的工作部门的各方面，学习一般的社会知识。

（九）欲求社会活动有效，必须打破孤立自己的关门主义和暴露自己的盲动主义，同时必须改变过分干涉和束缚下层组织的领导方式。每个同志欲求“站得稳，爬得高”，其活动方式，必须做到：对社会人士只求大同不求小异，应在相同点上与其合作，不是专找差异孤立自己；对国民党则以群众的面貌去暴露其黑暗，但不要因此丧失自己的地位；对革命工作，坚持有理、有利、有节的原则，不作劳而无功、得不偿失、强求急效、暴露自己的盲动。同时，党的领导方式必须做到：对同情者的活动，不要多加干涉，即使他们有某一问题向党请问时，决不作武断结论，一般地要他们依据情况自己适当解决；对下级党委及党员，只作大政方针和战略性质的领导，不要干涉其细目，使下级同志的活动不受拘束，能力逐渐增长。

（十）大后方是国民党统治的地区，各级党委必须详细研究国民党各方面的状况（党部、政权、军队、三青团[224]、民运等），成为“国民党通”。必须学会和使用一切方法，利用国民党的内部矛盾。在这些工作中应侦察反共分子的活动，团结国民党内的进步分子和中间分子。

（十一）如果个别上层党员被国民党强迫自首或要求表明对共产党的态度，为了继续革命工作，在不破坏党的组织、有利于自己革命活动的条件下，可以采取适当的应付办法。

（十二）为使秘密党巩固起来，必须建立和扩大党与群众的联系。因此，党必须完全抛弃内战时期群众工作方面的盲动主义错误做法，学会和掌握群众组织和群众斗争的一切民族形式。不要制造斗争，但对于大后方存在和发展着的广大的群众斗争，必须积极参加。不要偷偷摸摸地组织群众，但要积极参加一切原始的、自发的、合法和半合法的群众活动。抛弃一切突击暴露的工作方式，使党的活动适合于群众情况。经过党员的各种活动，使党与群众建立思想上友谊上有形的无形的各种各式的联系。

上述基本方针，同样适用于敌占城市的秘密党。

改进大后方秘密党的工作*

（一九四一年十二月）

一

大后方的党的组织是中国共产党的重要的一部分。如果没有这一部分，则中国革命的发展和胜利是不可能的。因此，轻视大后方工作或不安心在大后方工作是错误的。

内战时期，党在白区〔37〕进行了英勇的斗争。但是，由于党对中国社会的实际情况没有真正认识，在大革命〔203〕失败后对政治形势估计错误，没有实行暂时退却、长期埋伏、积蓄力量的方针。在工作方法上和组织形式上，没有彻底转变到适合于中国一般的和当时特殊的情况。因此，虽然有成千成万共产党员的英勇奋斗和流血牺牲，但除了北方党以外，绝大部分的党组织遭受了完全失败。这一挫折是重大的，损失是严重的，结果仅仅锻炼了一批干部，并给了我们失败的教训。

内战时期白区工作的错误是基本的错误，也是当时整个错误路线的一部分。一九三七年在延安举行的白区党代表会议〔225〕，虽然一般正确地决定了具体工作的转变，但内战时期

* 这是陈云同志在延安写的一篇文稿的节录。

工作错误的传统仍旧或多或少地在今天大后方的党内存在着。因此，现在党中央虽然指出了大后方党的任务是长期埋伏，积蓄力量，以待时机，但在许多具体工作上还必须根据过去失败的教训加以深刻的反省，大胆地解脱历史成见的束缚，否定那种过去错误的或不合现时的工作方法和组织形式，而做出正确的规定。

二

大后方的党是长期秘密的党，但又有广泛革命活动的必要和可能。大后方的党是在国民党反动统治的压迫之下，如果不是秘密隐蔽的组织，就不能存在。由于中国革命的长期性，这种秘密隐蔽的时间不是短促的，而是长期的。因为革命如果没有全国范围的胜利，所有在阶级敌人统治区域的共产党组织都必须是秘密的。

大后方党的组织的秘密隐蔽，决不是革命活动的停止，相反地，必须是革命工作的扩大。党的秘密隐蔽正是为了便于扩大革命工作；革命工作越是扩大，党组织的秘密隐蔽就越加可能。

革命活动有扩大的可能性，就在于：中国是一个半殖民地半封建的国家，目前又处在国共合作、全民抗战的时期。因为中国是一个半殖民地的国家，民族矛盾占着首要的地位。因为中国是一个半封建的国家，政治经济很落后，在人民大众与统治阶级之间，统治阶级内部各个阶层各个集团之间，存在着错综复杂的矛盾。尤其因为目前民族敌人深入国土，在全民抗战中，国民党没有必需的进步，共产党的力量及其影响则增加到决定的地位。因此，在继续抗战与妥协投降之间，在人民大众与反动统治阶级之间，在反动统治阶级内部，展开着更加广泛和更加深刻的矛盾。这些矛盾的存在和广泛深刻的发展，就使共产党在全国范围内尤其在大后方有广泛进行革命活动的可能性。

要广泛运用客观存在着的革命工作的可能性，还必须彻底打破大后方党长期存在着的错误认识。内战时期的白区党，虽然认识了中国是一个半殖民地半封建的国家，革命的性质是资产阶级性的民主革命，但是没有认识中国社会的许多具体特点，并根据这些具体特点来制定正确的方针和政策。例如：对于民族矛盾的首要地位长期没有足够的估计，把国内阶级对立和分化，与经过资产阶级革命的国家等量齐观，主张整个地反对资产阶级以至上层小资产阶级；对于统治阶级内部的矛盾完全忽视和拒绝利用；对于在中国进行革命工作不容忽视的风俗习惯和人情世故完全不理；等等。相反地，用切断历史和生搬硬套的办法，把书本子上的抽象概念套到中国来，把生动的中国看成僵硬的中国，把复杂的社会看成简单的社会，把广大的革命工作园地缩小到寸步难移，把容易深入的社会变成格格不入。所有这些错误，使白区党非但不能广泛地开展革命工作，而且基本上脱离了群众，绝大部分遭受了失败。

为了今后大后方党的保存和革命工作的发展，必须彻底无保留地打破主观主义、公式主义和生搬硬套书本上的概念，从具体的中国情况出发，抓住中国的特点。只有这样，革命工作的广大园地，才会真正发现。

三

大后方党的基本任务是长期埋伏，积蓄力量，以待时机。要实现这个任务，必须进行互相联系而不能缺一的三方面工作：党的组织的精干隐蔽；熟悉国民党，加强在国民党内的工作；熟悉社会，深入社会。为了长期埋伏，党的组织必须精干隐蔽；但如果不去熟悉国民党，不了解国民党的反共统制，以避免国民党的袭击，或者不深入社会，得到掩护，则长期埋伏同样不可能。积蓄力量的意义不仅在于保存已有力量，而且还须增加新的力量。同样，如果没有精干隐蔽，在国民党内部去争取革命力量，不深入社会，同各阶层群众有广泛的联系，则积蓄力量也是不可能的。

上述三项工作的中心一环，是深入社会。无论为了隐蔽党的组织，或熟悉国民党、了解国民党的反共统制，在国民党中争取革命力量，都必须以深入社会为前提。要深入社会，就必须适应社会。共产党员必须学习社会的人情世故，在革命工作的方针之下，善于与社会的各方面融洽。必须打破内战时期鄙视和割断社会联系或者害怕利用社会关系的心理。

四

执行精干隐蔽政策，必须注意下列几点。

只有精干才能隐蔽。因此，大后方党组织应重视党员的质量，不贪图数量。大后方党员质量的标准是：具有共产党员必需的政治觉悟，有巩固的社会职业，并与群众真正联系。目前党内的不健全分子应该淘汰，使之退为党的同情者，团结于党的外围。某些可能入党而估计到入党之后其活动反而遇到困难者，暂时不必吸收入党。但是，具备共产党员条件而当地党又需要发展党员者，应该吸收。党的发展，主要地在重要的工厂，重要的机关，重要的学校和重要的乡村。

党的组织形式必须根据环境和任务的变更而变化。一切呆板的组织形式和工作方法（如呆板的纪念节开会示威，共产党员特殊的作风等），必须大胆地加以改变。越是打破公式主义，国民党特务越难捉摸，党的存在和发展就越加可能。必须缩小支部的组织，缩小各级领导机关的组织；从支部到各级组织，一般地要把会议变成个别联系，并减少联系的范围和次数；各级党的工作和领导，主要的不是靠上级的指示，而要求在党的基本方针之下独立工作。失去联系的下级党的组织，必须在任何情况下能独立地坚持工作。

保证领导机关的安全。为此，必须彻底地果敢地撤退已经暴露的干部；提拔新的干部到领导机关时，必须遵守宁缺毋滥的原则，绝不提拔未经考验的分子，严防国民党派遣内奸混到领导机关；领导机关要短小而且分散。

巩固在中上层社会职业中的党员的地位，并使每个党员找到可靠的真正的职业，并且广交朋友，建立无数社会联系，以社会人士的面目去取得周围的信仰，使党在社会中打下牢固的基础。

必须把秘密工作范围缩小到最小限度。一切党内文件尽可能少发或不发，一切党内联系尽可能利用公开合法的形式。不担任党内秘密工作者，必须将百分之九十以上的时间去进行社会的公开工作。党内担任秘密工作者，也必须把掩护秘密活动所必需的职业的社会活动，看成是工作的重要方面之一。党的公开活动愈加扩大，秘密工作的范围就会愈益缩小。只有这样，党的隐蔽和革命工作的扩大才有可能。

在情况复杂而又必须独立工作的大后方，每个党员必须把自我教育看成重要的任务之一。

五

熟悉国民党，与国民党反共统制作斗争，并在国民党中争取革命力量，必须成为全党，尤其是大后方党的重大任务。为实现这个任务，必须纠正内战时期白区党只顾自己，完全忽视国民党内工作的错误。必须研究国民党的各方面，各级党委要变成“国民党通”。不仅国民党的党部，而且它的政权、军事、经济、民运、文化、教育等，各个方面的政策、机构、制度、人物，都在研究之列。对于这种研究，不能满足于一般的知识，而应深入其内部，并着重于本乡、本区、本县、本省国民党情况的研究。上级党委必须根据自己和下级党委研究的结果，综合自己工作范围内国民党的情况，并定出与国民党反共统制作斗争，在国民党内部争取革命力量的办法，熟悉并利用国民党的各种矛盾。

六

党内工作是秘密的，党外活动必须是公开的，公开工作是革命工作的最大部分，合法活动是公开工作的唯一内容。依靠公开工作，不仅可以掩护党员面目，隐蔽党的力量，尤其重要的是，任何巨大革命运动的发动，没有公开的社会活动，要把群众发动起来是不可能的。公开工作是秘密党对阶级敌人采取隐蔽的活动方法之一。公开工作应该如何进行，首先决定于这种公开活动是否为统治阶级的法律及社会习惯所允许。内战时期用蛮干的方法来“争取公开”、“争取合法”，抗战初期和现在继续存在的“突击”作风，必须纠正。党在进行公开工作时，非但不能标新立异，引起国民党注意，而且在社会的旧有机关中活动，不要随便在旧形式中加进新内容。公开工作的范围，必须是多方面的，不仅在社会中下层，同时必须在社会上层。为了使公开工作适应社会情况，各级党委必须把研究社会情况作为党的重大任务之一。要通过实际机会和书刊材料去研究社会的一般方面和专门方面，研究社会各个阶级的各个方面，研究它们的历史和现状，了解它们的利害关系。同时每个党员，必须特别研究自己公开活动的专门的方面，成为党内的“社会通”、“专门家”。

为使公开工作能够持久扩大，必须将一切公开工作与党内的秘密工作分开，不要混淆。一切党内秘密工作的人员绝对不准担任公开机关工作，一切党内的秘密文件不准存放于公开机关，一切党的宣言、主张不能在公开机关照样传布。党内秘密工作的人员，在正常的状况之下，决不要经常调动。另一方面，公开工作的人员决不能同时担任党的秘密工作。一切公开工作机关及其人员的材料，决不能存放于党的秘密机关。把公开工作与秘密工作隔离起来，决不是公开工作可以违背党的方针或党的领导。相反地，公开工作必须严格执行党的方针，服从党的领导，不过应采取不同的形式。

七

要深入社会开展公开工作，并与广大社会人士合作，必须首先打破内战时期白区党对外活动中的关门主义和公式主义。应该认识，社会上完全反共者和接近共产主义者都是少数，而多数人则是既不拥护共产主义，也不满某些现状的中间分子。在这些人中，或者从个人利害出发，或者从社会正义出发，存在着或多或少的正义感。虽然社会人士的正义感与共产党员的共产主义思想有区别，但共产主义思想非但不排斥一般的正义感，而且这种正义感正是共产党员与广大社会人士合作的桥梁。共产主义者的责任，决不是首先以差别与社会人士分离而造成自己的孤立，相反地，必须首先以自己与社会人士的相同点去团结他们、提高他们和改造他们。过去那种只在“左”倾分子中打圈子的关门主义思想，轻视社会正义感，不屑与这些“旧道德”、“落伍分子”合作的思想，必须彻底打破。

社会人士的思想是极端复杂的，常常进步和落后的两种思想同时集合于一身。我们的工作，在于去区别各个人的思想何者是进步的，何者是落后的，他的基本思想是进步的还是落后的。当然，不是每种思想都能合作，而只是择其能够合作的部分，在一定时间一定范围内与之合作。只有这样，朋友愈多，工作愈能扩大。

反对思想上的关门主义，力求与广大社会人士合作，这并不是说共产党员的思想可以降到一般的社会正义感，相反地，共产党员一方面必须坚持共产主义思想，同时又必须善于与各种进步思想合作。

八

要加强上层社会的活动。下层劳苦大众是党的革命活动的主要对象，但还必须在社会的上层分子中进行活动。愈是要坚持抗战，愈是国民党不进步，愈是统治阶级内部不统一，愈是共产党力量强大和政策正确，则上层活动愈加重要和可能。在一定条件之下，上层活动有决定意义，如果上层不动，则下层难动。上层的推动往往是下层工作开展的便利条件。必须纠正内战时期白区党惧怕上层活动，或自鸣清高而不进行上层活动的错误。

上层活动是多方面的，不仅在文化教育部门，而且应该到军事、政府、党务、经济各种部门中活动。不仅在在野的士绅名流中活动，还要在当权的人士中活动。不仅在进步的分子中活动，还要在中间的和某些顽固分子中活动。上层活动愈是广泛，则愈能深入社会，愈能扩大革命阵地。

上层活动的目的，是使党员巩固社会地位，组织上层社会中在不同程度上同情共产党的进步力量，以便广泛地开展革命工作。在活动的方法上，首先要在有利于社会有利于他们个人的事业上与之合作，不是要求他们公开拥护共产党，而首先只须发展他们对统治现状的不满，使之逐渐地进一步地与我们合作。

已取得上层社会地位的党员，应该巩固已有的地位，并为继续取得更高的地位而努力。只要牢记着取得社会地位是为了党的革命工作，只要不脱离群众，对于工作机关的上司应该采取一般人所取的态度，不要表现“特殊”、“清高”而堵塞自己上升的道路。一切有上层地位的党员，应该由适当的高级党委直接管理。

九

争取广大的知识分子，用各种方式多方面与工农群众建立联系，并领导民众的各种斗争，这是大后方党的工作的主要内容。知识分子是党深入各阶层的桥梁，党必须继续加强在学生界、教育界以及其他职业界的知识分子中的工作，巩固党的支部，在没有党组织的学校及职业机关中建立新的支部。党应该经过社会上已有的或建立新的文化、教育、经济的各种组织，去影响和教育工农群众。为了保证这些组织的存在和持久，又必须忠实保持这些组织的原有性质，保持它们的灰色态度，不在这些组织中作党的秘密活动，不采取公开的革命行动。在没有和不可能建立这种组织的地区，党要有计划地培养群众领袖，通过他们与群众建立联系。对于国民党的工会和工人团体，不管它是仅仅挂牌的或有群众的，党都应该参加进去，参加这些组织所允许的各种文化、教育、经济活动，在友谊上生活上与积极分子建立联系。农村中原始的迷信的封建的组织，党都应该加以研究，派党员参加进去，加以引导。只要工作做好了，使这些组织逐步地成为农民的革命组织，是有可能的。

由于国民党政治愈益腐败，统制政策和贪污舞弊的发展，不论是抽拔壮丁，垄断物价，思想钳制，都造成了民众的不满，巨大的民众斗争正在酝酿着，有的已经爆发。共产党人对于这些斗争的态度，不是旁观，而是赞助。党应该领导这些斗争，以帮助民众改善民生，争取民主，从而扩大党与群众的联系。每个斗争必须估计到对方、我方及社会赞助的三个方面，以达到胜利为目的。斗争手段应该灵活，把“有理，有利，有节”的斗争原则，具体运用到民众斗争中来。

尊重和团结非党干部是党的重要政策*

（一九四一年十二月）

一、团结于党周围的非党干部是社会各阶层的进步分子，是党广泛联系群众的桥梁。不反映党外人士的意见，党的政策就不会完全正确。不经过党外人士的传布，党的政策就不能深入群众。没有党外人士的同情和合作，革命胜利就不可能。因此，我们不仅须与已经共事的非党干部亲密团结，而且竭诚欢迎广大的党外人士与我们共事。

二、由于客观环境变迁，党的路线正确，几年来我们与非党干部有了更多的接触，我们学习着与非党干部共事，非党干部对党更加接近了。但是，团结在党周围的非党干部人数还不多，党与非党干部的关系，一般地还处在不正常状态。党内非但缺少礼贤下士的空气，反有浓厚的排外思想。不少党组织，还存在着严重的关门主义，不重视以至歧视非党干部。党内许多同志对非党干部或则深具戒心，有才不用，口讲接近，实际疏远，或则高傲自满，党气凌人，满口原则，不近人情。因此，使热心革命者受到冷淡和排斥，已经共事者感到苦闷不安。总

* 这是陈云同志在延安写的一篇文稿。

之，我们虽有团结非党干部的方针，但还没有具体明确的非党干部政策。

三、有人以为党与非党干部之间的不正常关系，主要是由于非党干部不顾环境，强调一面，一意孤行，任意批评等等所造成。这种意见基本上是不正确的。个别非党干部对环境了解不够，或存在着某些缺点，这是事实，也是难免的。不正常关系的主要责任在于党，而且，非党干部的某些缺点，或是由于我们的工作缺点所引起，或则需要我们帮助才能纠正。

我们在这方面的缺点，主要在于：

（一）不了解非党干部的重要。由于过去党处于秘密环境或被“围剿”环境，与社会接触的范围太狭小，得不到党外人士广泛的帮助，看不到和不了解非党干部的作用，形成了关门主义传统。

（二）对非党干部政治上不信任，疑神疑鬼，任意“逻辑”。往往以为，不是党员即是可疑分子，要求入党者即是别有用意。认为只有自己的思想正确，而非党干部的意识、习惯都有问题。对非党干部不能量才使用，不依其经验、能力给以适当的位置。这样，就使非党干部政治上受着压抑不安，精神上受着冤屈痛苦，深感不能见容于共产党。

（三）思想上组织上存在着宗派主义。表现在要求非党干部与我们集体共事，但不尊重其个人自由。非党干部在总的方向上与党共同努力于革命事业，但在生活习惯、思想意识上，应有其个人自由。多数党员不重视其与我们大同之点，完全否定其个人自由。因此，加以责备和非难，认为难于共事。于是，排挤非党干部是事所必至，理成当然。这种不看大同，专找小异的结果，使党与非党干部之间不能融洽。在非党干部担任行政领导的部门中，只要求非党干部政治上工作方针上服从党的领导，而这一部门中的党员却不服从非党干部行政上的领导，以致党的领导完全代替了行政领导，行政问题不经行政机关解决，致使非党干部感到棘手，工作无法做好。

（四）曲解党性为脱离社会的“纯洁”。许多党员不愿结交党外朋友，不敢向党介绍党外人士，以为“洁身自好”即为最高之党性，战战兢兢，惟恐有失于党性之纯洁。因此，党不能经过党员团结成百成千的非党干部。非党干部感到我们毫无友情，难于接近。党性的“纯洁”变成了排斥非党干部的护符，变成了个人主义的对党不负责任。结果在党与非党干部之间隔起了人造的墙壁。

（五）党与非党干部间缺乏适当的组织联系。党、政、军都没有适当的组织照顾非党干部，干部部门没有把非党干部作为干部工作的一个重要部分。因此，非党干部没有可以直接反映情况、提出建议和申诉冤屈的机关，许多问题不能解决。

四、改善党与非党干部之间的关系，必须确定以下办法：

（一）重视非党干部的作用，在政治上信任他们。事实证明，许多非党干部是破釜沉舟而来的革命分子。过去对非党干部的许多疑虑（例如社会关系复杂，意识不正确等），常常是由于我们的社会经验不足，对他们了解不够。反之，非党干部的许多意见、批评、不满，常常是正确的，或反映了我们的某些缺点。因此，今后对非党干部不要疑神疑鬼，应该信任他们。人之可靠与否，不在其有无党票，而在其为人的历史和现实的表现。

（二）打破宗派主义，即打破“你们”和“我们”之间的人造墙壁。在一条战线上奋斗的党员干部和非党干部，都是革命同志，人人都有革命、工作、说话之权，党员干部无权垄断革命。在革命工作中，与共产党员负同等责任的非党干部，他就有与共产党员同等的革命功绩。脱离党外人士的“洁身自好”是党性不纯的表现，礼贤下士、尊敬贤能是共产党员应有的风度。党员干部只有团结非党干部之责任，并无排挤非党干部之权力。一切歧视、排挤非党干部的倾向，都是党性不纯的表现。

（三）使用人才的原则，是用人唯贤。要注意用人之才，不能只考虑是否党员或党龄之长短。按才能排位置，不按党票排位置。共产党员应承认人之长，检查己之短。一切嫉妒，一切阿Q精神，都于事无补，既损人也不利于党。应满腔热忱地向非党干部学习，学习他们的一切长处。党的领导责任，在于发挥非党干部的才能，使之服务于革命需要。对于担任一定领导工作的非党干部，应同党员干部一样，给以必要的工作条件、必要的信任和必要的权力，使其有施展才能的机会。当然，不能因尊重非党干部而分配以不适当的过高的位置，或给以空的头衔。

（四）要尊重非党干部的思想自由和生活习惯，同时要求他们在工作上服从党的总的方针，这是彼此合作不可缺一的条件。非党干部忠实于革命利益的具体表现，就在于他忠实于本职工作，发挥自己的才能，成为工作的模范。除此而外，苛求其与党员一样服从一切组织纪律，是不适当的。

（五）非党干部负责某一行政部门之领导时，党必须要求他们在工作上符合于党的方针，但该行政部门之党的组织则应教育党员成为工作的模范，尊重和团结非党干部，保证行政任务完成。在担任领导工作的非党干部服从上级组织领导的前提之下，该部门之党员应在行政上服从他们的领导，违反者应受到批评或处分。

（六）在民主选举的政权机关和民众团体中，共产党员与非共产党员合作共事，应共同遵守民主集中制的原则，少数服从多数。

（七）要相互开展善意的批评。非党干部有不满，发牢骚说怪话，并不等于思想上反对党。应把非党干部善意的批评视为鞭策、鼓励我们的有益武器。欢迎非党干部知无不言，言无不尽。同时，要使非党干部了解我们的处境和工作缺点的来源，不要单看个别党员或个别方面的缺点，而主要看全党和总的方面。非党干部如提出不正确的意见，或工作上发生不适合于党的方针和客观需要的问题时，党组织亦不应敷衍客气，必须对他们进行坦率的批评，请其改正。党与非党干部的相互批评，是两者之间的正常关系。只有彼此相见以诚，才能和衷共济。

（八）党对非党干部应在政治上、工作上、物质上给以帮助。政治上除党员在党内所有的义务和权利以外，非党干部与党内干部应同等看待。要求入党者应按党章规定给以答复。在目前物质困难的条件下，要给以可能的物质帮助，以爱护党内干部的态度去爱护非党干部。

（九）党与非党干部组织上的关系，应作如下规定：党的一般支部会议欢迎非党干部参加，只是无表决权，但有发言权。定期召开党员和非党员联合的各种干部会议。党的组织部门或干部部门，负有照顾非党干部之责任。各部门的负责人要经常听取非党干部的意见，非党干部有直接找该部门负责人或各级党的干部部门谈话之权。非党干部与党员一样，有向党组织控告之权，直到党中央。党继续赞助非党干部和党员干部共同组织专门性质的团体，例如自然科学研究会、法学研究会、同学会等等。

到什么地方学习*

(一九四二年三月二十四日)

延安有一个时期的教育方法,在新干部中造成一种风气:不愿参加工作,要求“长期学习”。这种风气现在已有改变,但未完全扫除。近来又有一部分党龄较长(十年或十年以上)、工作经验很少的(在秘密党内与党的生活长期隔离的,或长期未做过党的工作的,或只做过一个时期很少一部分工作的)老干部,要求进中央党校[166]学习,不愿意组织部分配他们到工作中去。虽然组织部一再表明,他们是党保存下来很宝贵的老干部,但缺少工作经验,党为了爱护和培养他们,要求他们到工作中去锻炼,充实自己,提高自己,可是这些解释并没有使他们满意。为了弄清楚这个问题,我以为应该说明下面几点。

不愿立即参加工作,要求进学校,或者要求长期学习的同志常常说:“让我进学校学习,我要在政治上开展一下。”党当然希望干部在政治上开展起来,但应该研究,干部在政治上如何才能开展?事实证明:真正政治上高明的革命家,只能在革命斗争中培养,不能专从学校里训练。共产党的真正领袖不论是苏联的或者是中国的,决不是毫无经验、夸夸其谈的人,而

---

* 这是陈云同志为延安《解放日报》写的署名社论。

是既有丰富革命经验又有真正革命理论的人。干部也是一样，真正政治上开展的干部，决不是毫无革命斗争经验的。因此，没有革命斗争经验的人，如果不到工作中取得实际经验，单靠听讲看书，甚至饱读马克思列宁主义的原理原则，想在政治上真正开展是不可能的。因为使政治上开展的最基本的东西，是革命斗争的实际经验，没有实际经验，就没有政治上开展的基础。

当然，这不是说，每个做过实际工作的干部政治上都很开展了。我们党内做过实际工作的干部，政治水平一般说来还很低，而且还有一些经验主义者，这是事实。但是，许多同志政治水平所以不高，有的同志有经验主义的毛病，决不是因为他们有了某些工作经验，而是因为他们用自己狭隘的经验去观察去解决一切问题。因此，要提高干部的政治水平，克服经验主义，既要在思想方法上，在政治上和理论上，在党的路线上和政策上加强教育，又要扩充他们各方面的革命斗争经验，并使理论知识和实践经验两者结合起来。如果两者不是相辅而行，则提高政治水平和克服经验主义是不可能的。本来这个道理很简单：政治高明不表现在人身的别的部分，表现在人的思想上。而思想上的高明和发展，只是因为这个人丰富地接触了并且理性地认识了革命运动中的许多客观事物。

如果上面的说法是合乎事实的，那末，缺少工作经验的干部，为了建立政治上开展的基础，为了自己在政治上进步，应该先到工作中去学习。

先进学校读书，还是先去参加工作？这是缺少工作经验的干部时常犹豫的问题。经验证明，除了学习专门的知识以外，一般没有或者缺少工作经验的干部，应该先到工作中去学习。延安训练新干部有过好坏不同的两种方法。一种是抗战初期的抗大〔163〕、陕公〔164〕的训练方法，学生在学校只学习几个月，之后就去参加工作。他们在学校中不只是学习马克思列宁主义的理论，而是培养生气勃勃的革命作风。现在许多抗大、陕公毕业之后参加了工作的学生，已经在经验、能力和政治上都有了进步，这是正确的训练方法所获得的结果。后来延安又有另外一种训练新干部的方法，就是把没有工作经验的新干部长期放在学校里"学习理论"，教的是一大堆马克思列宁主义的抽象原则，学的是教条，许多学生既没有学到理论，而一接触到实际问题，就目瞪口呆，手足无措。这是不正确的方法，错误的方法。本来这两种学生的政治文化水平是一样的，但因为训练方法的不同，学习方法的不同（工作中学习和学校内学习），而得到了不同的结果。参加了工作的学生，在经验、能力和政治上，已经超过了没有参加工作的学生。这两种训练方法所得的经验是宝贵的，现在对于错误的方法不应该重复而应该纠正。今后应该确定一条章程，没有或很少工作经验的干部，不是光在学校里长期学习，应该先到工作中去学习。没有工作经验的新干部只在学校中学习，要掌握理论是不可能的。真正的理论，只有在实际工作中才能逐渐深刻地领会，因为理论是实际的反映，归根到底是来自实际，而不是来自书本。这正像我们读书一样，某一本书自己确实已经读过几遍，但是，隔了几年，因为工作需要，再去读它一次，就好像是没有读过的新书，就觉得过去实在没有读懂。这个道理不是别的，就是实践与认识之间的关系问题。认识必须由实践中得来，而且只有经过实践，认识才能发展。所以，要使没有工作经验的干部真正在思想上政治上进步，不是先进学校（抗大、陕公那种几个月训练的学校不在此例），应该先去工作。

我不是一般地反对干部进学校学习。对于那些必须进学校学习的干部，我赞成他们进学校。但是对于缺少工作经验的干部，我赞成他们到工作中学习，根据中央关于在职干部教育的决定〔226〕去学习。

有些同志也感觉到了自己工作经验很少，需要到工作中学习，但又以为这次中央党校彻底改组〔227〕，许多中央委员当教员，不进党校恐怕错过学习机会。因此，虽想参加工作，更想先进党校。我以为事实上中央委员会的许多同志不仅是党校的教员，而且是全体在职干部的教员。每一个中央的决议、指示，就是学习的最好的讲义。而且在职干部的教员，不止中央委员会的某几个人，是中央委员会的全体。党校规定学员最多只学三年（预料），而在工作中，则中央委员会是长期的教员。

缺少工作经验的老干部不应该满足于自己党龄长，应该看到自己工作经验的不足。革命队伍里不能卖老资格。革命工作能否做好，不决定于党龄长短，决定于是否有工作经验、组织能力、政治水平和高度的积极性。如果在“老资格”上心满意足，就会阻碍努力，阻碍进步。这非但对于革命没有丝毫益处，对于自己也是一种倒退。

“我是老干部，难道我的工作经验还不如新干部?”这种想法也是不对的。我们承认所有奋斗了多年的老干部，或多或少都有一些工作经验，但是，必须懂得今天工作的复杂程度，如果只靠我们过去的工作经验去应付，也是应付不了的。例如，我们在秘密党内从未动员过老百姓驮盐，没有征收过救国公粮，没有搞过春耕运动，没有干过政权工作、军队工作，没有干过管理吃饭穿衣的经济工作，没有做过现在这样繁重复杂的技术工作，等等。这些工作在秘密党内一概没有做过，件件没有经验，难道我们不要学习学习吗？不要赶上去补课吗？新干部没有这些工作经验是自然的，我们既称老干部又没有这些工作经验，就必须补课。过去没有这些工作经验是由于工作关系或其他原因，但现在不能安于现状，或者责备过去，抱怨别人，而应该踏踏实实去补课。这是革命对我们的要求，也是我们对革命的责任。

我对于缺乏工作经验的干部，丝毫没有轻视的意思，而且我自己也是缺少工作经验的一个。但是缺少工作经验的同志，需要经过哪条道路才能把自己充实起来的问题，是需要弄清楚的。

干部要严格要求自己*

（一九四二年十月七日）

许多干部现在只强调党要正确执行干部政策，而不注意用干部标准来严格要求自己。干部本人理应多讲标准，多要求自己，但现在延安的一部分干部，一谈到干部政策，就意识到党应如何照顾他，了解他，爱护他。相反，作为一个干部应该特别注意的四条干部标准（忠诚于党，联系群众，有独立工作能力，服从纪律）则漠然视之，把它放在次要地位，甚至根本忘掉了。很明显，这是不对的。一九三八年我在抗大〔163〕及其他学校学生中讲干部问题〔228〕时，只讲党对干部的政策，未讲或未强调干部本身品德的修养，这是有片面性的。

一、关于新知识分子干部。

新知识分子干部的好处，是对事物敏感，工作热情。也有缺点，就是小资产阶级的自由散漫。他们是愿意克服自己的缺点的，党组织也是可以把他们教育好的。

不少新知识分子干部现在感到工作“不合手”，在技术、经济和其他部门中工作的同志不安心。是组织上分配错了，还是

---

* 这是陈云同志写的在延安军事干部会议上的讲话提纲。在整理本文时，参考了他当时所写的另外几份文稿。

自己想错了？我看，主要是自己想错了。

（一）自己理想中的革命家与现实需要的革命家不相符。

理想中的革命家：根据过去青年学生运动的经验，往往是高谈阔论的“政治家”，开会演说，游行示威，文艺活动，鼓吹革命。

现实需要的革命家：要会解决军事、政治、吃饭穿衣的问题。开会、游行、文艺、鼓吹革命虽然也要，但已经很不够。换句话说，这些不是基本的，因为不能解决根本问题。现实需要的工作，是党、政、军、民。这里又有许多部门，而且不可缺一。吃饭穿衣，就是一件大事，一件难事。作为一个革命家，不能只是高谈阔论，主要是工、农、兵、学、商，三百六十行，即做各种各样的实际工作。否则，就要打败仗，革命革不成，就不能生存。

理想中的革命家与现实需要的革命家之所以不相符，其原因就在根据地与非根据地的区别，旧观念与新事实的矛盾。

（二）想做政治工作，不想做技术、经济、事务工作。

技术、经济、事务工作有其政治意义，政治工作也会带有技术、经济、事务性。军事机关，不仅有政治部，而且有参谋部和后勤部。地方工作呢？有西北局、陕甘宁边区政府的各个部门。单纯的政治工作，是没有的。

可否改行？比如搞文艺，许多人想去，我看不行。文艺有用，但仅仅文艺不够用，不能人人去弄文艺。而且，从事革命文艺工作，也要了解技术、经济、事务。文人也要下乡，不经历一番，不能成“家”。

“事务主义危险！”有些人这样说。他们不了解，现在需要办事，事务是革命的事务，在马列主义的指导下，办革命事务，不会成事务主义。

新党员新干部必须从下层实际工作锻炼开始。从中组部派给陕甘宁边区的几百个新的知识分子干部看，他们到了下层参加实际工作之后，确也能埋头苦干，不仅在工作中积极刻苦，而且在思想意识上也是有极大进步的。他们的吃苦精神并不下于边区老干部，能与老干部团结，能接近群众，在群众中可以取得很好的信仰。因此，我们深切地感到对于新干部的锻炼，必须从下层实际工作开始。

（三）所谓“大才小用”。

先说“大才”。现在中学生、大学生是可贵的，因为中国经济、文化落后，知识分子就是有用之才。但这仅仅是“做人之才”，还不是革命的大才。中学、大学的程度在革命队伍里还不行吗？一部分行，一部分不行，而且不行的比较多。因为革命工作，不仅需要书本知识，还要社会知识和革命实践知识。现在有些研究工作者已经觉悟到这一点，叫苦连天。当然，新知识分子干部比土地革命时期的老干部书本知识多，这是好的，但实践经验少。

新知识分子干部往往看不起农民出身的老干部，以为自己文化知识高，又很“大方”，老干部没有文化，又很“小气”。他们说：“农民干部是为土地、为自己的好处才来革命的，我呢？是思想自觉来干革命的。”其实，这种骄傲，这种想法，都是不对的。他们的书本知识、文化程度虽然比农民出身的老干部高，但是这些老干部的革命实践比他们多。新干部非但不应该骄傲，还应该向老干部学习。所谓“大方”、“小气”，我的看法倒是相反。我对农民有个估计:小事小气、大事大方。如果为了革命而拚命的时候,农民同志往往比知识分子勇敢,舍得牺牲。我不是说知识分子完全要不得,而只是说有些没有工农化的知识分子,在小事上大方,但是碰到了大事就有些小气。农民同志的缺点是有私有性、保守性,他们的好处是革命性强,这是主要方面。我们对农民同志应该有个比较正确的认识,看到他们的两方面。现在我们要记得,知识分子要工农化,革命主要依靠工农群众并不是偶然的,因为他们革命性强。

再说"小用"。要适当估计自己,不要嫌事小。做大事都是从做小事开始的。

(四)所谓"没有前途"。

共产党员事业心很强,志气最大,都希望有光明前途。但是,他们把个人的前途,寄托于革命的前途。无整个革命的前途,即无个人的前途。没有人民,就没有英雄。现在有很多人闹名誉地位,都想在历史上提一笔。但是,人太多了,写在历史上的不能有几万个。这样讲,是泼冷水吗?不是的,行行出状元。办法是:各安其位,精通业务。

二、关于土地革命时期的老干部。

老干部经过长期奋斗,是我党我军之骨干。现在要注意以下几个问题。

(一)不要卖老资格。老革命不必挂起招牌。要了解:德、才、资三个条件,不能专讲资格,需要重视才干。德、才不能分开。不能完成革命任务之德,是不完全的德。老革命是好,但不要成为包袱,使前进不轻快。

(二)要提高文化。这是前进的关键。学文化是学其他知识的基础，不学文化不得了，就会赶不上革命的需要。革命不等人，不学习如何为革命多做些事?有的同志怕学习赶不上别人，这不要急，后来可以居上。应该有信心，可以学好，而且可以成为全才。只要自己立志，党可以帮助。学习不是一朝一夕，要长期下苦功夫。主要不是进学校，而是靠自修。

（三）要主动团结新干部。在新老干部团结方面，要向老干部作负责的解释。老干部是老革命，处于领导地位，应负主要责任。当然，新知识分子干部也有责任。要了解新干部，不单指摘其缺点，应帮助、教育他们，要看到新干部是自己的同伴和将来的替手。而且，新干部也有长处，要向他们学习，取得他们的帮助。新老干部团结好了，就是老干部进步的表现。

三、关于专门技术干部。

现在专门技术干部不多，但已有了一批，这是我党我军不可少的。他们是革命的专门家，是在困难条件下工作和生活的专门家。革命者必遇困难。中央知道他们的苦干精神。

（一）专门家与政治。不要说专门家不懂政治，不然，他们为何来陕北？但是，在政治上要帮助他们。革命的专门家做技术工作，是为革命事业服务的。在技术上，我们要尊重他们。外行不能冒充内行，当然，经过努力，将来是可以学会的。外行应该变成内行，外行可以成为内行。

（二）在做专门技术工作的同志之间提倡合作。在学术上可以自由争论、研讨，工作上要互相合作，共同为革命服务，于革命有利。现在的情况是，政治上是合作的，技术上合作不够。各部门之间，各个人之间，都有程度不同的问题。合作之困难何在？不在生活习惯，而首先在思想。

进了革命队伍，还带有旧的思想习惯。旧社会是个人主义，我们是集体主义。集体力量一定比个人力量大吗？回答是肯定的。世界上一切事业实质上都是合作办成的。干好革命就是大家商量出来的。难道能否认科学上个人的发明和创造，能否认个人的努力吗？不能否认。但不学习前人的成果，就没有新的发明。人们如果都不合作，都在个人小圈子里打转转，可能都成为蠢人、野蛮人，书也读不成了。现在个人主义旧思想是存在的，必须纠正。

要采取科学态度，不要自以为是。有的医生不喜欢会诊，不希望别人治好自己治不好的病。有的人不愿别人说自己的短，而喜欢说别人的短。这是一种自以为是的态度。什么东西在作怪？面子、地位。请教别人，是否丢脸？并不丢脸。世界上的事物，不仅种类繁多，而且十分复杂。不认识或认错了，是不可避免的。当然，我们要力求不错。不论医生或做别的工作的，特别是政治家，对不认识和认不清的事物要持慎重态度，这不会丢脸，轻率才易丢脸。毛主席处理事情就十分慎重。犯了错误，研究教训，决不是丢脸；不研究，不吸取教训，才会丢脸，有时会大丢其脸。总之，老实人不丢脸，不老实，怕丢脸，越会丢脸。请教别人是否降低自己地位？地位靠做好工作，不靠搞形式，摆架子。搞形式，摆架子，统统靠不住。提高地位在于自己少犯或不犯错误，决不能靠压低别人来抬高自己。

（三）前途远大。目前困难是有的，比如科学设备差，这是革命的专门家不可克服之困难。但是有前途的，因为革命有前途，革命成功了，科学设备可以取得。专门家有知识，可以搞创造发明。目前要增加经验，读书，集体研究。将来新的高明的人来了怎么办？不要怕吃不开。革命发展是必然的，吃饭的地方大得很，那个时候，提高自己技术的机会就更多了。共产党是否得新忘旧？新旧都要。团结人越多，革命的前途越大。

四、关于领导干部。

担任领导工作的同志，责任是重大的。要使用人才，掌握政策。使用人才是件大工作，班子配齐才能唱好戏。要使领导工作做得好，就要注意以下几点。

努力学习，加强自己。学习什么呢？学理论，学正确的思想方法。在这个问题上，处在领导地位的同志，特别是军事系统的负责同志，不要因为怕犯教条主义错误而不敢读书。我们反对教条主义，不是不读书。现在我们的毛病，是马列主义不够。要反对教条主义和经验主义，都需要认真学习马列主义。当然一般知识也需要。要读懂马列主义，而没有一般的知识，那马列主义也不容易消化、掌握和接受。正因为我们的一般知识和理论知识少，文化程度不够，所以有些同志就上了人家的当，成了教条主义的俘虏。读书要有信心。读得进的关键，是痛感知识少，下决心读。理论上、思想方法上搞好了，对党对革命是有很大好处的。

识大体，顾大局。在工作上，如果只看到你的一部分，就要发生本位主义，妨碍大局。

赏罚分明。有些做领导工作的同志，对犯了错误的干部不大注意批评，使他接受教训，把工作搞得更好一些。爱护干部主要是政治上爱护。干部犯了三分错误，你把他当作十分，这是不对的。但是，完全不批评他，纵容错误，也不对。如果犯了严重错误不处罚，这样就不能教育他，也不能教育其他同志。

如果对于好的同志不赏，这就不能使他更进步，也不能教育其他同志。所以，我们现在要提倡该赏就赏，该罚就罚。

五、关于军事干部。

军事干部需要爽快坦白的作风，但对革命队伍内的同志和老百姓不能横蛮霸道。会不会产生横蛮霸道的作风？很可能，因为手中有枪杆子，还有功劳。这是军事作风不良的一个方面。军队与地方的关系，双方要多责备自己，少责备别人。西北局就是采取这个办法来解决军政关系的，这很好。如果只进行自我批评，不责备别人，那就更好。军队是重要的，但没有地方和人民的支持，会变成光杆，一天也不能立足。

在西北局高干会上的讲话*

（一九四二年十一月十六日）

今天我讲四个问题。

一　地方党委工作要照顾全局

这次会议讨论了党的领导一元化问题。要做到党的领导一元化，首先必须反对闹独立性的倾向。与此同时，地方党委工作也要照顾全局。如果地委、县委的工作不照顾全局，在客观上就会帮助闹独立性倾向的发展。所以，要实现党的领导一元化，就必须把反对闹独立性倾向和地方党委工作要照顾全局这两者结合起来。

过去地方党委领导不了军队，也不敢领导。现在中央已给了这个权柄，西北局也给了这个权柄，地方党委就要实行对军队的领导。今后如果地方党委和军队的关系再搞不好，一方面要责备闹独立性倾向的单位和个人，另一方面也要责备地方党委没有尽到责任。

---

* 这是陈云同志在中共中央西北局高级干部会议上关于整党问题的讲话摘要。

地方党委用什么办法来解决照顾全局这个问题呢？以前地委、县委只管党务，今后除管党务外，还要管政府、军队、民众团体的工作。就是说，实行党的一元化领导以后，地方党委要管党政军民四方面工作，责任大大加重了。地方党委只有照顾好全局，党的领导才能稳固。领导者的责任主要是指明方向，协调各方面的关系，帮助人家做好工作。地方党委千万不要把军队的、政府的、民众团体的事统统自己揽起来，甚至包办代替，指手画脚，这是做不好领导工作的。换句话说，就是地方党委不能只是自扫门前雪，也不能代替人家去扫他们门前的雪，而是要领导大家去扫，指挥大家去扫。

军队问题也是地方问题，军队是地方人民的一部分，养兵就是养民。这样的观念，在地方干部中间是不是弄得很清楚呢？我看不一定。延安有些地方同志和我谈过，感到有关军队的动员工作太多，老百姓很苦，不如少一点好。这话不能说没有理由。但是，有些同志把老百姓和军队对立起来，没有把军队看成是老百姓的一部分，不懂得没有军队就没有老百姓的道理。要知道，陕甘宁边区如果没有联防司令部，没有留守兵团〔205〕，老百姓过去土地革命革来的东西就都保不住。

照顾全局这句话讲起来容易，做起来并不容易。无论地委也好，县委也好，或者其他领导部门也好，过去没有这方面的经验，情况不完全熟悉，一下子要求人们照顾好全局，恐怕还不行，在某些事情上可能会发生一些缺点和问题，对此，军队不要挑毛病。总之，军队同志和地方同志都要在党委统一领导下，互相谅解，互相帮助。

二　老干部要带头学文化学科学

今天讲提高文化是指哪些人呢？是指土地革命时期农民出身的老干部，我们要努力提高他们的文化水平。学文化不仅是识字，还要学习各方面的知识，包括历史知识，自然科学知识，等等。

我们过去十年进行的土地革命〔15〕，是在山里、在乡下革命。参加革命的绝大多数是贫苦农民，他们起来革地主阶级的命。所以在我们党内、军队里面，干部也好，战士也好，绝大多数是农民出身。他们打仗很勇敢，但有一个很大的缺陷，就是不识字或识字很少。这不是他们的责任，而是社会制度不好，旧社会穷人不能进学校读书。现在陕甘宁边区的环境比较好，有条件让他们学文化。但也有一些同志不相信文化的作用，说打仗时老子一冲就行了。毛主席经常讲，打仗一冲就算了吗？不算！要有两冲：第一冲军事，第二冲政治。应该看到，我们的干部将来要担负的责任更重、任务更大，那时必须有文化，没有文化就办不好事。

有些农民出身的老干部很愿意学习，但先学文化好呢，还是先学政治好？这个问题现在还没有很好解决。比方在党校的学生，叫他学文化，但他看到人家学《六大以来》〔229〕，他也要学《六大以来》，结果挤来挤去就把文化课挤掉了，而政治也不能学懂。所以，文化低的，要尽心尽力学文化。政治是重要的，我们共产党就是搞政治的，但是搞政治要有一个基础。毛主席的《论持久战》、《新民主主义论》，马克思和列宁的著作，这些不是电影，是写的书。如果连字还认识不多，许多基本知识都不知道，怎么去学？所以，要搞通政治，就先要提高文化；没有文化，就不可能学懂政治。

现在不学文化不得了。为什么呢？因为我们革命的世面将越搞越大，新环境、新事物会更复杂，没有真本领是掌握不了的。随着形势的发展，以后还要进来一批有本领的新人物。你们没有文化，他们有文化；你们没有知识，他们知识很广泛，你们怎么同他们共事呢？当然不是说有新人物进来了，党会把老的一脚踢开。党不会做这样的事。但也不是一定要把老的摆在前面，新的摆在后面。革命是不能论资排队的，后来的可以居上。这要看什么呢？要看他有没有本领，有没有高明的政治眼光，有没有工作经验。你说我是老干部，有经验。但青年也会有经验，新的知识分子也会有经验，他们可以在实践中锻炼出经验。所谓新、老，只是一个时间问题。靠老资格，不求进步，就不行。革命需要我们的干部更进步，更高明。可否让革命等等我们？说我还没有进步，革命先不要发展？那可不行，革命不能等你，你不赶上去就要落后。所以说现在不学不得了。学了怎样呢？我们把它掉一个头，叫做了不得！为什么呢？同志们想一想，我们是老干部，是经过十年内战的，有丰富的革命经验，如果再加上文化知识，再加上马克思列宁主义，这样，经验、文化知识、马克思列宁主义这三样东西都有了，而且能够把它们结合起来，那还了得！

许多同志讲，我年纪这样大了，还有什么信心学文化知识呢？我的家乡有一句老话："六十岁学吹打。"六十岁的人气短了，但他还要学吹鼓手。我们应该有这样的信心。许多同志说，我记忆力差了。我们要承认，老年人的记忆力是比青年人差一些，但理解力要比青年人强。比方从前我在学校学英文，觉得难得很。一九三五年我到苏联，看不懂英文报纸，要人家翻译成中文。后来我旁边住了一位大学生，我就跟他学英文，用了几个月工夫，马马虎虎能看懂报上一点消息了。以前英文文法学不通，为什么这个时候能学懂一点呢？因为平常接触东西多了，也就容易学懂了。还有，我十五岁在上海当学徒，开始连报纸也看不懂，几年以后就能读懂了。我们应该有可以学好文化的信心。

同志们可能要说："好呀！我也非常盼望学习，陈部长你就把我送到学校专门去学习吧！"这就很难了。我们学习主要的还是靠自修。为什么这样说呢？第一，因为进学校学习的时间并不长，最多不过是两年。如果我们下决心要学文化，是不是住两年学校就可以解决问题呢？我看不可能。学习是一个长时间的问题，要做长期的打算。第二，大家都进学校是不可能的，因为工作离不开。在工作中学习是最主要的办法，是最靠得住的办法，只要身上揣着几本书，摆在干粮袋里，闲的时候就看一看。以后有了钱，不要做新衣服，而是买几本书，买一本字典，买一部《辞源》，有不认识的字就翻开字典、《辞源》查一查，养成这个习惯，一个字翻上三五次就认识了。《辞源》比什么先生都好，那是许多人编出来的。商务印书馆编《辞源》的时候，就请了几十个人，这些人都是全国有名的学问家。

提高文化水平是一件很大的事情。我们党要帮助土地革命时期的老同志提高文化水平，这对我们党的领导来说是一个很大的责任。如果党没有帮助他们提高文化，那就是没有尽到责任。但是，另一方面，老同志自己要努力，如果不努力，只是党的帮助也解决不了问题。我们一定要想多种办法使这些同志的文化知识水平提高起来。

三 认真开展自我批评

在这次高干会上，许多同志进行了自我批评。我和军队的同志接触不很多，了解的情况不很全面，但是我有一个感觉，这次高干会上军队同志的自我批评精神很好。自我批评有什么必要呢？毛主席那天讲斯大林论布尔什维克十二条，其中有一条就是讲自我批评的。世界上第一个领导社会主义革命成功的苏联共产党，在《联共（布）党史简明教程》结束语中，总结了几十年奋斗的历史，一共有六条经验，其中有一条也是自我批评。可见，自我批评是很重要的，我们不应该忽视它。我们要同一切反革命作斗争，同党内各种"左"的、右的错误倾向作斗争，在进行这些斗争中，我们还要同自己的错误作斗争，这就是自我批评。如果没有这一条，我们的党就搞不好。自我批评对于我们党来说是必不可少的。

共产党是做事业的党，共产党员是做事业的人，做事就不可能没有错误。无论何人，哪怕他再高明，哪怕他很有本领，但还是有犯错误的可能。我们要决定政策，就要研究情况，用脑筋去想问题，如果自己脑子里所想的是主观主义的，和实际情况不相符，那就会犯错误。既然错误是难以完全避免的，而我们的革命工作在错误之中又是不会成功的，那末，有了错误，发现了缺点，我们就要纠正。怎样纠正呢？就是要作自我批评。

同时，人家批评得有道理，就应该接受。

我们批评同志，不是批评别的，是批评他的错误。这样做，只有好处没有坏处。列宁说过，一个政党是否郑重，要看这个政党对自己错误的态度怎么样。我们共产党是一个郑重的党。考察一个坚强的共产党员的标志之一，就是看他对自己的缺点、错误采取什么态度。如果他敢于正视自己的缺点、错误，敢于研究并改正自己的缺点、错误，那他就是一个好的共产党员；如果他对自己的缺点、错误采取马马虎虎的态度，那就不是一个好的共产党员。

我今天同军队的同志们谈这个问题，因为你们不是普通的共产党员，而是军队里的党员，是军队里的党员干部。你们要好好地想一想，你们肩上的责任是何等重大！中国革命靠的是什么？就是靠武装的革命反对武装的反革命，叫做武装斗争。武装就是指军队。当然，在党的领导下，我们还要做好政权工作和民众团体工作。在这些工作中，现在哪一个工作最重要呢？我看军队工作最重要。当然，军队是党领导的。我们没有党不行，没有党连在这里开会都不可能。没有党领导的军队也不行，我们也不能在这里开会。军队是革命队伍中最重要的一部分。军队干部的好坏，对革命成败有直接的影响。当然，今天决定中国革命的成败，不单纯是军事问题，还有政治问题，党的建设问题。中国革命只有中国共产党领导才能成功。如果我们搞不好，中国四万万五千万老百姓的解放，不知又要拖后多少年！既然是这样大的责任放在我们肩上，那末，我们有毛病，有缺点，有错误，就一定要改正。

有同志认为，开展自我批评会失掉自己的信心。他说我们军队是硬的，如果搞自我批评，今天批评一下，明天批评一下，军队就不能打仗了。我说，这样想是不对的。自我批评是否会失掉自己的信心呢？比如贺老总[100]，在这次高干会上的报告中，就充满了自我批评精神。他的这种自我批评是不是会使我们对工作丧失信心呢？我想不会的，相反，我们的信心更大了。只要我们对自己的缺点、错误估计得客观，不夸大，也不缩小，实事求是地把毛病找出来，我们以及我们的士兵，都不会失掉信心。我们不抹煞成绩，同时也不掩盖缺点、错误，这样对整个工作只有好处，没有坏处。

那末，自我批评是不是会丧失我们的威信呢？威信在军队里头是很重要的。如果军队领导干部没有威信，下级就不听命令，那就不能指挥作战。但是要知道，靠上面发给你一个威信，靠招牌来建立威信，都是靠不住的。威信是建立在正确的军事指挥和平时工作上面的。进行自我批评，克服了工作中的缺点、错误，只会使你的指挥更正确，工作做得更好，因而你的威信就会更高。有些同志认为，有了什么毛病，要不分场合到处作自我批评。如果是那样，当然也不好。应该弄清楚一点，就是我们的批评是对待革命同志的。在敌人跟前，我们不能作自我批评。不能把党内处理问题的原则用来对待敌人。

我们自己应该有自我批评，这一条要经常注意，同时有很多事情还要认真听取别人的意见。因为我们自己的意见不一定是客观的，而别人对我们的缺点、错误可能会看得更清楚些，处理问题可能要更客观些。要做到客观，首先要对自己客观，对自己客观了，就可以把人家也看得客观。开展自我批评，会使一个人更虚心、更客观。如果军队干部自己不虚心、不客观,其他部门的干部也就不敢批评军队干部。在军队里,横行霸道的作风有没有呢?我想还是有的。霸道的作风,也就是不客观。霸道作风应该是对付敌人的。比如打仗的时候,我们应该是“人不犯我,我不犯人,人若犯我,我必犯人。”但是,我们不能把它搬到党内来,也不能把它搬到革命队伍里来。如果把它搬来对待自己的同志和党外人士,这就不好了,应当改正。

四　坚决反对自由主义

对犯错误的同志既不能进行打击,搞残酷斗争,也不能采取自由主义的错误态度。

对于新的知识分子干部中间存在的一些问题,自抗战以来,我们曾采取一种自由主义的错误态度。有的同志讲了三个原因:一是由于过去搞过火的打击,现在走到另一个极端;还有一个是统一战线环境;第三是由于我们队伍里新的知识分子成分大量增加。我很同意关于这三个原因的分析。过去我对知识分子中间存在的问题也估计不足,我有责任。一九三八年我在抗大〔163〕讲演,只讲了季米特洛夫〔230〕的六条干部政策,没有讲到对干部本身的四条要求,即:第一,对党忠实;第二,同群众有联系;第三,有独立工作能力;第四,遵守纪律。

我们对于党内的错误倾向,反对得也少,只讲团结,没有斗争,这是有普遍性的。毛病在什么地方呢?第一,工作是被动地而不是主动地去做。组织部长的责任是,看到一种错误的现象,就要问,就要批评,说这是错误的,值得注意。这项工作应该是主动地去做。如果是被动的,人家不找来就不讲,闹得天翻地覆的时候才讲，那就来不及了。第二，只注意组织上的问题，不注意思想上的问题。如果思想根子不挖一挖，是不能够去掉毛病的。第三，只注意下层，不注意上层。一般来说，下面有一种什么倾向都是小倾向，大的事情是闹不出来的。闹独立性也不见得是下面能闹起来的。反对错误倾向，最重要的，是在高级干部身上。只要上面的错误纠正了，下面的文章就好做了。我这样说，是不是对下面的小问题就不要管?那也不是。下面的小问题还是要批评，但是更应该注意上面的大问题。第四，过去我们只注意个别现象，不能够把某种突出的个别现象作为典型进行一般教育。中央的同志、尤其是毛主席就不同，他们很注意通过个别事例教育大家。

以上这些毛病，实际上都是自由主义的表现。自由主义好不好？当然不好，因为它会助长错误。其结果，只能损害人，损害党。那末，怎样才能克服自由主义呢？第一，我们要像毛主席讲的那样，嗅觉要灵敏，要主动地发现问题。第二，共产党员看问题要尖锐一点，不能明哲保身。第三，在反对错误倾向时，态度一定要坚决，一次不行就几次。只要我们坚持下去，就能够逐步克服错误倾向。第四，要注意纪律。要有赏有罚，赏罚分明。目的是使犯错误的同志改正错误，使正确的同志更前进一步。

关于党的文艺工作者的两个倾向问题*

（一九四三年三月十日）

同志们！现在大家要下去做工作，我来讲几句话送行。我们党的文艺工作者，十几年来做了很多很好的工作，对于中国革命和中国文化，有了很重大的贡献。这是不能够否认，也不应该否认的。但是我今天不打算讲这方面的事情，我想讲讲我们做文艺工作的同志们中的两个倾向，或者说两个缺点，请同志们考虑一下讲得是否对。两个什么缺点呢？一个是特殊，一个是自大。这两样东西我看都是不好的，都是应该去掉的。从积极方面说，也就是希望大家不要特殊，不要自大。

先讲不要特殊。在我们做文艺工作的同志里面，或者说宽些，在我们做文化工作的同志里面，有没有人感觉我是一个文化人，和旁的党员不能相比，对党的关系也要与众不同呢？我看这种人是有的，不但他们自以为特殊，旁的同志也把他们当作是特殊。这种现象，应不应该在党内存在？为要答复这个问题，先得弄清楚文化人是以什么资格做党员的。可以有两种看法：第一种是，基本上是文化人，附带是党员。这种党员是以文

* 这是陈云同志在延安党的文艺工作者会议上的讲话。

化人资格入党，而不是以千千万万普通党员中一分子的资格入党的。第二种是，基本上是党员，文化工作只是党内的分工。也许还有第三种，文化人和党员各半。不过，这只是过渡形式，是一定要向第一种看法或第二种看法发展的。党对这两种看法的态度怎么样？毫无疑问，党是要求确立第二种看法，反对第一种看法的。因为只有这样，党才能成为统一的、无产阶级的、战斗的党。要是不然，你以文化人资格入党，我以军人资格入党，他又以农民资格入党，党就成了什么样子呢？党就不成其为党，成了"各界联合会"。这是一个原则争论，原则区别。党是不是像共产党？党员是不是像共产党员？原则区别就在这里。可否来一个妥协？妥协就是帮助"各界联合会"的成立。所以，妥协的路是没有的。

那末，党员中间是不是还有分别？有分别，分工就是分别，但是分工并不能作为特殊化的根据。在我们中国共产党的五十三条党章〔173〕里面，一条也没有讲起党员分工以后怎么样，党员就是党员。要说分工，个个党员都分了工，我们党内就没有一个不担任任何具体工作的"单纯党员"。是不是文化工作比别的工作高一等？这是"天子重英豪，文章教尔曹。万般皆下品，惟有读书高"〔231〕的士大夫观点，而不是我们的观点。我们认为凡是对群众、对革命有必要的工作，都同样有价值，做好了都同样有功劳。一定要问什么工作最必要，那末，只有说劳动最必要。这才合乎历史的实际。而劳动者恰恰就没有向党向社会要求过什么特殊化。如果一定要求特殊，这个要求是前进的还是后退的？这是后退的要求，这是要使先锋队的党员向党外老百姓看齐，使党向"各界联合会"看齐。我希望我们所有的同志，都不要有这种落后的要求。

同志们或者还要问，那末，党为什么又说要照顾做文化工作的同志呢？我想，这不外是两个用意：一个是因为分工的特点。每种分工都有它的特点，用做文化工作的方法去做军事工作不行，用做军事工作的方法去做文化工作也不行。文化工作中个人活动要多一点，这在列宁的《党的组织和党的文学》〔232〕里面说得很好，如果不照顾到这一点是错误的。还有一个用意，是因为考虑到一部分文化工作同志的弱点。做文化工作的同志们过去大都是分散工作，受党的教育比较少，和工农兵的结合也很差，因此在思想意识上不免产生一些弱点。在这种意义上，我们要人家长期照顾，到处对人家讲，我有缺点，你们要照顾呀！这就并不漂亮了。这是我要说的关于不要特殊的第一层。

这一层弄清楚了，接着就好解决两个问题。

第一个问题是，要不要遵守纪律?这个问题在大多数党员是容易解决的；在文化工作的同志中，过去就曾有过一些麻烦。但是，如果我们的党员不是请客似的请来帮忙的，——这种客是请不得的，请来也会越帮越忙，——那末，就要毫无例外地实行我们的党章第四十四条："严格的遵守党的纪律为所有党员及各级党部之最高责任。"可否不要纪律呢？如果不要也可以，那就是毛主席讲的六个字："亡党亡国亡头"，就一定不可避免。我们的党是一个战斗的党，我们在斗争中依靠的武器，唯一的就是纪律。你说机关枪也是我们的武器，但是我们的机关枪又是哪里来的？是由有纪律的党领导群众斗争得来的。并且越是有了机关枪，就越要依靠纪律。一连人作战的时候，我要向这里冲，你要向那里冲，大家都不听连长的指挥，怎么能不打败仗呢？如果我们的党没有纪律，大家争论没有一个止境，我们怎么能有政治上组织上行动上的一致，怎么能不亡党亡国亡头呢！纪律有没有束缚性？我们的纪律基本上是自觉执行的，但是假如有一回有一个党员偏不自觉，那怎么办？那就得来一点束缚。是不是这一下就把我们的天才束缚住了？我说不会。我们的纪律只束缚那些非无产阶级的妨害革命的东西，就像游泳术对于游泳的人只束缚他不要淹死一样。真正的游泳家在水里是自由的，真正的革命家，在有纪律的革命运动里，也是自由的。如果我们一定要革命，又一定要施展一些妨害革命的"天才"，那么对不起，就得束缚一些；如果不是这样，就决不会感到是束缚。马克思、恩格斯、列宁、斯大林以及毛泽东同志，这些人我们都承认有天才，但是他们都是遵守纪律的模范。所以，同志们对于这一条完全可以放心。

同志们过去对于有纪律的生活既然不很习惯，现在又要到前方到乡下去工作，那末，在遵守纪律的问题上有什么是需要特别注意的呢？我以为要特别注意真心地遵守和具体地遵守。所谓真心地遵守，就是要心口一致，言行一致。口头上说要遵守纪律并不难，我们要求的是会场上这样说，散了会私下里也是这样说，不但这样说，而且这样做。所谓具体地遵守，就是要在各种具体的情形下面来遵守。我们说要服从真理，服从革命，赞成的人一定是很多的；说要服从无产阶级，服从共产党，赞成的人也不少；再说要服从党中央，服从毛主席，这也还比较容易；但是说要服从支部，服从直接的上级，这就发生了困难。为什么？因为这种人只能抽象地遵守纪律，不能具体地遵守纪律。具体地遵守纪律，就一定要服从支部，服从直接的上级，即使上级的人比你弱，你也一定要服从。做不到这一步，我们的党就要垮台，因为假如谁都是觉得自己的本领强，自己的意见对，没有一个约束，结果就谁都服从自己，不服从别人，而党的统一就完全没有可能了。

第二个问题，做文化工作的同志要不要学习马克思列宁主义，学习实际的政治？这个问题对大多数党员是不成问题的。做社会科学工作的同志，在纠正了教条主义倾向以后，一般也不成问题。而做文艺工作的同志中间，就一直有些不同的议论。有的说，做文艺工作可以不学这两项。有的说，学了反而妨碍文艺。也有的并不发议论，就是不学。但是，我们的文艺工作，不是叫做革命的文艺工作吗？要判断我们的文艺工作究竟是不是革命的，合不合群众的需要，除了学习革命的理论和革命的实际，还有什么旁的办法？严格地说，任何文艺工作都是脱离不了政治的。比如怎么写光明写黑暗的问题，就是一个政治性质的问题，也是文艺上的一个重要问题。不把这一类问题搞通，我们写出来的作品怎么能反映一个时代，怎么能反映这个时代群众的斗争？所以，那种以为作家可以不学习政治的意见，实际上就是否认文艺要服务于政治、服务于群众的意见。这个道理，毛主席在去年文艺座谈会上曾经详细说过〔233〕，我现在不多重复。我只补充一点，就是学习政治不但于创作有好处，于作家为人也有好处。政治可以使我们放开眼界，放大胸襟，可以使我们去掉一些小气，少一些伤感。我们有些同志，一高兴就是灵感，一不高兴就是伤感，这叫做感情用事。这样，事情固然搞不好，自己也很吃亏。我们是干人类解放的大事业的人，就算二十岁加入共产党，活到六十岁不过四十年，还要为一点小事情烦恼，不是太划不来了吗？现在同志们到实际工作里面去，这一点，关系更大。为要把工作做好，为要和一起工作的同志团结得好，都需要大家努力注意学习政治。

以上是讲不要特殊。现在再讲不要自大。这与前面讲的问题是有联系的。所以要特殊，就因为自大，要反对特殊，就要进一步反对自大。我不是说做文艺工作的同志都自大，但是确有一部分同志有这个毛病。毛病是从两处来的，一是对整个文艺工作有不合事实的估计，一是对个人成就、才能有不合事实的估计。这里要分别研究一下。

有些同志觉得自己过去写过很多文章，画过很多画，作过很多曲，演过很多戏，因此很值得骄傲一番。这是不是值得骄傲?我说丝毫值不得骄傲。如果做文艺工作是一个人的分工，那末，他这门工作做得好，是他尽了份内应尽的责任，做得不好，就是失职，就是不及格。文艺工作的内容，无非是群众的生活和斗争，这些事情本身都是旁人做的，作家不过是将它们用文艺的形式表现出来，要是旁人不做，作家也就没有什么可表现。为什么表现实际，硬比实际做的更值得骄傲呢？而且天下的事情真是多得很，大得很，比如革命，就是要使全人类翻一个身的大事，文艺家就是能把这件大事完全表现出来，他对于人类历史的作用也还是不能和革命本身相提并论，何况文艺家所表现的又只是很小的一部分。有些同志又觉得自己有许多读者，有许多群众，因此值得骄傲。这个想法适当不适当？我看也可以考虑。群众为什么欢迎一个作家？主要是因为他的作品能够反映他们的感情，所以一个革命的作家，一个和革命群众在一起的作家，自然就能够得到革命群众的欢迎。如果有人把这种关系绝对化，以为自己无论拿出什么作品来总是会有群众的，这就是一个很大的误解。不要说一个和群众走反对方向的作家，就是走同一方向，但是自己走慢了，落到群众后面去了，也会被群众所遗忘的。并且我们还要计算一下，现在我们多数做文艺工作的同志究竟有多少群众？应该承认，我们的读者还只是群众里的一个很小的部分，离开与广大群众相结合这一步还远得很。在这个时候就忙着骄傲自己有群众，这就更加有害了。

我们不要把文艺的地位一般的估计过高，同时对个人在文艺上的地位更不要估计过高。我们做文艺工作的同志，是否都能很客观地估计自己呢？我看有些同志不见得能够如此。我们有些同志喜欢做“家”，人家恭维他们是“家”，他们不推，人家不恭维，还要急于抢着自称为“家”，久而久之，也就弄假成真起来，俨然有了个架子。这个架子是很不妙的，这是一个“包袱”，一个负担，背着它就不好往前进。我们的这些同志忽略了一个简单的真理：“小菜煮在锅里，味道闻在外面。”一个人的成就，要靠群众的判断和历史的考验，不是靠自称的。我们口称不如上秤称，看自己的知识够了没有？没有呢！我们的年纪还轻，知识还少得很。我们名为共产党员，但是对于党的知识就不多。工人工作是怎样一回事，农民搞土地革命〔15〕、搞农业生产是怎样一回事，现在八路军、新四军打仗又是怎样一回事，许多人都不十分了解。不但革命的知识，就是社会的知识也很少。我们的同志有住在上海的，是不是知道上海呢？大家知道上海有交易所，但是证券交易所也好，纱布交易所[234]也好，究竟是个什么情形，知道的人就少了。我听说茅盾写《子夜》[235]，就跑了好久的交易所。但是，许多同志不但不知道什么是交易所，就连在上海吃的大米是哪里来的，拉的大便往哪里去的，住了七八年都不知道。所以，我们的知识实在是很少的。同志们现在都很年轻，知识少，不能成"家"，这不奇怪，也不可怕。可怕的就是现在不学习，不深入群众，自以为差不多，到了四五十岁以后，还是现在这个样子，没有充分的知识，没有真正成熟的内容丰富的作品。这种自大的人，就因为不知道这个危险，所以自己不求进步，也不求旁人的帮助。他们最主张批评，最喜欢批评旁人，偏生最不喜欢旁人批评自己。表面上说几句"欢迎批评"的话有没有呢？是有的。每逢演戏，开演前都有人出来说："我们这个剧排演时间仓促，技术上比较差，希望同志们批评。"但是，这类话是真的还是假的？我说有的是假的。你要真的批评起来，那就成了仇人。他们心里是只许人家说好的。这样，使人家觉得多一事不如少一事。真正同志式的"是则是，非则非"的态度，既然没法拿出来，不如敬而远之了。我们现在就要提倡真正同志式的态度，就要提倡自我批评。有些同志想，实行自我批评，这不要丧失自己的身份吗？恰恰相反，最不能实行自我批评的人，最自大的人，就最容易丧失自己的身份，自己的架子搭得越高，跌下来就越痛。斯大林说："使布尔什维克增光的不是骄傲，而是谦逊。"[236]我们共产党是一个照实际办事的党，是一个说老实话的党。我们做文艺工作的同志也应该照实际办事，能够说老实话，听老实话。这对于同志们自己，对于党，对于整个新文艺运动，都是有好处的，都是必要的。

我今天就讲这两点，因为是专讲缺点，又是实行同志态度，讲的话也许不很好听。但是，我的意思是为同志们好，还是为同志们坏？这是大家一定能够弄清楚的。我讲的缺点也只是一部分同志的缺点，就是这部分同志，也有很多优点。头一条就是他们拥护光明，反对黑暗；拥护工农兵，反对侵略者，这是任何不革命或反革命的人所不能比拟的。他们的缺点也只是革命中的缺点，从旧社会带来的暂时的缺点，在革命队伍中一定能够很快克服的。我们的同志都是很聪明的人，这一回经过了整风〔237〕，现在又到群众中去做实际工作，进步一定很快。如果我今天的话能够对同志们的进步有所帮助，那就是我最大的快乐了。

陕甘宁边区的财经问题*

（一九四四年十二月三日）

一九四一年以来，陕甘宁边区就在军事上和经济上处于被封锁的环境。为了克服困难，坚持抗战，党中央和西北局确定的边区财政经济工作的基本方针，就是“自力更生”四个大字。在这个方针下，我们已获得显著的成效。

首先，我们实行了以发展生产解决财政困难的办法。边区的部队、工作人员和学生，大家动手生产，到十月份为止，据接到的报告，今年已完成了十万石细粮，还可能超过。现在部队、机关和学校，有些已做到部分自给，有些完全自给。某些部队，如三五九旅，不但完全自给，还向政府缴纳公粮。这样，大大减轻了人民的负担，今年边区公粮就减少了二万石。这是一种好办法，以后还要继续下去。明年要加紧练兵，但军队还要生产，至少要自给八个月的粮食。

我们以发展生产解决财政困难的办法，与国民党当局以加重老百姓负担来解决财政危机的办法，是一个明显的对照。

---

* 这是陈云同志在陕甘宁边区参议会第二届第二次会议上的发言摘要，原载一九四四年十二月七日延安《解放日报》。当时他担任西北财经办事处副主任兼政治部主任。

前者达到丰衣足食,后者弄得民穷财尽。这两种办法谁好谁坏,何去何从,中国人民自然看得清楚。

我们努力发展国民经济,争取工业品自给,也得到了很大成绩。由于农贷〔238〕政策、奖励移难民〔239〕政策、变工〔240〕政策等的施行结果,今年边区农民增产细粮十几万石,连部队、机关和学校所生产的,共计二十余万石,约值边币〔241〕一百万万元。由于奖励植棉和提倡纺织,今年我们收棉花三百万斤,可织成一百五十万匹布。又由于我们积极发展公营、私营和合营的工业,我们生产了许多日用品,如纸烟、毛巾、袜子、火柴、生铁、肥皂、纸张、食盐、瓷器、化学产品等;连棉花在内,我们今年共能减少入口货物总值达边币三百万万元。这样就使得我们边区的经济地位起了根本性质的变化,大大增加了抗战的力量。而特别值得注意的是,这种成绩是在抗战环境和边区被严密封锁的情况下得到的。

但是,我们不应自满,要继续努力,争取棉花的完全自给(年产四百五十万斤),必需工业品的完全自给。如果没有敌人的封锁,边区还可年增数百万万元的收入,可以用来增强抗战力量。我们要求国民党立即撤销对边区的封锁,执行误国政策的政府和统帅部,必须立即改组。

我们实行管理进口,保护出口,发展内部贸易的政策。这是为了在严重的封锁情况下,保证以输出边区的产品(主要是盐),换取抗战和民生所必需的物资(布匹等),同时也是为了扶植边区的实业,繁荣边区的市场。国民党当局千方百计封锁边区食盐出口,今年六月二十六日,宁夏国民党报纸《民国日报》竟无耻地诬蔑边区出口的盐为“奸党私盐”。我们边区人民辛苦生产的食盐，经过脚户们长途跋涉的运输，推销出去，每市斤只售十五元五角二分(今年一月一日至十二月五日的平均售价)，而国民党当局坐收其成，每市斤竟要“买路钱”(盐税)十四元零三分。这还不够，还要肆意诬蔑，真是岂有此理！试问，我们以食盐供给大后方人民，换取必需品，支持抗战，为什么国民党当局硬要千方百计破坏呢？这难道就是“国家至上”、“民族至上”吗?边区的内部贸易是完全自由的，对外贸易基本上也是自由的(只有在封锁环境下，为了保证食盐出口才实行统销)。边区政府领导下的贸易公司和盐业公司，是为了保护边区人民(特别是盐民和脚户)的利益，平定物价，调剂市场，购进必需品，抵制奢侈品，发展边区生产和贸易。这又和国民党当局的各种统销专买机关专为少数人发财，囤积居奇，抬高物价，摧残人民企业的做法，完全相反。

组织合作社有着重要作用。边区人民通过合作社的方式，组织起来，发展生产、运输，开展内部贸易，兴办许多社会福利事业。合作政策是正确的，必须坚持下去。但今天我们的合作社中间，还有摊派股金、业务不精、人选不当、领导不强等缺点，必须加以纠正。边区政府对于一切有利于发展边区经济的事业，不论是公营、私营或合营，都予以帮助，而对合作社特别予以减税的优待。希望各阶层人民都积极地参加合作事业。

由于以发展生产解决财政困难的办法的成效，由于农产品和工业品生产的增加，加上贸易、金融管理的改善，近年来边区的金融和物价，大体上是稳定的。如果生产有了更巨大的收获时，稳定的程度还要增加。

为了积蓄力量，准备反攻，必须增加生产，厉行节约，减少不必要的开支,并提倡爱护公物的美德。

最后,我希望各位参议员对财经工作尽量提出批评和建议。我们要共同努力,把边区建设好,打倒日寇,把全中国建设好!

怎样做好财政工作*

（一九四五年二月一日）

一

我们度过了几年的经济困难，现在也还在继续克服困难。应该说，财政厅及各局的同志是努力的，工作是做得好的。另一方面，还有问题，就是工作比较被动。过去我在组织部管干部时，也感到被动之苦，只有招架之功，而无还手之力。

为什么被动？有三个原因：一是有盲目性；二是存在实际困难；三是主动性不够。第一条是主要的。

关于盲目性。对于事务主义应该有正确的认识，区别哪些是，哪些不是。比如，材料库的同志发东西要点数，鞋子一百双，不能发九十九双，也不能发一百零一双，而必须是一百双，这不是事务主义。人家来领东西，要给他计算一下，仔细打打算盘，这是必要的。如果来一个"政治领导"，人家要什么给什么，不算帐，那是不行的。我们的工作是事务性多一些，不能像中央委员、政治局委员，只是议事，发布命令。说做麻烦琐碎的事叫事务主义，是不对的。事务主义不好是指它的盲目性。

---

* 这是陈云同志在陕甘宁边区财政厅工作检讨会上的讲话。

财政厅是有些盲目性的。收支概数,大政方针是什么,哪些主要,哪些次要,自己的收支,人家的力量,不知道就无发言权,就难于主动。连上、团上、旅上各有些什么问题,也应该了解。

做财政工作,就必须下决心,学会业务,否则一辈子受气。少给了解决不了问题,多给了浪费,都不对。做不好,到处都要受批评。因此,我们必须克服盲目现象,情况不明是无法主动的。

关于实际困难。实际困难是有的,例如下面挪用财政款,各地缴回来的不是现金,而是一堆单据,审计不好审。人家是大机关,自己是小科员,科长;人家是老干部,自己是新干部。但只要坚持原则,公平合理,问题是可以解决的。

关于主动性不足。主动性不足,这是对大家的批评,大家看是否恰当。不是说大家不做工作,而是说对上提建议不够,提问题不够。例如,后勤部门在十一月突增三千人,就应该直接问问厅长,或打电话问财经办事处〔242〕。发现问题就要追根究底去研究。中央明确指出,上面的指示命令不对的,可以顶回去。上级有不对,就要顶,这不是闹独立性,而是主动精神很好。

二

财政收入的来源有三:一是生产自给,这部分最多;二是税收;三是贸易公司收入。

今年的财政收入主要是靠税收。收入估计:税务局三十万万元，公盐代金〔243〕十二万万元，盐税四十万万元，贸易税三十万万元，共计一百一十二万万元。其中，盐税、税局收入可能把不稳。

开支方面：伙食、办公费三十万万元，特费〔244〕三十万万元，事业费三十万万元，被服、买粮十万万元，共计一百万万元。

因此，财政可以不靠银行发票子，也不靠任何补助，问题在于力争多收少付。

后备力量怎样？有四五个月的后备，如果吃老本，只能支持四五个月。预备力量是有限的，不能随便动用。

财政与金融、贸易的关系，基本上是金融、贸易为了财政，这是大政方针。但有时财政要服从金融、贸易。去年十月至十一月间，就是如此。这两个月因黄金走私，垫出去的法币〔245〕四万万元，折合边币〔241〕三十四万万元。这些是什么人搞出去的？是机关、部队搞的。因此，首先从财政抓起，停发经费，然后抓盐业公司，停止屯盐。停发经费就得准备挨骂，这不要怕。天下大乱，不如天下小乱，这样金融才得以稳定。

三

做好财政工作，要注意以下几点。

第一，既要解决问题，而又不浪费。问题一定要解决，决不能饿死人冻死人。不浪费，就是用钱要节省，要适当。钱要用在刀口上，不要用在刀背上。

第二，力量集中，不要分散。要长期打算，把力量集中起来，并且要留有后备，以备救急。如果每一机关都要求有一些余裕，就会分散力量，一有急事，拿不出来，临时这里收几斗米，那里凑几套单衣，是不行的。集中才能救急，这个方针要坚持，可以公开同各旅各团和各单位讨论，请他们考虑全局和局部的关系。开会开到中央去，我们也是有理由的。

第三，思想要一致。在收支关系上，机关、部队、学校与财政部门是对立面，没有一个单位嫌预算批得太多的吧？我们要用民主协商的办法求得一致。要说服大家，首先是那个单位的首长，然后是经济工作者，再后是群众，使他们的立场与我们一致。

财政工作是什么方针？是生产第一，分配第二；收入第一，支出第二。保证需要，是军队第一，学校第二，机关第三。因为机关多少有些能力，而且人少。解决问题要有重点。

在开支项目上，伙食、草料最重要，衣服次之，有了钱应多发油盐，使大家吃好些。吃得好，病就少。伙食好，意见就少，否则一天三顿饭，顿顿有意见。其次是治病，办公，文化娱乐。这是按生活需要说。

从目前边区的实际情况来看，财政支付要注意以下几条：

（一）保证粮食不缺，伙食费不缺。

（二）被服布必须节省，要重冬轻夏，收旧省新。收了旧单衣可以做鞋底，做棉衣里子，估计仅这一项全年可以节省六万万元。

（三）停止建筑和装潢，保证办公和文化娱乐。

（四）协助公私生产，但要注意防止浪费，投资不超过原资本的三分之一。

(五)平常要保证经费开支，特殊情况下必须首先保证衣食。

(六)要长期打算。被服应几年连起来考虑，粮食应计算到明年、后年的供给情况。

四

我们是“掌柜”态度呢，还是出纳态度？每一个同志，局长、科长、科员，都要有“掌柜”态度，当家的态度，应该把责任心提高到这个程度。这不是一个小问题，而是主动或被动的问题。

要说老实话。有就有，没有就没有。“先小人后君子”，在同志面前点钱不是丢脸的事情。不该给的东西，一定不含糊；许可了的东西，则大体不能变更，空头支票不要开。当然，有了错误或影响全局的问题，应该改的还是要改。

检查要严格。俗话说，“豆腐里挑出骨头来”，要仔细核算。穷会使工作被动，但是有了东西不仔细核算，人家要什么就给什么，工作也会变成被动。因为要求是无止境的，你放得宽些，人家就要得多，来得勤。

总之，在算帐时，项项都必须看一看，虽然形式上好像是找岔子，其实这才是负责的态度。这是对革命负责。

要讲真理，不要讲面子*

（一九四五年五月九日）

如果有同志问我，你做了几年组织部长，有什么交代没有？我说有一点。今后我不做这个工作了，彭真〔246〕同志做这个工作。他问过我，你有什么交代？我说：有多少党员，多少干部，多少党表〔215〕，多少小册子。这是在少奇同志房子里交代了的。现在不讲这个，讲另外一个交代。我感到我有责任，把我所看到的一点，在这个代表大会上向各位代表讲一讲。同志们研究，看我说得对不对，不对的可以批判，条条可以驳。这七年来我看到一点，就是在我们党内一部分干部中间，有一股骄气。什么是骄气？就是骄傲之气。七年中间我在工作中接触的干部多不多呢？不很多。去过华北没有？去过华中没有？去过大后方没有？都没有。但是，这些地方来延安“朝山进香”的很多，就在这些接触中间，我看到有一种情形，就是许多人喜欢人家说他好，不喜欢人家说他坏。有的人只能升官，不能降级，有功必居，有过必避。有功的时候他一定要居；有过的时候

* 这是陈云同志在中国共产党第七次全国代表大会上发言的一部分。在一九四五年六月十九日举行的中国共产党第七届中央委员会第一次全体会议上，陈云同志再次被选为中央政治局委员；同年八月任中央书记处候补书记。

你批评他，他总是想很多道理来解释，其目的就是说明他没有过。人家说功他就舒服，说过就不舒服。我们党内一部分干部中间是有这种倾向的。我再把界限分清楚一下，我们党内干部基本上是好的，还是坏的？基本上是好的。基本上是不是布尔什维克？基本上是布尔什维克，是带有缺点的布尔什维克。我前面讲的那种状况，在党内整风〔237〕以后和整风以前是不是一样呢？不一样，有变化，整风以后有很大的改进。这种状况还有没有呢？在一部分干部中间还是有的。整风有一部分干部整到了，有一部分没有整到，我说是一部分，不是全部。在这一部分前面我再加上两个字，是“很大”的一部分，并不是一个、两个、三个、四个。这些干部是地方的，还是军队的？我说，都有。地方也有，军队里也有。照我看来，军队里头比地方多些。这是我的看法。有骄气的干部是下级干部，中级干部，还是高级干部呢？都有。下级也有，中级也有，高级也有，大头子也有。下级干部的个人主义，高级干部的个人主义，性质是一样的。但在我看来，两个“包袱”不同。因为下级干部虽然背个人主义这个“包袱”，但他只能背那么多。比如当一个连长，他只能背一条被单，两双鞋子，一包牙粉，一把牙刷，身上只有这一点。背那么一点好不好？也不好。但是大干部、大头子，党头、军头，就有大行李。有被子，有褥子，有时候有两条被子，还有毯子。行李担子里，有大行李，也有小行李。所以说高级干部中间，如果有这种倾向，那危险性一定大于下级干部、中级干部。我说的“包袱”是什么性质？是共产主义者的思想里有个人主义的成分。为什么骄傲呢？骄傲并不是没有原因，是有原因的。因为他看到自己有功劳，看到这一点就骄傲起来了。

如果他觉得自己毫无功劳，那还有什么可骄傲的呢?骄傲是因为觉得“兄弟有点功劳，可以骄傲”。

所以我顺便讲一点对功劳和错误的看法。假设你在党的领导下做一点工作，做得还不错，对这个功劳怎样看法？我说这里有三个因素：头一个是人民的力量，第二是党的领导，第三才轮到个人。可不可以把次序倒转一下，第一是个人，第二是党，第三是老百姓？我说不能这样看。为什么不能这样看？人民为什么是第一呢？道理是很清楚的。哪一条英雄好汉要是这样想：“如果我不干革命的话，老百姓一世也不能翻身。如果我不出来的话，老百姓不得了，中国共产党不得了。”我看是错的。这条英雄好汉，死了以后，革命是不是停顿呢？老百姓是不是不革命呢？老百姓还是要革命的，党还是要继续前进的。可见头一条不是英雄好汉，而是人民。第二是党，对党的作用要有足够的估计。比如拿军队来讲，我们的军队也会打败仗，但是打不垮。这一件事我有亲身经验，耳听为虚，目见为实。长征中，五军团[62]行军时天天打仗，打了一百天，看起来不能再打了，手里拿着火把走路，精神很不好，但如果上面决定要打，那任何人都可以丢掉火把照样打，把敌人抵住。被人家俘虏去，还一个一个跑回来。长征时那样苦，谁也不愿意到旁的地方去，还跟着我们。因为这种队伍是共产党的队伍。这种队伍好带也不好带。不好带，是大家都讲革命的道理，来不得强迫命令；好带，是因为大家都觉悟了，每个人都拼着命干，自觉地干。在别的军队里头，一个连长、团长、师长反水，就可以把队伍带走，可是我们的军队不是这样。某个什么长反水，下面的战士可以把他杀了，不跟他去。这样的例子多得很，从前有，现在也有。这是什么力量呢？这是党的力量。共产党到了一个地方，人民就欢迎，老百姓首先问你是不是八路。这是什么意思呢？因为老百姓拥护共产党。他是穷人，他想翻身，打土豪分田地，想“共”一点产，他赞成共产党。这不是个人力量，这是党的力量，党的影响。我们共产党有最低纲领和最高纲领。在内战后期，虽然路线错了，老百姓还是欢迎我们。我这样说不是为那时的错误辩护，而是讲事实。老百姓不说你是教条主义路线，他只看见你是共产主义者、共产党，打土豪分田地，为人民谋利益。这一切证明我们党的力量是伟大的。所以，头一条是人民，第二条是党，第三才是个人。

个人有没有作用？如果我否定个人的作用，那也是错误的。如果说，个人完全没有作用，那我们现在还拥护毛主席干什么？我说个人有作用，有时还有很大的作用，这是有事实根据的。现在除了极少数反动分子以外，不管是中国人，还是外国人，都讲我们的毛主席领导得好。但无论怎样，根本的东西是老百姓，是共产党。如果承认上面的话是对的，那末，一个人做了一个时期的工作，还做得不错，是不是可以说，我的功劳蛮多？这样说法就不适当。应该这样看：在人民的革命要求之下，在党的领导之下，我们适合客观情况，做了工作，错误还不多，工作还马马虎虎。客观情况可以做到十分，你也做到了十分，这种情形很少。客观情况可以做到十分，因为你自己有缺点，只做到八分或六分、五分，这种情形是很多的。那这里头有什么可以骄傲的呢？还有另外一种情况，就是客观情况很好，本来可以做到十分，但是因为自己有错误，成绩一点没有，缺点蛮多，或成绩只有二分、一分，错误有八分、九分，非但无功，过错一大堆，就更不应该骄傲。我们可不可以这样看问题，这样看对不对？对的。我们确实不敢把个人的作用看得过了头，看得太大。

如果别的同志尊重你，说你的工作做得很好，那就要小心。说你好，你的肩膀不要觉得轻松了，轻松了就要摔交。什么时候容易摔交呢？长征中有这个经验，平常走路生怕跌交，小心得很；如果你以为自己行军从来没有跌交，那就很快要跌交了。所以人家说你好，一定要小心。要想一想我是不是那样好，恐怕没有那样好，应该小心一点。我们中国共产党里有好多这样的例子，觉得个人作用大得很，超过人民，超过党，最后跌下爬不起来。最显著的例子，我看到的有两个人，一个是陈独秀〔186〕，一个是张国焘〔143〕。陈老头从前还不是了不起！大革命〔203〕时公认为党的领袖。张国焘，张主席，在边区做过主席，但是当他离开了老百姓的时候，当他离开了党的时候，一个大钱也不值。前清时候用的是麻钱〔247〕，后来用的是铜板，他值不值一个铜板呢？不值。他们现在搞什么？陈独秀死了，他搞过取消派反对我们，老百姓不拥护他。陈独秀是不是从前的陈独秀呢？后来的陈独秀和大革命时候的陈独秀是一个人，前后都是陈独秀，以前拥护他做领袖，以后大家都不理他了。张国焘从前是张主席，现在搞特务，有没有人拥护他？拥护他的只有蒋委员长，老百姓不拥护他。他原来的山头大不大？四方面军〔65〕很大，但他走的时候单枪匹马，干部统统离开他，警卫员也回到了延安，他一个人在清明时节雨纷纷中走了。这件事，可以做我们的教训。个人的作用是有的，不过自己不要估计太大了。任何人离开了人民，离开了党，一件事也做不出来，应该这样估计。我们的功劳是哪里来的？头一件，老百姓要革命。我们是党员，在党的领导下，适合老百姓的要求，做了一点事，如此而已，一点不能骄傲。

对于犯错误的看法，我觉得除了一个人的立场不正、心术不正以外，犯错误还有其他原因。因为他对客观的事物看错了，所以行动也错了，这是结果。这种情形多得很，过去多，现在多，将来还不知道有多少。人家说"老兄你错了"，是不是面孔就要红，就不高兴？有错误当然不好，但只要态度正确，也不要紧。假如你有错误，人家讲了，就请教请教，问一问人家怎样看法，纠正一番，以后可以少犯错误。我们要讲真理，不要讲面子。是什么就是什么，应该怎样就怎样。有的时候你愈要面子，将来就愈要丢脸。只有你不怕丢脸，撕破了面皮，诚心诚意地改正错误，那时候也许还有些面子。共产党员参加革命，丢了一切，准备牺牲性命干革命，还计较什么面子？把面子丢开，讲真理，怎样对于老百姓有利，怎样对于革命有利，就怎样办。我们肩头担负这样重的任务，如果强调讲面子，在讨论问题时，就会不客观，看问题就有个人的角度，有利于他，有利于他的面子，就赞成你的意见；对于他的面子不好看的，便不赞成。如果一切从自己面子的角度出发，讨论问题、看问题搀杂个人得失在里面，立场不正，就不会看得很清楚，不会讲真理，结果一定害人害己。错误就是把客观看错了，结果也错了。例如敌人很强，我们侦察错了，以为很弱，便打了败仗，败仗就是其结果。这种情形不但过去有，将来还有很多，每个人都会有的。

我为什么在七大〔248〕的会议上费这么多时间，讲一讲这样的问题？我觉得我有责任，我做了七年组织部长，看到这件事，需要在大会上讲一讲。希望大会的代表审核一番，对不对，对的几分，错的几分，或者全对，或者全错，错了条条可以驳。如果这种情形确实存在，希望大家在这一方面有所改正。现在是一个时机，很重要的时机。毛主席的报告指出了，根据现在的世界大势、中国大势，我们是处在决战的前夜。我们有这样的志向，要解放全中国，使全中国的人民起来，把政权拿在手里。要做这件事，而且马上就要做，开七大就是为了实现这样的任务。现在全党的任务是要增加力量。增加力量的方法很多，有的是扩大解放区，有的是缩小沦陷区。对个人来说，要增加又要减少，增加就是要学习，减少就是要把"包袱"放下，放下"包袱"也是增加力量。这个力量的增加是不可估计的。如果我们的同志都把心摆得非常正，非常实事求是，毫无个人主义，可以抵得十万军队，一百万军队，这是无敌的力量。

同志们，中国共产党是有军队的党。我们干革命，有地方工作，有军事工作，现在主要是军队工作，武装斗争。军队是拿枪杆子的，它的组织更集中，干部的责任很大，高级干部的责任更大。四万万五千万人能不能翻身解放？解放得早还是迟？少牺牲几十万人还是多牺牲几十万人？全国人民把希望寄托于我们党的身上，把希望寄托于我们的高级干部身上。如果我们搞得好，便胜利得早，人民解放得早。如果搞得不好，四万万五千万人便不能很快解放，革命胜利会推迟多少年，人要多牺牲很多，那我们就对不起老百姓。我们党的工作好坏，决定着中国革命的命运。共产党员，是老百姓派你当代表干革命，老百姓要你领导他们求得解放。我们有这样的责任，不能搞坏，搞坏了不是一个人、几个人的事，而是关系全中国四万万五千万人的得失。我们要兢兢业业，所有坏的东西，一切应该丢的东西，统统丢掉。我们要在老百姓面前，负起责任，如果不是这样做，便没有尽到责任。人们说中国共产党员是中华民族的优秀子孙。是否对人民尽了责任，可以考验谁是优秀子孙，谁是不肖子孙。这个责任摆在我们身上，我们要好好地、兢兢业业地注意这个问题。我重复一句，我们的同志基本上是布尔什维克，基本上是好的共产党员，现在我说的是好中间还有一些缺点，一部分干部有这样的缺点，现在要把缺点改掉。从前内战时期，有一本《为中共更加布尔什维克化而斗争》〔249〕，那是不好的。我们要把“包袱”丢了，真正为布尔什维克化而斗争，把自己的力量加强，把党的力量加强。

对满洲工作的几点意见*

（一九四五年十一月二十九日、三十日）

（一）苏联力量的存在，对我在满洲〔250〕的工作方针，显然起着决定的作用。根据三个月的经验，我们已可看出，苏联对满洲的政策基本上包括两方面：一方面，把沈阳、长春、哈尔滨三大城市及长春铁路〔251〕干线交给国民党；另一方面，援助我党在满洲力量的发展。保持远东和平和世界和平，是苏联这一政策的基本目的。某一时期由于国际国内条件的变动及斗争策略上的需要，苏联对于执行中苏协定〔252〕的程度，及对我援助的程度会有所变化。但苏联这些政策的本质，是一贯的，不变的。

（二）在美国积极支援下的国民党军队，现在已经占领了山海关到锦州一线，虽然国民党的处境甚为困难，但它的部队仍均集结，准备向三大城市及长春铁路干线前进。苏联除要我们军队退出大城市外，现在更要我们交还已接收的政权，禁止我们在三大城市中一切足以妨碍他们公开执行中苏协定的措

* 这是陈云同志主持起草的，以陈云、高岗、张闻天的名义给中共中央东北局并转中共中央的电报。当时陈云同志是东北局委员、中共中央北满分局书记兼北满军区政治委员。

施。为了执行中苏协定，苏联采取这样的措施是必须的，是应该被我们谅解的。苏联军队原定于十一月底撤退完毕，现在又重新开回。这一方面是为了确保将三大城市及长春铁路干线正式移交给国民党；另一方面，也是为了以实力为后盾，拒绝美国力量直接渗入满洲。

（三）根据以上情况，我们必须承认，首先独占三大城市及长春铁路干线以独占满洲，这种可能性现在是没有的。因此，当前在满洲工作的基本方针，应该不是把我们的全部注意力集中于这三大城市，而是集中必要的武装力量，在锦州、沈阳前线给国民党部队以可能的打击，争取时间。同时，将其他武装力量及干部，有计划地主动地和迅速地分散到北满〔253〕、东满〔254〕、西满〔255〕，包括广大乡村、中小城市及铁路支线的战略地区，以扫荡反动武装和土匪，肃清汉奸力量，放手发动群众，扩大部队，改造政权，以建立三大城市外围及长春铁路干线两旁的广大的巩固根据地。我们必须经过战争及根据地之建立，以达到包围歼灭大城市之敌及钳击长春铁路干线，使我们能够在同国民党的长期斗争中，取得全局的优势。

（四）我们今天必须大胆主动地撤退，同时迅速地把我撤出以后三大中心城市的工作放在应有的地位。在那里，我们必须与苏军取得密切的合作，继续争取资材，克服我们在城市的过“左”措施，不使苏联在应付国民党方面发生额外的困难，并使他们增加对我们的援助。应该预先布置在苏军退出、国民党进入城市后的工作。例如，开展群众运动，创办报纸，吸收人才、资材，打进国民党及其他各种合法组织，把公开工作与秘密工作正确地结合起来。城市工作的目的，是为加紧创立广大根据地服务，而不是今天即在那里取得统治地位。

（五）在北满，我们估计，哈尔滨及中东路某些主要城市将迟早由苏军交给国民党，更由于北满是处于南满〔256〕的后方，因此，我们认为，北满工作的中心，应该放在广大的乡村、中小城市，及铁路支线的几个根据地的建立。如以珠河〔257〕、牡丹江为中心，以佳木斯、依兰为中心，以绥化、北安为中心，以洮南、三肇〔258〕为中心，以讷河、龙江为中心，建立若干根据地。我们的兵力、干部、资材，必须主动地向那些地区转移，以造成我们前进和后退的阵地。

（六）我们认为，争取我党在满洲的优势是有着许多有利条件的，苏军对我们的援助即为有利的条件之一。但是，我们要达到这一目的，还须经过一个与国民党进行艰苦斗争的过程。必须防止干部中以为不经过严重斗争而可以取得全满洲的想法，竭力避免把一切希望寄托在苏联的援助上，以苏联对我们援助一时增减而发生盲目的乐观或悲观失望的情绪。必须严重注意干部中由于进入城市而生长起来的享受腐化倾向。同时，应该预先防止国民党进入中心城市后向我们压迫时，在干部中可能发生的精神上、思想上和行动上的混乱。教育干部时时注意新地区的新情况、新任务和新的工作方式，防止把老解放区的老经验机械地运用到新地区的倾向。必须加强部队中的政治的和纪律的教育，密切军民联系。要十分注意本地干部和外来干部的关系，以及系统地培养本地干部的工作能力。

（七）在北满迅速建立根据地的最大困难，在于老部队的缺少。直到今天为止，北满的老部队不到一千五百人，新组成的部队已达二万五千人。在人力和武器方面说来，大的发展可能性是具备的，如果再有三个月的时间，东北局能够从南满抽调四个大团进入北满，组成五万人以上有战斗力的部队，是有把握的。否则，部队的数量虽大，不但不能战斗，而且其可靠性也是成问题的。最近宾县、北安被蒋匪攻占，某些新部队叛变，应该引起我们的严重警惕。这种情况，在国民党进入北满之后，必将更为严重。

以上各点，对迅速建立根据地有重大意义，望东北局帮助解决，并请转中央。

北满[253]根据地建设的进展状况*

（一九四六年四月二十日）

一、国民党接收了哈尔滨和齐齐哈尔两市。除龙江省[259]之漠河、鸥浦、呼玛、奇克、乌云[260]五县，合江省之同江、宝清二县，尚被匪占领我正进剿外，所有嫩江、龙江、合江、松江、牡丹江[261]五省之县城都在我手。嫩江、龙江、合江、牡丹江已有民主省府，松江省正开人民代表大会进行选举。各县政府绝大部分已初经民选。村政权只有个别已经改造。

二、“八一五”[262]后北满所有股匪都是政治土匪[263]。现仅龙江五县、合江二县仍被匪占领。

土匪经过重创后，大部蔽伏待机；尚在流窜的，二三百人者尚有十余股，五百人以上者有四五股，窜入哈齐两市者有三四千人。估计不论东北是战是和，国民党均必利用残匪扰乱北满。我积极的剿匪政策收复了许多县城，并锻炼了新部队的战斗力。

三、北满六十五个县，我已占的五十八个县中，农民已经发动者十六个县，宾县、宁安、木兰、方正、通河五县更普遍深入，其余仅在开始。农民斗争目前是清算运动[264]，同时分配

---

* 这是陈云同志为中共中央北满分局起草的给东北局并转中共中央的报告。

开拓地、满拓地[265]、汉奸地，减租增资。仅有清算，农民在经济上不能翻身。北满多是山东、河北来的开荒农民，大佃农及经营地主很多，雇工、零工、伙种雇工占农民百分之六十。如不能满足此百分之六十雇农的要求，我无法取得多数农民的拥护。目前他们的要求，主要是分开拓地、满拓地，向地主租地，实行减租，以及政府帮助调剂农具、耕牛。北满地主武装很多，且多与土匪勾结，农民如不武装起来，便不敢斗争。我们的政策是发动经济斗争后，迅速武装农民，搜缴地主土匪武装以加强之。农民武装起来后，再扩大经济斗争，简称“经济——武装——再经济”。现宾县已有一千人的农民自卫队，其中七百步枪缴自地主。宾县自卫队实际上是村区最有权力者，其余各县自卫队则仅在开始。武装农民，应成为农民已经起来的标准。由于国民党勾结伪匪，我经过四个半月的剿匪、民运工作，北满农民已认识共产党是帮助农民的，国民党来不利农民。一般人民对我纪律严明及生活艰苦有好感，外县人到哈市，传布我军好处多，不满者少。

四、争取学生工作也有成绩。现已吸收一千二百名大中学生到民运部门及军队工作。松江各县县立中学均已开课。开始时用军政学校教导队名义不易招生，故取缓进政策。各县开办短期训练班，一二星期后组织工作团到农民中去，最为有效。要有学生运动经验的党员去做学生工作，争取进步教员。中学复课费钱不多，社会同情，这是争取广大学生的根本办法。

五、到二月底止，北满军队和地方的新党员只有一千人左右，军队占十分之六。我们吸收党员取谨慎政策。在军队中，必须经过战斗考验或经过反内奸、反逃亡的斗争。农民党员必须经过斗争考验后选择吸收。估计三月以后的发展将迅速一些。

六、进攻哈市的准备工作如下。三五九旅主力及松江部队共一万一千人已进到市郊，哈市十个区中，我军已进驻七个区，只有南岗、道里、道外三区，因苏军未撤尚未进去。北安调来一千五百人已在松浦[266]集结。经我工作，哈市各界名人、各重要社会团体，已发出要国民党军停止北上通电，并将请求人民自卫军入市维持治安[267]。国民党方面企图保持其市政府。我一切准备工作放在武装进攻上，拒绝与其谈保存伪市府问题。对进攻哈市不可轻视，但攻克是有把握的。

七、经过八个月的工作，我在北满已掌握主动。去年九月到十一月，是坐在大城市扩大武装，并且由于对国民党及伪满[268]残余施展的"先当八路军后当中央军[269]"的阴谋无警觉，又由于北满干部少，老部队少，所以各县都发生部队叛变和蒋匪到处向我进攻的事。去年十二月至今年一月下旬，我将一切力量都使用于掌握连队、巩固部队，并积极组织机动兵力向匪主动进攻，稳住了局面，从被动挨打转为主动打击。二月至三月中旬，我军主力到达，北满全面展开剿匪战争，克复了二十二个县城。剿匪大胜，开辟了农运的前途，但由于到达北满的地方干部甚少，龙江、合江农运现在才开始。

八、必须将北满建设成为全东北的大后方和最巩固的根据地。我们的任务有三。一是继续积极主动地肃清残匪。二是把发动群众看成是一切工作的根本。拟用下列两种基本方法来满足占农村人口百分之六十的雇工、零工、伙种雇工的要求，即分配开拓地、满拓地、汉奸地给无地及少地的农民；增加伙种雇工的实物工资或减低其租额，领导零工向地主、大佃农租地。三是使北满成为兵源及练兵的基地。不仅继续扩兵，以新兵补充南满〔256〕，而且要建成具有相当战斗力的兵团，去补充主力。

为完成上述任务，请求东北局给我们下列三点帮助：(一)将南满、西满〔255〕一部分干部转移到北满，加强地方工作、大城市工作和掌握铁路、矿山、工厂。(二)派遣军事干部、练兵干部及组织十个补充团的干部，到北满各省扩兵和练兵，以备源源南下。(三)增加北满分局的领导人员，加强分局的领导。

东北的形势和任务*

（一九四六年七月七日）

（一）去年八月，英勇的苏联红军来到中国，进攻日本侵略者，我东北民主联军〔270〕和东北人民配合红军作战，消灭日寇和伪满〔268〕，替东北人民开辟了自由生活的道路。我党在东北，从日寇侵入之日起，即领导人民组织抗日义勇军〔148〕，反对了蒋介石的不抵抗主义，进行了长期的艰苦斗争。对日反攻以后，我党更从关内派遣大批军队和大批干部至东北，帮助东北人民创造了广大的东北解放区。但是，丧失东北有罪、收复东北无功的蒋介石，在美国反动派援助之下，违背和平约言，大举进攻东北解放区。我东北民主联军和东北人民，从去年十一月山海关战役〔271〕起，至今年六月七日两军停战〔272〕，这一时期内，举行了英勇坚决的自卫战争。目前双方虽尚在停战状态，但国民党仍在积极准备再进攻。东北广大地区的群众工作和土地问题的解决尚在开始阶段。我农村根据地尚不巩固。我干部中有许多人不认识深入农村从事长期艰苦斗争以建立根

---

* 这是陈云同志为中共中央东北局起草的决议。当时他担任中共中央东北局副书记兼东北民主联军副政委。一九四六年七月十一日，中共中央批准了这个决议，并作了部分的修改。

据地的必要性和重要性。目前国际国内形势有利于我党建立东北根据地，粉碎蒋军的再进攻。但是，必须承认自己的弱点，克服这些弱点，方能达到目的。

（二）根据上述情况，东北局规定下列各点作为当前任务。

〔甲〕克服和战问题上的混乱思想，准备以长期艰苦斗争取得和平。目前英美矛盾增长，美国内部矛盾又极严重，蒋介石在全国范围说来仍感兵力不够分配，且人心不顺，经济困难，尤其重要的是我党我军的力量强大和坚决斗争，因此，迫使蒋介石不得不于十五天及八天停战期满后，又宣布无限期停战。在某些蒋军力量不足地区，停战对于蒋军亦属有利；在蒋军力量充足地区，例如中原区、胶济路，蒋介石已经发动大打〔273〕，苏皖亦有很快大打的可能〔274〕。对于目前东北，蒋军兵力不足，利于停战，但如增兵到来，便有极大可能向我再进攻。蒋介石在此次南京谈判〔275〕中，除允许给我兴安省、新黑龙江省及嫩江省〔259〕一部和延吉地区外，其余均要接收，不但要占点，而且要占面，此为我方所绝不能接受者。与其不战而失如此广大地方，将来不能收复，不如战而失地，将来还可收复。况且战的结果，除某些城市要道还可能失去外，我亦有粉碎蒋军进攻，收回许多失地之极大可能。因此，全党必须下最大决心，努力准备一切条件，粉碎蒋军进攻，以战争的胜利去取得和平。一切游移不定及侥幸取得和平的想法，都应扫除干净。在这个一心一意准备以长期艰苦斗争去取得和平的总方针下，我们的方法，就是从战争，从群众工作，从解决土地问题改善人民生活，从其他一切努力，去增加革命力量，减少反动力量，使双方力量对比发生于我有利的变化。其中最重要的是充分发动群众，使我党与人民密切结合起来，只要广大人民的力量增加到我们方面，就会使敌我力量发生于我有利的变化，从而建立巩固的根据地，使敌人无法战胜我们。总之，和平是必须取得和能够取得的，但主要应依靠自力而不应依赖外力。只有自力更生，自立自强，自己有办法，自己立于不败之地，国际和国内各方助我之力量才能发生作用，才能取得可靠的和平，否则就是不可靠的，是危险的。

〔乙〕坚持中央关于建立巩固的东北根据地的正确方针〔276〕。大城市是我们所需要的，但大城市暂时一般地不易确保，如果偏重大城市，轻视建立根据地，我们将有既无大城市又无根据地的危险。因此，必须规定，无论目前或今后一个时期内，创造根据地是我们工作的第一位。这种规定不能解释为不要大城市，轻易放弃大城市，或者可以破坏大城市，相反地，不论我军已占或未占的大城市，都须依照不同情况进行工作。而且，建立根据地，正是便利争取大城市。我们所要创造的根据地，是包括中小城市和次要铁路在内的，但必须认识，创造根据地的主要内容是发动农民群众。因此，强调城市轻视农村的观点，是与事实和要求不相符的，必须加以肃清。发动农民的方法，是发动反奸清算、减租减息、分粮分地的斗争，并使中央关于土地问题的“五四指示”〔277〕迅速普遍执行。在农民翻身斗争中，提高农民的觉悟，武装积极的农民，改造村屯政权，使乡村的政权确实掌握在农民手里，并随之建立农会，组织各种各式的人民武装，吸引农民参加战争的各种工作，使东北自卫战争成为广大人民参加的战争。随着群众运动的发展，必须吸收在斗争中的积极分子加入我党，并在农村中建立党的堡垒——支部。只要广大的农民发动起来了，并积极参加自卫战争，我们就能建立不可战胜的阵地。为了迅速有效地创造地区广大的根据地，应以主力兵团的一部，配合当地的地方武装，采取积极行动，肃清政治土匪〔263〕，调集干部组织地方工作团，首先集中工作于根据地的要点，逐渐推广，联系成面，力求在半年之内把群众发动起来。

〔丙〕应向全党全军明确指出现时的斗争和战争的目的，这正是目前党内所含糊不清的问题。我们是为保卫解放区而斗争。东北人民已经从日伪统治下解放出来，建立了自己的自由生活的解放区。但是，中国反动派在外国反动派的援助之下，向我解放区进攻，我东北民主联军和东北人民不能不举行自卫战，因为不自卫就灭亡，所以自卫战是完全正当和必需的。并须指出，自卫战的目的，是为实现经济上政治上军事上的民主而斗争。在经济上，是为劳苦人民争得土地、房屋，以及分粮、减租、减息、增加工资、免除失业、发展生产的民主而斗争；在政治上，是为推翻敌伪残余和特务、警察的统治，反对大地主大资产阶级的独裁，由人民自己掌握政权的民主而斗争；在军事上，是为反抗大地主大资产阶级的军队、警察和政治土匪的压迫，为组织人民武装的民主而斗争。这些是我们斗争和战争的目的，也是为民主而斗争的具体内容。因此，我们不能不估计到各个阶级在这一斗争中的地位，比之抗战时期会有若干变化。同时，我们也应该指出，反内战反独裁，要求和平民主，仍然是我们和全国人民的迫切需要。应估计到，美帝国主义对中国的侵略企图及蒋介石的卖国行动，已引起了中国人民反美帝国主义反蒋介石卖国的运动，在这些斗争中民族的性质将逐渐加重，因此我们应该而且必须在保障基本群众利益的前提下，尽量结成广泛的反内战反独裁反卖国、争取和平民主独立的统一战线，这是极其重要毫不可轻视的。但又必须清醒估计到，今日的东北已非抗战时期的敌后，不要被地主阶级所蒙蔽，不要委任和发展地主武装，必须紧紧依靠广大劳动人民。

〔丁〕在敌强我弱的条件下，我军作战的原则，不在于城市和要点一时的得失，而是力求消灭敌人。为此，应采取诱敌深入，待敌分散，以优势兵力各个消灭敌人的方针。消灭敌人，就达到保卫根据地的目的。一般地不作阵地战，广泛地使用运动战和游击战。所有军队人员必须有充分的群众观点，军队必须协同地方武装进行群众工作，严格遵守三大纪律八项注意〔278〕，严格注意纪律的检查，任何破坏群众纪律的行为都是等于在军事上打了败仗，应充分发扬我军既善于打仗又善于发动群众的光荣传统。

〔戊〕适应长期战争和创造根据地的方针，必须在军事、剿匪、民运、土地、财经、后勤、兵工、交通、城市工作、文化和建党、建政等等方面，根据具体情况，规定各种政策，时时注视工作进度，根据工作的经验，作出扼要的总结，并使各地经验迅速交流，提高工作效率，提高干部能力。

〔己〕造成干部下乡的热潮，克服干部中的错误思想。许多到达东北的干部，对于长期战争和艰苦工作没有认识，没有精神准备，不少人迷恋城市生活，缺乏下乡的决心，缺乏群众观点，干部中享乐腐化厌战的情绪在增长着，这是党内最危险的现象。干部中这些不良倾向的来源，一方面由于为人民服务的精神不足，另一方面主要的由于不认识东北斗争的形势。目前应在干部中反复说明东北斗争形势，使干部认识东北斗争的尖锐性和长期性，认识能否发动农民是东北斗争成败的关键，农民不起来，我们在东北有失败的可能。强调共产党员为人民服务的责任，号召他们走出城市，丢掉汽车，脱下皮鞋，换上农民衣服，不分文武，不分男女，不分资格，一切可能下乡的干部要统统到农村中去，并确定以能否深入农民群众为考察共产党员品格的尺度。凡能深入农村者给以鼓励，不愿到农村去的给以批评，造成共产党员面向农村，深入农民的热潮。这就既可以完成发动农民的中心任务，又可以彻底改正干部的不良倾向。

（三）东北是处在长期艰苦斗争的环境中，但东北斗争的前途是光明的。我们在东北已占先机之利，党领导了强大的军队，有几万外来和本地的干部，广大劳动人民又迫切需要在政治上经济上翻身。相反，国民党反动派不可能给东北人民以任何利益，他们勾结敌伪惨杀人民，排除异己，贪污腐化的结果，必丧失人心。国民党反动派可能增加它在东北的武装力量，但无法占领全东北。它占地分兵的结果，将遭受各个击破。目前在军事上虽然仍敌强我弱，但力量对比相差的程度并非内战和抗战时期的悬殊。内战和抗战的时候我可战胜，现在更有战胜的把握。在敌我所站的地位上，不论他们如何进攻，像内战时期的“围剿”和抗战时期的四面围来的“扫荡”，这种情势是不存在的。同时，东北的斗争不是孤立的，我们有全国解放区一万万几千万军民的配合，有全国人民反内战反独裁反卖国、要求和平民主独立运动的配合。国民党反动派勾结美国坚持内战的结果，高树勋、潘朔端[279]将军的继起者一定会出现的。从全国范围革命力量与反动势力的斗争的发展过程看来，革命力量在上升，反动势力在下降，中国共产党的力量空前强大，国民党从未像今天这样丧失人心。在这样有利条件之下，只要我们全东北的干部认清东北的形势，团结一致，紧紧地与群众在一起，兢兢业业，一步一步地向着奋斗目标前进，一定可以改变敌强我弱的形势，一定可以建立起巩固不拔的阵地，粉碎反动派的进攻，使东北和全国一起走上和平民主的新阶段。

（四）东北局决定：这一决议必须在各级党部中讨论，澄清干部的思想，并将检讨的结果报告东北局。

发动农民是建立东北根据地的关键*

（一九四六年七月十三日）

一、东北形势，目前仍是敌强我弱。

应该对东北形势做出正确估计：东北不仅是国内而且是国际革命和反革命争夺的一个焦点。如果我们能在东北完全站住脚，中国革命就能立于不败之地。正基于此，美蒋与我必争。他们怕我们和苏联联系，企图在东北彻底消灭我们。如果我们在东北增兵，他们也会从关里调兵遣将的。我们与其跋涉千里从关里调主力部队到东北作战，不如发动群众，建立根据地，就地扩大武装。国民党在东北和关里采取打打停停政策，极力避免两面作战。我党中央也采取两面呼应的对策，这样会减低对东北的压力。蒋介石已令杜聿明〔280〕在东北就地收编伪军、汉奸、特务、土匪、伪警，扩大武装，把地下军一个军扩大为三个军。美国在青岛给蒋储存大量军火，依靠这些来武装东北新兵。

在东北，由于日寇统治十四年，一般群众对国民党存有相当的幻想，认为他们是正统，牌子正，有美国援助，力量大。我

---

* 这是陈云同志在中共中央西满分局会议上的报告要点。

们虽然亦工作了几个月，但在群众中影响仍比国民党小。目前在东北还没有巩固的根据地，打人民战争还谈不到。

我军现有三十万，数目不小，其中正规野战军十万，干部二万。但是，新成分、新部队比重很大，尚不十分巩固。如没有老百姓配合，军队作战不能取得相当胜利。

从以上三方面估计，敌强我弱的状况在今后一个时期还会存在。敌之所以强，主要是因为有美国人帮助；我之所以弱，主要是老百姓没有发动起来，同时一部分部队和干部思想上混乱。当然，对敌之强既不应夸大，亦不应看轻。我应不放松有利条件，也不能存在侥幸心理，应在思想上作最坏的打算。

二、总方针是发动群众，改变敌我力量对比。

改变敌我力量对比，主要的办法是发动群众，增加我们的力量。从关里再调主力部队是不可能的，因为关里也在打。我们准备同国民党在关里和关外全面打，这样更有利。调主力到东北也不是好办法，没有群众支援，单纯拼骨头，打来打去，是会打光的。

要站住脚，就得有群众。没有群众，地方虽大，离敌很远，也站不住；有了群众，地方虽小，离敌很近，可以站住。长征走了很多地方，都没站住脚，到了陕北才站住了，主要是那里群众发动起来了。我们现在是“租房”，尚未造屋。群众不起来，干部恐怕要当“华侨”，十万主力也要打完的。有了群众，一切好办，可以有军队，清除土匪，经费供给也有来源。没有群众，一定失败，死无葬身之地。

群众能不能起来？可以起来，一定起来。阶级斗争客观上可以展开。

发动农民起来斗争，得要掌握武装，因为地主普遍有枪。从经济斗争到武装斗争，再深入经济斗争，再进一步转入武装斗争。这样农民不仅敢同地主斗，也敢同国民党斗了。

争取每个村建立人民武装，建立党组织。在六个月到八个月内，必须集中一切力量，把东北群众工作搞起来。现在是万事俱备，只欠东风。

干部下乡。不分男女、新老及哪一级干部，都要下去。军队每个团都要抽三分之一指战员下乡。要当参谋，参群众之谋。城市、机关、学校工作都可放松一点，受些损失都可以。乡村工作的比重应占全部工作的百分之八十。

三、目前的六项任务。

（一）纠正干部中的混乱思想，建立长期战争观点。任何时候都不能抱和平的幻想。和平只能是力量较量的结果，是打出来的。美帝国主义的政策不是公平调处，而是以扶蒋反共为目的。马歇尔〔281〕的调处，实质上是主张能够今天消灭就今天消灭，否则，待蒋介石的力量养大了再干掉我们。魏德迈〔282〕则主张今天就消灭我们。总之，美国准备尽一切办法把中国变为它的殖民地。美国采取假仁假义的两面手法，我也需要准备两手，慎重对待之。不能寄希望于国际条件的变化。

东北的斗争是很尖锐的，是长期战争的形势，是停停打打的长期战争局面，但停的局面不会很长。国民党的力量只要一准备好就会再打。我党中央的方针是，如果他们打哈尔滨时，关里就配合，最近打山东〔283〕就是一个信号。国共谈判问题很无头绪，国民党准备的是“囚笼”政策〔284〕，无非想一网打尽我们。因此，必须有长期作战的准备。

（二）深入发动群众，建立根据地。根据地主要是广大乡村，加上二三等城市和次要铁路线，这是占第一位的。第二位才可能搞下大城市。不依靠大城市亦能掌握二三等城市和广大乡村。从建立游击区发展到根据地，主要是发动农民问题，轻视农村工作是不对的。

目前东北的群众组织，最重要的是建立武装组织，要以武装为中心，建立政权和党支部。要重视农会组织，县可成立县农会，县委可设立农委。

群众工作的主要要求：一是提高农民的觉悟，开展斗争，与地主扯破脸；二是培养起本地干部。

党员发展的条件：三敢，即敢于要土地，敢于斗争，敢于武装；三不怕，即不怕离家，不怕地主，不怕国民党。新党员发展到足够数量时，要做巩固工作，争取每个乡村都有我们的堡垒〔285〕，避免大量发展又大量清洗。坚持积极发展、个别吸收的办法。

（三）提出正确的斗争口号，发动群众为此而斗争。现阶段为和平民主而斗争，关键是实现经济、政治、军事民主。经济民主，解决农民经济生活问题；政治民主，解决农民的政治地位问题；军事民主，解决组织农民武装问题。

目前东北是一个严重的尖锐的阶级斗争场所，和抗日战争时期不同，各个阶级的关系发生了变化，国民党和地主阶级是第一号敌人。

（四）实行运动战和游击战相结合的作战方针。一般地不打阵地战。战争应作持久的准备。目前部队问题较多，正气不扬，邪气发展，有些干部腐化，应该很快调整。破坏一次群众纪律等于军事上打一次败仗。要防止到地方上抓一把。当然，地方应该适当照顾部队。目前搞好部队建设，主要是抓政治工作，解决部分指战员的思想作风和群众观念的问题。

农村分地前，县、区武装不可靠者，由主力改编；分地后，成立新的武装。

（五）解决干部思想问题。许多干部来时没有充分的精神准备，缺乏长期战争和下乡苦干的决心，向往大城市。部分干部暴露了享乐、腐化、闹地位、争待遇和厌战情绪，为人民服务的精神不够。

要大家懂得，东北是新解放区，斗争艰苦，困难很多，群众未发动起来。需要大喝一声，大家要丢掉那些错误的东西。要准备出现最困难的情况。

干部是可以说通的，使其了解形势和任务。要组织工作队，许多同志要下乡，应该到斗争中去上大课。做群众工作的干部，不论是中央委员还是区委委员，都是群众一级的干部，大官要做小事。

（六）纠正工作中的盲目自流现象。党、政、军、民各项，都要有政策，有工作计划，随时检查，总结和交流经验。

以上六项任务有一个中心，就是发动群众。

四、东北的斗争是艰苦的，但前途是光明的。

东北八个月的工作是有成绩的，开辟了这样一个新地区，牵制了二十一个美械师，使得关里解放区得以休整六个月，土地问题开始解决，关里解放区民兵发展至七百万人。坚持东北的斗争，对关里各根据地的斗争起了很大的帮助作用。

国民党不会给群众好处的。只要我们把群众工作做好了，东北人民一定会跟着我们一道干。

蒋介石露骨地给美国许多利益，如内河航行[286]，天津、青岛驻兵[287]，等等。国民党区民心厌战，反对美国。蒋介石的威信大大降低。他经济上有困难，军事力量不足，与十年内战时期、八年抗战时期相比，已差之甚远。像过去那种对我“围剿”、“扫荡”的形势，已不存在。

全国军队：国民党三分之一，杂牌三分之一，我们三分之一。打来打去，杂牌会和我们靠拢的。我们将越打越大。

全国、全世界的大势，我向上，敌向下。只要发动群众，在东北建立起巩固的根据地来，我必胜。

坚持南满根据地的斗争*

（一九四六年十二月——一九四七年四月）

一

（一）杜[280]已下令攻辑、濛、临、松[288]，企图歼我主力于狭窄的长白山地区。其进攻兵力为驻桓仁之九十一师、二师、一九五师、三十师之一部集结三源浦[289]，二十二师已接防梅海，尚有两装甲兵团已到龙梅[290]，二〇七师一部已接防永陵[291]、兴京[292]，十四师主力布于安奉路[293]两侧"清剿"。据密息，八十八师已南下集中八面城[294]，意图不明。

（二）在此情况下，已决定四纵[295]全部伸向通化、桓仁、浑江以西，在安奉路两侧"大闹天宫"，消灭弱敌，调动敌人，支

---

* 解放战争初期，东北民主联军为了坚持南满根据地的斗争，于一九四六年十二月十七日至一九四七年四月三日，同国民党军进行了"四保临江"、"三下江南"的作战。在三个半月时间里，东北民主联军粉碎了国民党军四次向临江地区的进犯，歼敌四万余人，收复城镇十一座，打破了国民党军"南攻北守，先南后北"的战略计划，并迫使其由攻势转为守势，扭转了东北战局。本文是陈云同志起草的，以他和中共中央辽东分局、辽东军区其他领导人名义发出的七份电报，以及他写的两封信和两份电报。当时他担任辽东分局书记兼辽东军区政治委员。辽东分局当时也称南满分局。

持地方。如敌围歼计划不变，则决以三纵[296]一部坚持长白山区外，主力亦到敌后。那时除长白[297]外，其余县城均将被占。估计两个大兵团到敌后作战，在伤兵、减员、补充等问题上极端困难。但不经反复、长期艰苦斗争，不能坚持南满[256]。

（三）我们希望：（甲）东[254]、西[255]、北满[253]能牵制住当前敌人；（乙）北满给我们一万吨粮。

以上各点妥否？请示。

（一九四六年十二月十六日萧劲光、陈云、萧华、程世才致林彪、东北局并中共中央电）

二

（一）我们是十一月二十七日晚到临江的[298]。三纵队已于十一月十六日改组领导，派了新的领导人。程、罗、唐[299]等都到了辽东军区[300]。据萧华[301]同志对我说，此事曾得林总[302]同意。

（二）农民群众已经在分地后确知八路[303]是代表他们利益的。因此，当我军未退时，担架是可以组织的，一切是可以完成任务的。这已经不是简单的形式，而是表明群众真正有了觉悟。此次我军撤退，亦无群众扣捕落伍人员事件，相反，个别群众还有掩护的。这是四个月来（从七月起）土地改革[304]的效果。

但群众鉴于日俄战争[305]、“九一八”[47]、“八一五”[262]的经验，认为后退者必一去不返。因此，他们认为我军大势已去，眼看已得利益不可保，并且最重要的是已得利益不多，不值得为此而拼死斗争。所以敌来时，大家不逃，村干部出来维持顽军[306]（也是顽军的需要，要他们派夫派差），所有我寄存群众家中或埋藏的物资（群众知道的），群众统统献给顽军或保安队、警察。民兵一部被坏人领导投敌，大部散了。区中队也如此。本地干部不愿离家，或离家随队几天，陆续溜走，只有少数（每县二十人左右）尚随我地方武装行动。县大队大量逃跑，完全不能抵抗保安队、警察。

南满情况警告了我们全东北（尤其北满未沦陷区），如果今冬明春敌向东、北、西满进攻时，在任何被占区中都必发生与南满同样情形，即不论土地分得如何彻底，但因为时间太短，群众得利不多（如果我保持了三年以上的地区或可例外），不能希望群众起来游击或摆地雷阵，不能希望群众与我并肩作战。我此刻深深体会"拉锯"反复斗争的意义，不如此，群众是不能进一步起来的。内战[307]、抗战都经过这样时期。请你们研究为了弥补群众不能立即起来武装参战的缺憾，应否在军事上作其他的补救。例如林总前天发的电报，要各部积极滞止敌人，不使敌如入无人之境。此外，许多同志提到我们在若干地方应该做些工事，这当然与死守有区别。这一方面，我觉得大家应研究。

过去南满有些是接敌区，有些（如联合县[308]）甚至是半岛式的接敌根据地，三面是敌，只有一条很狭的路通我大后方。在接敌区与半岛式区中，我们都有经验，证明那里在敌人普通进攻（不是"大扫荡"）情况下可以坚持，而且群众情况与中心区差不多，甚至群众对国民党纪律坏这一点的认识要更深刻些。但对于四面是敌的区域，过去尚无经验，而南满现在绝大部分是这种区域。注视和研究这种区域的工作和经验，成为南满工作的中心。

现在问，在敌后坚持与建立游击根据地或小块、大块根据地有无希望？要回答这个问题，须从两个条件看。一个条件大概有把握了，另一条件客观上存在着把握，还须实践证明。哪两个条件呢？其一，消灭敌地方武装，使敌正规军兵力空虚。安奉与南满两铁路〔309〕间，敌只有十四师的四十一团，新六军的运输团，一八四师残部，其他都是保安队、县警察和大团（地主武装）。长春、吉奉、平梅三铁路〔310〕间，正规军亦少。过去敌“扫荡”时所安的三十余据点，现在只剩十二个。我有三股武装共十一个连已进去二十天，打了四个据点，来电要后续部队与干部去。由此可见，敌正规军兵力不足。我们必须捉定敌人这一弱点，使敌人顾了后方顾不了正面，顾了正面顾不了后方。从东北全局看，使敌人顾了南满顾不了北满。为了扩大敌人这一弱点，我们正在设想，敌后多打保安队（即敌地方主力，大部是过去土匪改编的）、县警察（一部是原土匪，另外是伪满〔268〕警特）和大团（地主武装）。消灭了这些，就使其正规军不能不填防，这就实际上减少了正面与全东北敌人进攻的机动兵力。同时，敌地方部队对我根据地“清剿”与破坏最厉害，而且我要发动农民，保护农民利益，也须打击这些反动地方武装。所以消灭敌人与发动群众是二而一的任务（当然发动群众不止打击敌地方武装这一点）。要实现这一条，我们在敌后的部队就要在战斗力上能消灭保安队和不怕敌正规军。这一点，我以为我们可以做到。

第二个条件，保护农民切身利益。农民是最讲实际的，他们的积极性是建筑在切身利益基础上的，得利越多积极性越高。在敌后我们要使农民得利。现在要研究有什么利可让农民得，农民有什么利需要我们去保护。这一定要弄清敌占后的农村中发生了什么问题，大体可以设想的是下列几个：今年分地所得的粮食是否退还地主，明年我们能否让农民种上今年分得的土地，地主对清算[264]的报复和抽壮丁。现在想到的是这么几点，敌来后一定还有许多具体事件，如敲诈、抢劫、奸淫等等。根据现在农民、地主和国顽[311]三方材料看来，敌后客观上存在着重大的阶级斗争，我们军队去，一定受到欢迎。我推想，欢迎的程度甚至会超过未沦陷时。因为那时国民党还未直接压迫这里的农民，现在是直接压迫了农民。在这些切身利益中，首先是保护今年分地所得之粮，只要吃了分地所得之粮，农民必然增加对土地斗争的决心。其次是解除国民党来后的一切日常压迫。再其次是我们要尽一切努力使明年农民种上所分得的地，只要农民在其分得之地上加了工，大体上就可设想他们不会轻易放弃秋收冬藏了。所有上述这些，仅仅是推想，都需实践证明。但大部农民想把今年分地所得的粮食自己受用，这是有确实材料的。我与安东、赛马[312]等地退来临江的七个农民谈话，他们说农民早把大部粮食藏于密窖，只以十之一二放在仓内，以便应付地主。如地主要粮时，即说收成坏或被八路吃了来应付。据说，这种藏粮办法，在伪满时代农民怕出荷[313]就行了的。农民是我们的老师，一切办法可以从他们那里去找，反转来我们加以集中提高和运用。据昨天从宽甸、桓仁、凤凰城[314]回来的地委组织部长讲，那边农民的粮在场上已看不到了，大概用这种藏粮办法藏了。这样说来，敌后农民藏粮与地主要粮的斗争是一定存在的。此外，地主要报复，这也是一定的，开明观望者不会太多。那末，敌后客观上存在着阶级斗争是无疑的了。今冬是机会，决不能放过。

这里，我要着重指出敌后坚持中相互配合的问题。必须有三种配合：一是游击区与游击区的配合，如果此动彼不动，则易被敌人各个击破。二是正面与敌后的配合，正面至少要吸引住当面敌人，不增加敌后负担。三是南满与北满、东满、西满的配合。在这一点上，首先应该确定，南满准备打烂坛坛罐罐，吸住敌人，使之不能北进，以便北满争取时间。另一方面，东、西、北满要吸住当前敌人，东满要在吉奉线深入一股游击队，辽西〔315〕要在铁法康〔316〕继续坚持斗争。南满各区我们自己督促配合。再大一点的范围来说，关内、关外要有配合。现在关内正打，配合了我们关外。如此配合下去，敌关外不能增兵，则北满与东、西、南满很有可为。希望你们时时注视敌从关内增兵来关外的消息。

（三）地方武装问题。事实证明，打过土匪的民兵区中队都没有用，应该在敌占前，或则改编给主力，或则先后退整理，求精不在乎多。林总提出先后退整理，然后再回去，此法可行。县大队是小部叛、大量逃，也以早些改编一部分给主力为妙，免得济敌。那末，敌来时何种队伍没有垮呢？只有地方基干团。虽然也有逃亡的，也不能打正规顽军，但减员之后还能撑住。因此，东、西、北满各地每个分区都须有两个基干团（强者应如松江王奎先〔317〕之七团，次者亦须如温玉成〔318〕之一、三团），没有这样的团，敌来时是毫无办法支持地方的。

为了使基干团以及某些县大队、县独立团得到锻炼，请你们考虑可否派出北面的地方基干团到边缘地区活动，使他们在主力掩护之下，见识见识与顽军的作战。凡是与顽军作战有过锻炼的，战斗力就强，敌来不会垮。清原以北的县大队、县独立团及联合县的独立团都是如此，撤退时也可全师而退。未与顽军接触过的，闻风即溃。

（四）敌占时要尽量减少干部、资财的损失。现在干部牺牲很多。据辽南〔319〕报告，岫岩一县即三百人，主要损失于事前未精简，还是平常那一套，架子大，干部多，体弱者和妇女不少。敌来“扫荡”时，不能钻两个月山和露宿山头的，都应撤退到最后方去做事。关于各县资财，不要有本位主义，应统统有组织地交给省委，放在最远的后方，如黑河、虎林等处，敌一两次进攻打不到那里，我还可取用。如果寄在民间，一定会被全数献出，结果游击队的衣服鞋袜反无补充。此外，游击队及县级机关，应由首长亲自埋藏若干锅、粮等物品于敌占后我可活动的山沟内，以便实在搞不到吃时去挖用。这点，冯仲云〔320〕和抗联〔321〕干部有经验。

（五）镇压敌占区反动分子与反动地主。镇压是必须的，他们在杀我们，我们不能对他们宽大。但也不能乱杀，要使中间观望分子仍观望。沈阳县〔322〕的经验是：“多捉多放，快捉快放”，这实在是一种又镇压又宽大的办法。各地也杀了一些，但不多。此种方法，我以为可取。

（六）此间领导同志中的关系不很好，似乎很有些意见。我们的办法，是引导同志们一股热气地去打击敌人和争取群众。同志们都对我们很好，欢迎是衷心的，萧华同志的工作是很积极的，态度是很好的。

（七）我感到有困难的，决非在人事，这我完全可以对付，困难在于军事，我毫无经验。发生争论时，我无从说话，必须弄清事实，弄清利害，才能下决心。本来懂得军事的人，有许多问题是常识问题，但对我来说，却非下大力去摸不可。这件事比在北满不知苦多少倍，尤其因为军事常常逼在眼前，非迅速决定不可，而且我不能不管。但勇气是有的，现在正鼓起勇气来补十年内战、八年抗战所未上的课。

十三日之前我都在临江。十三日晚十二时我到前方去处理一个大的行动问题，因为有争论。十五日回临江又讨论了一天。此后情况，已给你们发了电报。

这样的信，问题虽经过考虑，但字句是随手写来的，可能词不很达意，请你们看我的主要意思。

（一九四六年十二月二十日陈云写给林彪、彭真、高岗信的节录）

三

（一）大家认为，现敌主力靠拢向内圈压缩中，我已无好仗可打，且有可能被迫转移，于我不利。不如将主力一部伸入敌后，则虽有困难，但可使敌难以前后兼顾。且敌后我现有地方武装，对敌既无还手之力，亦难招架，需主力撑腰。故四纵（缺四个营）已于十八日到敌后创造根据地。先头部队收复八里甸子（桓仁西），歼灭伪警一百七十余人，并顽军一个班。现主力正向平顶山〔323〕前进。十二师〔324〕正向辽南岫岩一带前进。

（二）二十二日敌占领辑安。今后敌先打我内圈，抑先对付四纵，或同时并进，尚不明。

（一九四六年十二月二十四日萧劲光、陈云、萧华致林彪、彭真、高岗并中央军委电）

四

（一）我们同意你们十二月十七日及二十六日两电，准备在像冀东、热河[325]及华北抗战困难时期的那种局面下奋斗，并将一切打算都放在三、四两纵队坚持南满这一目标上。现因我北满发动攻势，敌兵五团北调。我正利用时机求得歼敌一部，力争不但保住长白山区，且求在桓、辑、金、辉四点[326]中收复几点。如此，则南满仍不失为东北重要的侧翼战略阵地，可以北出吉奉，西出安奉。在敌不能增兵关外及我在北满胜利的条件下，只要努力，这种可能尚未失去。

（二）力争上述较好局面不是轻易的，必须经过多次中小规模的对敌歼灭战，而我又需付出一定代价。过去安东、通化未失守前[327]，主力兵员不充实，平均每师仅六千多人。主力经过战后伤亡减员，而地方武装在敌进攻下损失很大，据不精确统计可能在一万人左右，现已无地方武装可补充。加之现有之长白四县[328]，总人口二十二万，规定旧历正月底止扩军一千，能否完成未定。沦陷区短期内扩军则无望。以上原因，使主力目前得不到补充，且在不断减员。因连队不充实，干部怕伤亡大，战斗信心降低。至于求打胜仗，争取俘获补充，亦须一个过程方能解决。

（三）为了消灭敌人，补充兵员是严重困难。如过早缩小师，可能不利且影响情绪。可否北满方面除给一万吨粮食外，再在兵员上于短期内给南满组织两个大的新兵补充团。补充团干部此间可派去，棉衣请代缝，我们还布。

（四）鉴于南满地区缩小、人民情绪下降、兵员困难的经验，请考虑北满应否利用时机，大扩一次军。

（一九四七年一月十六日陈云致林彪并彭真、高岗电）

五

一月十八日你们关于难补兵员给南满电，经我详细考虑后，有下列意见，请再考虑一次。

（一）南满吸引着敌新六军、五十二军及六十军暂二十一师全部，另一八四师新编之两个团，尚有不少保安独立师。南满对北满是一个重要的牵制敌人的力量。

（二）今后南满可能有两种前途：（甲）保住临、濛，使长白山区有完整四县（二十二万人口），进而夺回辑、柳[329]、金、辉中二三城，如此则坚持敌后亦易。因山上与敌后互可呼应，对敌北进牵制力亦大，形成有力的犄角之势，此为上策。（乙）如临、濛不保，大部主力在敌后处于敌兵四面包围中，根据地不易迅速建立，那时敌情又有两种可能：其一，敌以少数兵力对南满，大兵北压；其二，则利用松花江开冻，北满主力无法南渡击敌，敌可集中东北重兵先扫南满，使我无立脚喘息之机会，而这种可能是很大的。敌采取各个击破，先清南满再攻北满，那时南满减员必大，扩兵短期无望，经过一时期后，南满对敌北进牵制力必减。由上估计，我必须拚死反复力争第一前途，只有在不得已时，才走第二前途。我们也准备了第二前途的。

（三）力争第一前途必须勇敢、积极地大量歼灭敌人，必须主力打运动战（南满现在应该是广泛的游击战，必要的阵地战，主要是运动战）。但主力兵员的补充，目前南满是极端困难的。地方武装叛逃万余，悔已不及。现有地方武装编并殆尽，每县所剩无几。过去所谓一、二、三独立师，共只五个小团，都在敌后边沿单独担任任务，不应再并。我们一再研讨，兵员来源如下：（甲）争取伤兵百分之七十归队；（乙）争取俘虏百分之五十留连队；（丙）地方动员一千新兵；（丁）抽机关及警卫人员下连队；（戊）讲求战术，减少伤亡，巩固连队，减少逃亡；（己）韩光处〔330〕扩兵，大体上只能补辽南。这六种来源并不能立见效果，须先找到一批兵员才能接上气，因此想到北满的地方武装县大队中可否在三月份补我们三千人。

（四）利用与保持南满有利的环境与阵地，北满只给以几千新兵的支持，使其达到阻抑敌兵北进的效果，我以为这是十分"价廉物美"的。

（五）按常理，一个地区向另一个地区要新兵要粮食是不合理，且不能持久的，但想到南满如有较好局面，对于拱卫北满之更大作用，又估计到改善南满局面的客观条件的存在，故我力争上策之心未死，一再求援。我请求你们对援助南满兵员问题再考虑一次。

（六）南满的有利条件是全满其他地区所没有的，除暂需兵员及粮食帮助外，我估计都可以自力更生。

（一九四七年二月八日陈云致高岗电）

六

（一）军委十日电悉。

（二）十二月十八日四纵全部伸出敌后，又因北满出击，敌七十一军九十一师北调，一月中旬四纵主力六个团即回长白，与三纵合击通〔331〕、辑地区五十二军的一九五师及二师，敌均逃脱，仅消灭一九五师五个连。此后，四纵主力四个团及三纵全部都集中作战。四纵十一师全部则仍在浑江以西、安奉路以东，进行钳制敌人的作战，配合及扶持地方武装。十二师师部率主力三十四团会合辽南独立师，目前虽被压缩，背靠关东州〔332〕休整，但吸引了敌新六军二十二师四个营，十四师五个营；六十军一八四师两个团及两个省防师。由于敌后地区广大，交通便利，过去地方武装在敌进攻中垮了不少。为达分散敌人目的，我十一师全部及十二师一部，分散在敌后，对全局是有利的。

（三）现敌七十一军之九十一师又到梅河口，准备第三次进攻长白山，我正准备粉碎其进攻。目前辽东敌是：新六军、五十二军全部，七十一军九十一师及六十军暂二十一师全部，六十军一八四师两个团，并有几个省防师。

（四）我们将利用松花江开冻前积极歼敌，求得改善南满形势，并准备应付松花江开冻后北满欲援不能，而敌集中大力单对南满时的困难情况。

（五）目前长白山区内四个县只有二十二万人，敌后扩兵一时尚无望，最大困难是兵员，正以自己努力并向北满求援。

我们认为南满目前虽有广泛游击战，且有必要的阵地战，但主要仍是运动战。

（六）劲光[333]仍在前线指挥。

（一九四七年二月十一日陈云、萧华复中央军委并致东北局、林彪电）

七

五日九时、五日十二时（敌放水雷）及六日敌一八四师调郑家屯[334]、估计九十三军可能调东北等三电均悉。我们从南满及东北全局着想，意见如下：

（一）九十三军来后，估计敌不能南北并攻（兵力仍不够），也不能南守北攻（三、四纵对敌威胁很大），料敌仍是先南后北，企图将我各个击破。

（二）如北满主力不来，敌先南后北，估计南满将被击破，北满不久必危险。

（三）北满主力南来后，敌南守北攻的企图也可能，但那时我南满兵力很大，极可能阻住敌之北进。万一阻不住敌而哈市[335]失守，则比之敌先南后北哈市仍不保的情况较好。因我南北阵地仍在，全东北仍可保持长期斗争、南北互为依存的有利阵地。

（四）北满主力南来后，在敌集中兵力进攻下，南满仍被击破的危险也是存在的。但更大的一种可能性是，我以南来主力及三、四纵队利用南满山地陆续消灭敌人，而达到保住南满、迟敌北进甚至保住北满的目的。只要消灭新一军、新六军的两个师，东北困难就可减少，关内再来顽军，战斗力也必较低，则今后东北就好办了。

（五）再退一步想，在拼死力争之后，南满仍被击破，那时除必要留在南满敌后的部队外，一部主力可以转到东满、北满，不致全部陷死于南满敌后。

（六）北满主力南下时，抢占桦甸黑石镇很必要，能占磐石及其他地点则更好。但很可能桦、磐都占不了，被迫在金、辉、柳地区与三、四纵会合，即令如此，南满仍有消灭敌人，保持与扩大局面的可能。

（七）北满主力抽多少个师南下，请你依全局考虑酌定。如确定南下，可否将路线略告，以便配合。

（八）主力南来，今后兵员、财力必须仍靠北满支持。

（九）小丰满放水，不知下游尚能渡兵否？如逼着要走丰满上游，则需力争在化冰前过江。

以上意见请考虑。

（一九四七年三月七日萧劲光、陈云、萧华复林彪电）

八

二十八日电悉。

（一）萧、程〔336〕已回临江讨论部署。我们认为，目前南满的敌情是严重的〔337〕，今后更严重。但是敌兵虽多，目前其主力只二十二师两个团及十三军四个团。其他各师或则不强或已残缺。我只要再给二十二师及八十九师以相当歼灭，则渐次粉碎敌进攻是可能的。我们已集中两纵五个主力师打运动战。我们下定决心，不惜将三纵、四纵队打掉三分之二或四分之三，以争取较完整的长白山。从全局来看，这种决心十分必要。又因为此次及今后敌兵多，且靠拢，因此决心打几个恶仗、硬仗、较冒险仗（仍是运动战）。如无此决心，则必然这样也不便打，那样也不便打，其结果必然部队拖垮，山头失守，贻害全局。我们经验证明，愈怕损失则损失愈大，不怕损失则损失反小。从二月五日打到今天，共八仗，俘敌近万，我主力则伤亡三千。

（二）对北满建议如下：

（甲）暂时不必加兵南来，因在敌区中被敌重重堵追，干部思想必恐慌（辽东敌后的经验），避战则减员，作战无法安置伤兵，很可能既有损失仍不达目的地，即使达到亦必疲惫应战，不如以此代价协同北满主力在长春西北死打硬打较有利。

（乙）可否由北满派一个主力师到东满加强桦甸方向，其作用是积极向敌活动，带出东满部队战斗作风，并保持我们与东满交通，必要时可转到南满。

（丙）北满主力可否提前出击，以免敌再增兵到南满。

（丁）你们准备给南满更多新兵，壮了我们的决心。我们希望来得快，给得多。第一批速南来，并请给两个现成的补充团，七天后，我们组成三个补充团架子（班长以上）来北满，以便陆续接兵南下。只要你们给人力支持，我们将以无比的勇气打仗。

（一九四七年三月三十一日萧劲光、陈云、萧华、程世才复林彪、彭真、高岗电）

九

由于辽东主力及敌后、正面全党、全军的努力，由于北满主力三渡松花江出击[338]，过去三个月中粉碎了敌对临江前后三次进攻[339]，俘敌近万，歼敌二十营(敌后我军歼敌在外)，收复五城[340]。但这些胜利不应使我们麻痹。敌利用松花江开冻，北满主力对我配合较前困难的条件，首先集中兵力击破南满的企图是不变的。敌已从热河、平津增来东北五个师(大部或全部可能用于南满)，并开始了第四次对长白山的进攻。敌鉴于过去三次的失败，目前进攻兵力与组织都加强了。但我南满阵地必须坚持。现辽东本身条件亦有改善，敌兵力虽多，其主力只二十二师及八十九师，因此敌之进攻应该而且可以被粉碎。

目前辽东全党的任务如下：

(一)在部队的高级干部中弄清粉碎敌之进攻，保持南满，有全东北全国的意义。我们必须不惜以任何代价，决心打若干恶仗、硬仗、大仗，以消灭敌之力量，粉碎敌之进攻。在连续战斗中损失是不可免的，但以局部损失去换取全体胜利，正是保证每个局部取得恢复与发展的必要条件。

(二)敌后部队应继续保持不叫苦的精神，积极活动，严格执行配合正面作战的任务。要随时随地发动农民，保护农民在分得的土地上春耕。同时，应预先准备必需的物质补充，以防战时交通隔绝和更困难的情况到来，这里同样要有局部服从全体的精神。

（三）地方的、后勤的、机关的工作同志，都须继续并更积极地工作，以无限责任心去改善工作，保证前线胜利。

（四）我们的斗争将得到全东北我军尽量的配合与人力物力的支援，但全部精神必须放在自力更生上，避免依赖和等待。

（一九四七年三月三十一日中共中央辽东分局关于全党动员起来粉碎敌人第四次进攻的通令）

十

目前敌人已经集中较大兵力，开始进攻南满。我们必须下定坚强的决心，粉碎敌人的进攻。对于坚持南满的斗争，不应有丝毫的动摇，在敌人面前不应有任何的畏缩与恐惧。从安东失守到现在，南满坚决粉碎了敌人三次进攻长白山的计划，歼灭了敌人两个师以上的兵力，生俘万余，收复了五个县城，振奋了群众，坚持了敌后斗争。这种形势的转变和开展，固然由于北满三次出兵，给了南满以胜利条件，但也由于我党政军民全体的努力和坚强的奋斗，尤其是我主力军给了敌人以歼灭性的打击，因此相当地改变了敌我力量的对比，改变了南满的形势。事实证明，只有坚强的奋斗，抱定歼灭敌人的决心和信心，敌人的进攻是能够粉碎的，敌我力量是能够改变的，形势是能够改善的，南满是能够坚持的。在今天，粉碎敌人进攻的条件，比上次更为有利。敌人经过我们东北各个战场连续打击以后，战斗力降低了，而我们越打越强了；群众经过国民党的蹂躏后，对我们的认识和同情心提高了；东、西、北满对我们的配合并未因松花江开冻而放松。今天增加到南满的敌人主力军并不多，大部都被我们打垮过。此外，还有战斗意志比较脆弱的云南军。敌军建制杂乱，后备力量有限，数量虽然增加，但其质量比前降低。今后只要歼灭一两个师，南满形势即可发生基本变化。目前摆在我们面前的问题，就是如何提高战斗意志，发扬打硬仗、打大仗、打恶仗的坚强决心。战争胜利的要诀，就是积极地争取主动性，努力造成敌人弱点，积极寻求和抓住一切有利机会，即使是微小的，也不应该放过，以达集中优势兵力，各个击破敌人。如果我们以消极的畏首畏尾的态度，这样不能，那样不好，只想等待适合口味的机会，结果我们越退缩，敌人越靠拢，我们处处被动，敌人总是主动。这样就会始终得不到机会，打不成好仗。被动的结果，必然是失利。要打硬仗、打大仗、打恶仗，必然要付出一定的牺牲代价。为了打胜仗，歼灭敌人，这种代价是要下决心付出的。保存实力，只有付出一定的代价，换取敌人更多的代价，才能得到。就是说以一定的牺牲换取的胜利，这样才能减少牺牲，保存自己，壮大自己。我们要发扬革命的英雄主义，在大敌当前，表现英勇无畏；以积极、负责、努力和坚决、勇敢、顽强的精神，来狠狠地消灭敌人，这便是我们革命军人最高尚品质的表现。这样的指战员应受到全党全国人民的尊重、爱戴和欢迎。战争是最艰苦、最残酷、最严肃的斗争。全体将士必须坚决执行命令，努力完成任务，严格遵守纪律，爱护根据地人力物力。每个指挥员要很好地了解敌情、地形，细密地组织战斗力，随时注意配合、协同与联系，反对莽闯、乱撞的战斗作风，提高从战术上爱兵的观点。为加强和统一前方部队的作战，已决定由曾、韩〔341〕组织前方临时指挥部。韩于四日到达十师后，即与曾一起指挥作战。

（一九四七年三月三十一日萧劲光、陈云、萧华、程世才、罗舜初、吴克华、莫文骅、唐凯致各兵团首长并报林彪、彭真、高岗电）

十一

我们现派三个补充团干部架子来接新兵。你们能更多给我们新兵，使我们勇气大增。当然即使没有兵补，我们也要反复力争长白山的。有了新兵，增加了争夺的最有力的条件。

我们到这里可以说基本上是解决一个问题，即思想上树立起坚定不移的意志去坚持南满（不是打游击的南满，而是完整长白山区的南满，因为只有这样，对北满敌人的牵制作用才大）。由于这个问题的提出和解决，我们才敢大胆负责地说，即令现有实力全部消耗完了，仍不能保持南满时，也是必须拼的，因为这有全东北全国的意义。又因此打破了那种“保存”实力的退却的想法，那种退却的“保存”，将来南满与全东北都不能保存，近视眼必害自己，亦害全局。劲光在前面指挥，最大的收获是解决了部队干部思想上怕伤亡、“保”实力的问题。这一问题解决了，战术上就灵活了。又弄清了所谓“留得青山在，不怕没柴烧”在今天南满的意义，决不仅仅是指部队的实力，而大部是指硬要保住完整的长白山区，当然也指部队。

现在不敢说南满的问题完全解决了，但可以说大部解决了。

现在我要向你们提出而且要请你们考虑另一方面的问题，这个问题我是经过了考虑的，希望你们加以一再的考虑。问题如下：

从全国、全东北经验看来，兵力总数是敌大我小（东北程度较差），但敌兵力仍不够，故只能而且已经采取"分别先后，集中重兵，各个击破"的计划。这一计划在苏北、鲁南收得若干效果，其原因敌我相较，敌仍有两个有利条件：兵多；运输便利。

被敌进攻方面的我军处境是困难的。苏北、鲁南我不知，以南满为例，第一困难是长白山区人少，因此粮少，房少，伕子少，运输力少，安置伤兵的地方少。就其当地条件来说，只能打游击战，但从全局来看，必须打运动战。在这样地区，人力上以及必要的物力上，如无其他地区的支援，则是不可能打运动战的。第二困难是无间隙的作战。例如，当北满出击敌人时，我们也不能并不应休息，因为只有牵住敌人，才便于北满歼敌；只有乘机向敌进攻，才能改善自己阵地，以备第二次敌来进攻。北满一停攻，敌立即以火速南运向我进攻，我虽想休息而不可得，不得不被迫应战。战争就这样循环无已地下去。所以休整二十天一个月，是根本没有的事。这一点如果不被各满了解，则可能在援助的行动上稍迟一点，对于南满就有很大的不利。

归结起来，要使东、西、北满了解我们南满的处境，在军事上、人力上和必要的物力上给我们足够而且及时的支援。

我考虑的结果认为：被进攻方面（例如南满），必须克服右的近视眼的"保存"实力，向困难屈服的倾向。一般说，只要看出这一问题就较易解决，因为共产党员本性革命，而且直接在敌兵的逼迫之下，故这一倾向不易被忽视，且容易说通。另一方面，即敌取守势方面，我们的干部思想，因为所居环境不同，不易深刻体会被攻方面的困难，也一时不易使所有干部都看清被攻方面之困难及其成败对于其他战场有切身利害关系。由于敌人暂时不对他这一方向进攻，很易近视苟安。这种倾向易被忽视，因此也不易迅速全部克服。由于这种倾向存在，可能产生钳敌行动不够积极，可能的人力物力的调剂被忽视。这种倾向存在是有原因的，我估计有二：（一）敌未直接对之进攻，不易使干部将局部利益与全部利益、一时情况与长远情况统一起来看。（二）八年抗战与十年内战无此可能、必要和经验。八年抗战，在若干阶段上，敌对我军基本取守势（太平洋战〔342〕后，对全中国基本是守势），我军协同的需要不很大。今日之内战，则敌取攻势，而且是尽可能的集中重兵各个击破。十年内战时，各战略区既无配合的可能，更无此习惯。今日之内战，则完全有配合的必要，而且在这一点上，我们稍有弱点，注意不周，注意太迟，则必定吃亏。

中央和东北局对敌人各个击破政策的对策是，各战场协同动作，以各个击破敌人。这一政策确定了，执行了。但是，我以为执行的难关必须打破。即被进攻方面，右的情绪必须打破；在协助战场上，我上面所说的不积极、不及时支援的思想也必须打破。我提议东北局召集一次会议，将各战场有关人员找来交换一下意见，被攻战场方面可以提出请求援助哪几项，协助战场方面可以研究可能协助到什么程度。各定任务，一则坚持，一则协助，这样使击破敌策、执行对策更有效。我以为这不仅今天需要，万一哈市失守，北满也被分割，那时敌仍是各个击破政策，我们今天预先在思想上准备，并具体计算各满军事配合行动的可能程度，人力物力可能调剂的程度，也是需要的。请你们看这样的会议有否必要？

（一九四七年四月二日陈云写给高岗信的节录）

怎样才能少犯错误*

（一九四七年二月七日）

我们可不可以少犯错误？这个问题提得好。拿我来说，我是中央委员，我犯了错误，影响就比较大。

我们怎样才能少犯错误，或者不犯大的错误呢？在延安的时候，我曾以为自己过去犯错误是由于经验少。毛主席对我说，你不是经验少，是思想方法不对头。他要我学点哲学。过了一段时间，毛主席还是对我说犯错误是思想方法问题，他以张国焘〔143〕的经验并不少为例加以说明。第三次毛主席同我谈这个问题，他仍然说犯错误是思想方法问题。

后来，我把毛主席从井冈山到延安写的著作都找来看，研究他处理问题的方法。同时再次考虑，错误到底是从哪里来的？我得出一条结论，是由于主观对客观事物认识上有偏差。凡是错误的结果都是由行动的错误造成的，而行动的错误是从认识的错误来的。认识支配行动，行动是认识的结果。比如，蒋介石为什么说三个月或者五个月就可以消灭我们呢？他的这种错误的判断，就在于他对我们的兵力是同群众密切结合的这一点缺乏估计，同时夸大了自己精锐武器的作用，忽视了

* 这是陈云同志在中共中央辽东分局会议上讲话的一部分。

自己军队的士气低落和同群众的严重脱离。敌一九五师的失败，也是由于赵公武〔343〕和陈林达〔344〕对我们部队的认识不对，他们错误地认为我们兵力分散，不能集中。我们这次在敌后，有些同志有点惊慌失措，原因是他们过高地估计了敌人的力量，明明是个瓜皮帽，却把它看成了猫耳山〔345〕。因此，我认为我们做工作，应当把百分之九十九的力量用在了解情况上。情况了解清楚了，就可以正确地决定对策。我在延安时从枣园〔346〕出来后到财办〔242〕工作，如果要我明天作报告，当天晚上还忙于搜集材料，以了解情况。不忙于决定对策，而首先了解情况，这才不是本末倒置。

实事求是既容易做到，也难以做到。要做到实事求是，就要从具体分析实际情况中找出对策。人之所以犯错误，都是由于不了解实际情况就匆忙地决定对策，主观与客观相脱离。当然，我们过去所以犯错误，也不是对实际情况一点都不了解，只是了解的情况是片面的，而不是全面的，误把局部当成了全面。片面的情况不是真正的实际，也就是说，它并不合乎实际。所谓难也就难在这里。我参加革命二十多年，犯错误都是因为认识上存在片面性。

要少犯错误，就要避免认识上的片面性。其方法，我概括为三条：一、交换，二、比较，三、反复。

交换是带头的。所谓交换，就是要互相交换正反两面的意见，以求了解事物的全面情况。交换时要特别找同自己相反的意见，相反的意见可以补充我们对事物认识的不足。相反的意见即使错了，也有可能反映了事物的一个方面，或者包括一些历史经验的推论。因此，对同自己相反的意见，我们也要作些分析，吸取其中有用的部分。陈独秀〔186〕的错误，李立三〔347〕的错误，王明〔222〕的错误，不是由于这些人发神经病，或者因为他们是傻瓜，主要是由于他们夸大了事物的一面，所谓知其一不知其二。一九三〇年的革命高潮，只是比一九二七年大革命失败后革命运动处于低落时高，而不是比大革命失败前高。红军力量比过去是大了，但还不是大到足以打垮蒋介石军队的程度。一九三二年的一二八〔348〕事变，使全国的抗日反蒋运动掀起了一个高潮，但还不是全国革命高潮的到来。四中全会〔349〕的错误结论，临时中央作出的关于争取革命在一省与数省首先胜利的错误决议〔350〕，都对当时的形势作了错误的判断。我们不能说犯错误的同志对形势的判断是毫无根据的，但是他们夸大了客观事物的一个方面。所以，我们应该收集反对意见。对于正确的反对意见，可以补充我们对客观事物认识的不足。对于不正确的反对意见，我们要把它驳倒。愈是不正确的，就愈要把它驳得彻底。既然要批驳，就得找论据，这可以加深我们的认识。正确的意见往往就是由系统地驳倒不正确的意见而产生的。各种资产阶级的、假马列主义的错误思想，为毛主席的真马列主义的正确思想的产生提供了条件。毛主席的著作都是采取这个办法写的。如写《论持久战》，他先收集速胜论和亡国论的论据，经过分析、批驳，得出抗日战争只能是持久战这个正确的结论。在《中国革命战争的战略问题》一文中，毛主席首先批驳只要研究一般战争的规律，或者只要研究俄国革命战争的经验，或者只要抄用北伐战争的经验，就可以解决中国革命战争战略问题的错误意见，然后提出必须研究中国革命战争尤其是十年土地革命战争的特点、规律和战略战术的正确主张。毛主席《在延安文艺座谈会上的讲话》中，也是先批驳文艺是超阶级的、文艺工作者无所谓阶级立场的观点，进而阐明了文艺必须为人民大众服务的根本方向。所以，要做到交换，特别是要做到同反对自己意见的人、同其他阶级的代表交换意见，首先要明确交换的目的在于能使自己对事物认识得更加完整。同时，要设身处地地站在对方立场上想一想，他们的意见是否有道理，凡是有理有据的都要吸取。但是我们有些同志，往往不喜欢同自己意见相反的人谈话，互相交换看法，这是不好的。

交换是为了更全面地认识事物，比较则是为了更好地判断事物的性质。不经过比较，就看不清事物已经发展到什么程度，它的要害和本质是什么。检验黄金的纯度要用试金石，验血也有参照的标准。我们如果用比较的方法，把一九三二年的革命高潮与一九二七年大革命失败后相比，再与上海三次暴动〔351〕时相比，就知道一九三二年的革命高潮达到什么程度，然后再决定我们的策略，这样就不至于采取“左”倾冒险主义的行动。前几年有位美国将军叫史迪威〔352〕，他派观察组到延安，拿我们对美国的政策，来比美国对我们的政策，结果改变了对我们的态度。所以一经比较，就能够对事物认识得更清楚、更深刻。又比如，今天我们要不要在南满坚持，只要把现在坚持所带来的牺牲与将来退到长白山可能造成的牺牲，大小轻重，有无价值，加以比较，就容易作出必须坚持南满斗争的决定了。

比较仍然是认识的过程，反复则既是认识的过程，也是实践的过程。反复，首先要在决定了对策之后，再找反对的意见攻一攻，使认识更正确。而最要紧的，是在实践过程中反复认识。凡是正确的，就坚持和发展。如果发现缺点就加以弥补，发现错误就立即改正。总之，判断，行动，再认识，修正之，这样就可以不犯大的错误。

从我的经验看，如果上面说的三条要求都达到了，就能够比较全面地认识客观事物，避免某些片面性，作出比较正确的决策，比较好地做到实事求是。在这个问题上，应当是不充好汉，不爱面子。如果不从认识自己错误上求进步，装洋蒜，一定要跌觔斗。愈怕丢脸，一定会丢脸。不怕丢脸，反倒可能不丢脸。要论事不论脸。做到了这一条，自然不会一听到反对意见，就毫不思索地跳起来。

我们要求犯错误的人论事不论脸，同时要把客观事实拿给他看。大家都根据客观事实想问题，定政策，自然可以求得党内一致。

论事不论脸，这里有个立场问题。有了坚定的立场，才能掌握这个方法。如果尽是为个人打算，一辈子也掌握不了这个方法。个人主义与马列主义的矛盾就在这里。真要做到实事求是，必须有无产阶级的立场。大家如果都能站在无产阶级立场上，方法就容易一致，对问题的看法就容易一致，事情就好办了。党内只应当有这种态度，这就是共产党员的态度。在两个人谈话中可以承认错误，在小组会上可以承认错误，在大一点的会上可以承认错误，在千万人面前也可以承认错误，这叫论事不论人，论事不论脸。这样，扯皮就少了，事情也就好办了。

健全党内生活*

（一九四七年四月二十二日）

目前辽东党内存在着组织生活不健全的状态。这在上面有，下面也有。有的是受人影响，有的是本来就有的。

辽东党内，干部来自五湖四海，有先来的，有后到的。形势复杂，又战又和。这就容易发生无原则的纠纷，必须以严肃的原则性去对付之。

我提出下面三条意见。

（一）正面地坦率地辨明是非。

正面地坦率地辨明是非，这是应有的原则态度，不是得罪人。否则，就会助长混乱，不能解决问题。

被责备者不要一触即跳。“大广播”比“小广播”好，正面讲比背后讲好。是否是事实，一见面就清楚了。

（二）党内严格执行民主集中制。

民主不仅一般需要，在目前情况下有特殊需要。不经大家交换意见，是不可能集中的，形式上集中了也难免出错误。

不民主，只集中，必然愈不能集中；多交换意见，反而容易集中。

---

* 这是陈云同志写的在中共中央辽东分局工作会议上的发言提纲的一部分。

核心领导只有经过严格执行民主集中制，并在实践中经过考验，才能建立起来。

民主又必须集中。个人意见不被采纳，不能生气，也不能不尊重集中的决定。

（三）每个党员都有在党内发表意见、讨论问题的权利，但又必须有服从决定、积极工作的义务。

遇到不如意的事和人，就不干工作，或在言论行动上消极，这是不对的。遵守纪律的重要，恰恰是在自己意见不被通过的时候，或者是有关自己的问题的时候。

在我们党内，个别党员的利益必须服从于全党的利益。个人服从组织，少数服从多数，下级服从上级，全党服从中央，这“四个服从”是一个也不能少的。这是我们党的铁的纪律，也是健全党内生活、增强党的战斗力的有力武器。

辽东土地改革工作中的教训*

（一九四八年四月十六日）

去年七八两月，辽东两千干部连北满[253]四个工作团一齐下乡，当时只集中打击地主和恶霸富农。七月时，土改工作采取很慢的点点前进、求透不求快的办法。但群众在亲尝了八路军好、中央军[269]坏的经验后，又在我军各方胜利前进的形势下，情绪普遍高涨，他们迫不及待，到处请工作团去，开展土地改革。另一方面，辽东在久战之后，急待补充兵源和动员战勤（北满主力大部到了四梅线[353]两侧），建立地方武装，肃清土匪。在此情况下，运动速度加快，范围加大。

去年七月至今年一月，七个月中，除秋冬攻势的新收复区外，辽宁大体分了土地，安东[354]、辽南则三分之二或四分之三的地区分了土地。总的说来，工作是有成绩的。消灭了封建土地制度，发动了农民，十万农民踊跃参军，并在基本地区内肃清了土匪。但由于运动扩大过分迅速，阶级划分不清，没有巩固地团结中农，对佃富农与旧富农不加区别，许多地方把富农与地主一样对待，保护工商业的政策没有严格执行，以及一度打风盛行，死人过多，犯了很多“左”倾错误。直到一月份中

* 这是陈云同志写给中共中央的报告的一部分。

央及东北局指示纠“左”，才开始纠正。现在，老区正继续纠偏，新区则照中央指示，首先打击大地主。所有新老区，都以春耕为中心，同时进行纠偏或发动的工作。

土改工作中的错误，主要由我负责，因我是负责指导土改的。造成错误的原因，就在于对若干问题的认识含糊不清。

一、对于贫雇农翻身，在现阶段只能翻到什么程度，没有明确的恰当的认识。现在看来，分了地主、富农多余的土地和牲口以后，基本上已算翻身了。至于牲口还不足等等，只能在以后发展生产中逐步解决。否则，必然打击太多，孤立自己。

二、只看中农对土改犹豫观望的一面，没有充分认识坚定地团结中农的必要，分了富裕中农的牲口，又侵犯了其他中农。这种做法，贫雇农经济上所得不多，政治上损失甚大。

三、没有研究富农剥削剩余劳动量的大小，以为凡雇长工者都是富农。当时不知剥削部分只占其总收入百分之二十五以下者应划为中农。因此，误划许多中农为富农。对佃富农，则偏看其二地主性（转租地主土地），他们在乡村中政治地位甚高，牲口又多，因此与旧富农大体上同等对待。

四、在工商业政策问题上产生混乱的原因，在于未彻底认清保护工商业、发展经济，无论对城市和乡村，对工人、城市贫民和农民，对支援战争，都是有利无害的。

五、在打人问题上，当时没有认识到，农民打恶霸虽属正义，但群众运动中人多手杂，打风一开，就会乱打，其结果必然祸害百出。以法庭来处罚应惩之恶霸，既可避免乱打，又可为农民伸张正义。

六、运动中凡属农民提出之要求，总是有原因的。但是，不少要求从全局和长远看来是不合理的。有些要求，即使在当时说来也是不尽合理的。因此，在运动中不能放任自流，作群众的尾巴。

七、在群众情绪高涨的情况下，运动范围可以大些。但如无明确政策，无足够数量和质量的干部，过度扩大运动范围，就容易出乱子。

正确处理
新接收企业中的职员问题*

（一九四八年八月一日）

一

两年多来，我们接收了很多规模很大、技术先进的企业，如铁路、矿山、发电站、邮电、轻重工业工厂、市政企业。当接收时，企业内的工人和职员有下列情况。

（甲）企业内有大量体力劳动的工人，也有很多脑力劳动的职员。工人和职员，同是日寇、国民党政府企业的雇佣劳动者。但工人和各级职员，在企业内的地位和社会上的地位是不同的。工人在日寇、国民党政府企业内劳动条件最苦，待遇最低。下级职员的劳动条件和生活情况接近于工人，但他们之中，许多人带有旧知识分子轻视工人的意识。有一部分管理人员，在日寇、国民党反动统治的指挥和压迫制度下，习惯于用官僚主义的方法去管理工人。

---

* 这是陈云同志为中共中央东北局起草的决定，原题为《关于公营企业中职员问题的决定》，载一九四八年八月七日《人民日报》。当时他兼任东北财政经济委员会主任。

日本帝国主义投降以前，东北企业内的全部高级职员和一部中级职员，都是日本人；“八一五”[262]后，由中国职员代替了日本人。因此，“八一五”后的中国高级职员，在“八一五”前都是中级职员。当我们接收时，中、高级职员是企业的生产及业务管理人。一部分中级职员是职位较低的管理人，其地位接近于下级职员；其余的中级职员，及由“八一五”前的中级职员提升为高级职员的一部分，其社会地位相当于自由职业者，但在企业内是较高和高级职位的管理人。不论“八一五”前或后，中、高级职员对工人及下级职员都居于管理者的地位。工人对于一般管理人员都有或多或少的不满；对于少数为非作恶分子，则是痛恨的。

（乙）我接收企业后，工人和职员对国共两党的认识，当时都是模糊的，但其模糊程度、性质有差别。工人对国民党，也有一定程度的盲目正统观念，但一给民主政府工作之后，工人的情绪是积极的，深怕我军撤退，盼望我军胜利。下级职员，虽然是接近工人的阶层，但在企业中工人群众尚未发动，中、高级职员仍占传统重要地位时，他们的多数是追随高、中级职员的。高、中级职员对国民党政权有浓厚的盲目正统观念，对民主政府则抱冷淡以至抵抗态度。有一小部分职员，则参加了国民党地下军的破坏活动。由于当时工人群众尚未发动，原有的高、中级职员仍占企业的重要地位，因此当时许多企业内事故甚多，生产效率很低。

针对上述情况，我们当时的方针是首先发动工人，同时又团结改造职员。其方法是：首先使工人认清工人阶级是新民主主义社会的领导阶级，自己是企业主人翁的一分子。过去是为日寇、国民党资本家创造利润而劳动，现在则为人民大众、为自己而劳动。同时，洗刷撤换了一些为非作恶、为工人痛恨的人员，并恰当地解决了工人与一部分职员之间的矛盾，由此提高了工人的政治觉悟，工人在生产中表现了负责的态度。由于工人群众劳动态度的改变，生产力的提高，企业的进步，加上恰当地解决了工人与一部分职员之间的矛盾，因此达到了既依靠工人又团结职员的目的。

今天看来，工人和原有职员在工作中的积极性，虽然有若干差别，但应该指出，职员，连同中、高级职员在内，他们的政治认识及工作积极性，两年来都有了很大进步。原因有二：一是企业内工人群众的发动和团结职员政策的实行；二是东北战局我胜敌败，加之国民党政权反动腐败，排斥东北职员的恶劣行为有了充分暴露，打破了广大职员对国民党的幻想。今天职员的情绪与一两年前比较，已大有区别；同时，国民党政府企业中的职员，经过两年的亲身体验，也逐步认识到国民党政权的反动腐败。因此，在我新接收或将接收的企业中，也具备着团结、改造旧职员的有利条件。

两年来，处理工人与职员关系问题上，个别企业曾犯过右的和"左"的错误。右的错误表现在过分信赖旧职员，而重视工人不够。因此，既不能启发工人的积极性，也难教育改造旧职员，使生产力的提高和企业的改造受到了阻碍。"左"的错误表现在只重视工人，轻视职员，对职员缺乏分析，不加区别地乱打击，形成工人与职员对立，这样就破坏了员工团结，其最后结果也必然是妨碍生产，危害企业。依据现有经验，处理工人与职员之间的矛盾，必须根据两点：第一，工人是企业中基本的生产力量，但职员也是企业中必不可少的一部分。为了提高生产，改造企业，必须使体力劳动的工人与脑力劳动的职员合作，并发扬两者的劳动热情和工作积极性。第二，必须根据日寇、国民党统治时期企业内各种职员与工人之间关系的不同，恰如其分地解决存在的矛盾，既提高工人觉悟和劳动热忱，又团结改造职员，达到员工团结、员工互助的目的。为此，我们对各种职员应依下列原则处理。

（一）职员中百分之七十至九十是下级职员，他们既不是生产业务的管理人，也不是人事的管理人。他们之中有很大一部分，虽然具有一般旧知识分子的意识，看不起工人，但他们的劳动条件和生活状况是接近工人的。因此，对于下级职员应该团结，大体上应该和工人一样待遇；同时应用教育的方法改变其轻视工人的错误认识。

（二）技术员、技师、工程师、专门家，是管理庞大复杂的近代企业中必不可少的重要人员。我们对于一切技术人员，包括思想上还不同意共产主义的在内，只要忠于职务，不作破坏活动，都应给以工作，并在生活上给以必要和可能的优待，使他们发扬专长，为人民服务。对于能与工人合作，打破保守观念，克服困难，努力创造的技术人员，应予鼓励。

（三）日寇、国民党政府企业中专门压迫工人的特务，矿山中专以额外剥削工人为职业的把头（不是一般工厂中的工头），这些人与一般职员不同，他们与工人的矛盾最深，工人至为痛恨。在人民企业中，决不允许特务分子和把头制度的存在，决不能让原来把头担任生产领导工作，其罪大恶极而工人要求法办者，应允许工人要求送交法庭惩办及追偿损失。

（四）总务、庶务各部门的主持人员，他们之中有不少曾经仗势凌人，克扣工人、职员的配给、薪资，并且假公济私，贪污自肥。他们占有日寇、国民党政府企业中“肥缺”的原因，常常不是由于业务技能，而是依靠特殊势力。洗刷撤换这些为非作恶的人，不仅是工人的要求，也合乎多数职员的愿望。对于克扣、贪污为数巨大者，应由企业和职工依法追偿。但洗刷、撤换这些为非作恶的主持人员时，必须把这些部门中未曾作恶的主持人员及非主持人员、下级职员加以区别，不应一律对待，以免扩大打击面。

（五）生产及业务的负责管理人员，如铁路的站长、段长，工厂的厂长、处长、科长，矿山的矿长、坑长，等等，这些职员占企业内中、高级职员的最大部分。在日伪时期，这些职员绝大部分是日本人，“八一五”后，由中国职员代替了；而当我接收企业时，高级职员几乎全体及中级职员的一部分，已被国民党军携走。留下的那些生产业务管理人员，一方面，他们有专门知识或业务技能，有组织生产、组织业务的经验，在生产中有重要作用；另一方面，由于他们中的多数是日寇、国民党政府统治时期企业中或大或小兼管人事的生产和业务管理人员，他们管理的性质及方式虽然不同于把头、特务，但与工人之间存在着或多或少的矛盾。因此，对于这些人员的使用及他们与工人之间的矛盾的处理，必须谨慎而恰当。

日寇、国民党政府企业的资本主义经营方法，是在剥削压迫的基础上，依靠一部分组织生产和掌管业务的职员来管理工人的，而这种管理，不能不是官僚主义的方法。应该看到，在生产及业务管理上所发生的工人与职员之间的矛盾，其形式上虽然是职员与工人的矛盾，但实质上是日寇、官僚资本家与工人的矛盾。在日寇、国民党政府企业被接收而变为人民企业时，这种矛盾根源已不存在。由于上述原因，对于日寇、国民党统治时期由这种矛盾所产生的工人对管理人员的不满，其解决办法不应该是“流血斗争”或殴打职员，而应该采取批评、团结的态度。但完全忽视工人对管理人员的不满，也是错误的，其结果必然阻碍工人的劳动积极性。因此，正确的解决办法，应该开展工人群众的批评和管理人员的自我批评，得罪过工人的，要赔礼道歉，以便达到团结的目的。

这些管理人员，一般虽有思想上和作风上的毛病，但他们的专门技能或业务管理知识，无论目前或将来，对经济建设和人民企业都是需要的，我们许多共产党员还必须用心向他们学习这些知识和技能。这些人员中除了少数高级职员，或因本身是官僚，或因在旧社会有特殊地位，不愿为人民服务，或因作恶过多为工人痛恨不能留用者外，其余凡愿为人民服务、忠于职务、不作破坏活动者，都应给以工作。其职务的分配应该照顾两个方面：一方面，必须使用其长；另一方面，如果不调离原来职务即将妨碍企业中必需的民主活动和工人的劳动热忱时，则必须调离原职，给以其他适当工作。凡管理人员在人民企业内工作积极又与工人合作、生产业务上获得成绩者，应受奖励。

二

一般职员，即下级职员、技术人员、生产业务管理人员，尤其是高级和中级职员，他们的劳动态度、对工人的态度和管理方法必须改变。为了改造他们的劳动态度，必须使职员认识以下基本道理：国民党政权必亡，人民解放运动必成。国民党政府企业变为人民企业是企业性质的根本改变：过去是企业属于官僚资本家，因此一切劳动者是为少数官僚资本家创造财富，现在是企业属于人民大众，劳动是为人民大众，也为了自己；在国民党政府企业中，用人唯私，在人民企业中，用人唯贤；在旧社会中，科学和科学工作者毫无充分发展的机会，在共产党领导的新民主主义社会和将来的社会主义社会中，则有无限发展的前途。为了改变职员对工人的态度，必须使职员认识：工人是企业中最大量、最重要的劳动者，是创造社会财富的基本力量。日寇、国民党政府企业的资本主义经营方法，是以皮鞭和饥饿来强迫工人为日寇和官僚资本家创造利润，这不但不能使工人有自愿的高度的生产情绪，恰恰是造成工人反抗的根本原因；在人民企业中，一切劳动者都是企业的主人翁。生产、业务管理的进行，一方面须有企业规则（即厂规、店规），同时主要地依赖工人群众自觉的劳动纪律和维护劳动纪律的舆论。因此，在人民企业中，不应也不能采取官僚主义的压迫的方法来管理，而必须用集中领导下的民主方法来管理。

对于职员的改造，是一种思想和作风的改造，是细致而长期的教育工作，不能急性粗暴的处理，需要自上而下的教育，也需要工人与职员的相互批评和自我批评。为了这个目的，可以采取讨论会、座谈会、研究班、训练班等方式。

三

为适应经济建设及企业发展的需要，除原有生产、业务管理人员、技术人员必须进行思想和作风的改造及培养提高外，一切经济企业同时必须十分注意提拔优秀的工人、职员，把他们培养成为新的生产、业务管理人员及技术人员。

四

过去接收的日伪企业中，已有一些"八一五"前后加入的国民党员、三青团〔224〕员；现在新接收的企业中，有更多的国民党员、三青团员。国民党、三青团在它们所管的企业中曾实行大量吸收党员、团员和集体入党、入团的办法。许多加入国民党、三青团的职员及工人，其入党、入团的目的是为了保障职业。但是，其中确有若干国民党员、三青团员是特务分子，过去负有监视工人、职员的任务，当企业被我接收后，则隐蔽、埋伏，从事破坏活动。因此，我们的政策，对于不同情况的国民党员、三青团员，应加区别。对于为保障职业而加入的国民党员、三青团员，应令其登记，并报告入党、入团经过，在保证不参加破坏活动的条件下给以工作，但在短期内不可担任重要职务。对于负责党务、团务的人员，则必须分清其是否特务分子而决定去留。对于隐瞒的特务分子，则必须提高警惕，从企业中清除出去。

五

解决工人与职员在生产、业务管理方面的旧有矛盾，改变旧的管理方法之后，在人民企业内，依然必须有人民的严格的管理制度，以及代表人民和国家的管理人员，否则，组织生产、组织业务是不可能的。管理人员中有革命多年的老干部，有新提升的工人、职员，但其中有许多是旧的管理人员。这些旧的管理人员，当着他们忠于业务、依照企业规则执行职务上的管理时，其所属的工人和职员，包括其所属员工中的共产党员在内，必须服从。

当前中国职工运动的总任务*

（一九四八年八月三日、四日）

第六次全国劳动大会〔355〕提出了当前中国职工运动的总任务。总任务是什么？就是彻底推翻美帝国主义及其走狗国民党反动派在中国的统治，建立新民主主义的人民共和国。讲得普通一点，就是打倒国民党反动派，打倒反革命的旧政府，建立革命的新政府。这是现阶段中国工人阶级最高的任务，解放区的工人和国民党统治区的工人都要为此而奋斗。到会的同志都是工人的代表，为工人谋利益的，我们应该郑重其事地讨论这个总任务，并且广泛地向全国工人阶级宣传这个总任务，让每一个工人都了解，打倒蒋介石，建立新中国，就是工人阶级和全国人民的根本利益所在。

我们向全国工人阶级提出这个总任务，那末，工人生活问题，比如说，在国民党统治区，工人劳动时间太长，工资太低，组织工会没有自由等等问题，都不提了吗？不是的。凡是有关工人切身利益的一切问题，我们都要关心，都要帮助解决。但

---

* 这是陈云同志在第六次全国劳动大会上的报告摘要。一九四八年十月十日，在中华全国总工会第六届执行委员会首次全体会议上，陈云同志当选为全国总工会主席。

是，如果不完成我们的总任务，要彻底解决这些问题是不可能的，即使是部分地解决了，也是不能持久的。现在国民党统治区的工人生活还是很苦的，他们还受着剥削压迫，没有自由；解放区的工人虽然得到了民主，但生活还是不好。这些苦是从哪里来的？归根到底，是美帝国主义及其走狗国民党反动派剥削压迫造成的，除了打倒他们，工人就没有出路。

不打倒国民党就没有出路，这是历史作出的结论。从一九二七年到现在，我们已经同国民党斗争了二十几年。现在可以讲一点历史事实。大革命〔203〕时期我在上海，参加了反对北洋军阀的三次武装暴动〔351〕。我们工人拥护国民革命军，工会派代表到新龙华去迎接国民党。可是，他们来了，搞了一个“四一二”大屠杀〔356〕。接着是十年内战，调动几十万、上百万军队“围剿”苏区〔19〕，在白区〔37〕残酷杀害共产党人和工人革命分子。以后日本帝国主义占领东北，进攻华北，中国共产党提出了停止内战、联合抗日的主张，蒋介石则坚持“先安内，后攘外”的反动政策。结果来了个西安事变〔357〕，把蒋介石捉住了。共产党以民族存亡的大义为重，主张放他出去，要他抗日，但是，他在八年抗战中打日本很消极，反共反人民却起劲得很。抗战结束后，毛主席到重庆同他谈判，国共双方都在“双十协定”〔358〕上签了字，但他的老毛病又犯了，赖帐不算，同美帝国主义勾结在一起，来了个全面内战，准备一家伙把革命力量统统打下去。在国民党统治区，他疯狂地镇压要饭吃、要和平、要民主、要自由的人们，查封报纸，逮捕了许多人，打了许多人，杀了许多人。被捕被打被杀的，有工人，有共产党人，也有民主人士，在座的朱学范〔359〕同志就是一个。最可恶的是，日本帝国主义侵略中国八年多，蒋介石最近却任用日本侵华军总司令冈村宁次[360]这个首要战争罪犯当他的秘密军事顾问，帮助他打内战。蒋介石国民党二十几年的所作所为，证明了不战胜它，不打倒它，我们就要吃亏，就要倒霉。因此，彻底推翻美帝国主义及其走狗国民党反动派在中国的统治，建立新民主主义的人民共和国，这是我们现阶段的总任务，最高的任务。至于工人的劳动时间问题，工资问题，组织工会自由问题，等等，比较起来，都是些小问题。推翻国民党反动统治这个大问题解决了，小问题都容易解决。

工人阶级现在是为新民主主义而奋斗，将来还要为社会主义而奋斗。新民主主义好，社会主义更好。因为社会主义可以完全消灭人剥削人的现象，生产力可以有更大的发展，全体人民可以生活得更好。要为社会主义而斗争，首先就要参加新民主主义的斗争。不完成新民主主义革命，就不可能开始社会主义革命。中国新民主主义革命是无产阶级及其先锋队共产党领导的。打败了蒋介石，我们就可以掌握国民经济命脉，发展劳动群众的合作经济，这样就可以由新民主主义革命转到社会主义革命。我们工人阶级越是干得好，贡献大，英勇奋斗，不惜牺牲，就越能成为领导的阶级，中国就越有可能胜利地走向社会主义。

现在我们取得的大胜利是几十年来没有过的。据新华社发表的消息，我们已经消灭了敌人的军队二百六十四万，解放区的人口已经有一万万六千八百万，战争已经从敌人的进攻，变为我们的进攻了。我们已经掌握了战争主动权。反革命已经到了彻底垮台的边边上了。比如爬山，我们已经快爬到山顶了。这是中国工人阶级和全体人民的大胜利。国民党快要垮台了，它就要打主意，搞新的阴谋诡计。美帝国主义也要替它想办法。他们新的阴谋诡计，就是搞一部分军人，一部分政客，利用中间派、右翼分子，来搞假和平，而且还可能让蒋介石下台，将来上台的是张介石、王介石、李介石。他们搞假和平是为了什么？目的是不想下台，想重新组织力量来打我们。出现了这种情况我们怎么办？同志们不要上当，不要被他们骗了。只要我们坚持斗争，在我们这一代手里取得胜利，这是肯定了的。

现在我还要讲一下中国共产党中央委员会规定的现阶段的总路线和总政策。无产阶级领导的，人民大众的，反对帝国主义、封建主义和官僚资本主义的革命，这就是中国的新民主主义的革命，这就是中国共产党在当前历史阶段的总路线和总政策。我们工人阶级要团结起来，联合农民阶级、城市小资产阶级和民族资产阶级，建立最广泛的反对美帝国主义及其走狗国民党反动派的革命统一战线，建立无产阶级领导的几个民主阶级的联合专政。这是人民的政权，帝国主义无份，封建阶级无份，官僚资产阶级无份，而且要对他们实行专政。为了达到这个目的，我们要在适当时机举行新的政治协商会议，讨论召开全国人民代表大会，成立民主联合政府，支援战争，争取最后胜利。中国共产党中央委员会又告诉我们，目前在农村中要有步骤地彻底地实行土地改革，依靠贫农，团结中农，消灭地主阶级和旧式富农的封建剥削制度，实现耕者有其田。在城市中，没收官僚资本，保护民族工商业，实行发展生产、繁荣经济、公私兼顾、劳资两利的政策。我们的大会，应该号召全国工人阶级按照这个章程办事。

在国民党统治区，职工运动当前的任务有四条：（一）聚集力量，扩大队伍，准备迎接人民解放军。（二）掌握斗争和团结的策略，对待民族资本家和官僚资本家应取不同的政策，联合民族资本家，共同反对帝国主义和官僚资本。（三）派遣熟练的技术人员到解放区来参加新式的工商业的建设，同时保护一切公私营企业及其机器、物资，使之不被破坏。（四）注意保护自己的团体和领袖人物，加强职工内部的团结，严防敌人的挑拨离间。国民党统治区的工人同志们做到了这些，就是对革命、对人民做出了贡献，尽到了自己应尽的责任。

解放区的职工运动是在一种完全新的条件下进行的。工人阶级已经获得解放，并成为人民政权的领导阶级，在国营〔361〕、公营和合作经营的企业中，职工们已经是企业的主人。在私营企业中，虽然仍有劳资关系的存在，但由于工人阶级在政治上、政权中的领导地位，就保障了职工们不致受到压迫和过分的剥削。因此，解放区的职工运动就应该在完全新的方针和政策下来进行。

在这种情况下，解放区职工的任务首先是提高自己的觉悟，好好学习，有组织地自觉地去积极参加新民主主义的各方面建设工作，特别是发展工业生产，以保证革命战争的胜利，满足人民的需要。

在解放区，恢复和发展工业生产，已经提到了重要的地位，这就必须解决一连串的问题。

首先，要加强工业的计划性。我们工业中的计划性太少。做事要按一定的计划，一定的办法。这个问题在国民党区域不是工人管的，而是老板管的。我们解放区要把这个问题提到第一位。要使一切国营、公营企业，都能经过调查研究和全盘筹划，在统一领导、统一计划之下进行生产。就东北来说，破钢烂铁已快要用完了，现在就要打主意，在什么地方开铁矿，办钢铁厂，搞炼铁炼钢。要分清哪些是几年以后需要的，哪些是今天战争需要的，还有哪些是今天需要，将来和平建设时也需要的。比如说，鞍山钢铁厂今天不能开工，但是要做好准备，待把本溪、沈阳拿下来就动工恢复生产。这些都要经过调查研究，全盘筹划。军火工业，重工业，轻工业各搞多少，要有适当的比例。原料、机器、技术力量各方面，也要有一个调剂，克服那些各抓一把的不统一现象。同时要克服那种原料来源、成品推销没有计划，资金周转迟缓的现象。从总的方面来看，工业、农业、交通运输、金融、贸易都需要互相配合，不统一管理，经济就搞不好。各个地方的工厂，也不能各行其是，互不通气，否则就会产生很大的害处。现在我们提倡有计划，首先要把国营、公营企业的计划搞好，只有这样，才能对私人资本家工厂和合资工厂加以领导。总之，没有计划就会造成浪费，按计划办事就可以提高生产，也可以为将来搞全国计划打下基础。

其次，要改善国营、公营企业的经营和管理工作，主要是贯彻企业化原则和实行管理民主化。只有切实改善经营和管理工作，才能达到原料足、成本低、质量好、产量多、销路广的目的。管理工厂，经营工厂，第一要企业化。工厂不是机关，也不是部队，开工厂就要像开工厂的样子，一定要有经济核算，考核成本，计算原料和机器消耗。成本需要多少？原料需要多少？机器消耗需要多少？卖什么价钱？要会算帐。用人也要有制度，按能力按技术，按称职不称职，既要精干，又要合理。我们解放区的同志只会当政治家、军事家，还不是企业家。我们干革命是内行，但办工厂是外行，这就需要向一切内行的人学习。为了把工厂办好，需要大家按章程办事，工厂中要有厂规，要有各种个人负责制度。还要有检查，成品好坏，做工好坏，管理好坏，都要有检查，该赏就赏，该罚就罚。不这样，就是鼓励坏作风，纵容落后，对于我们的事业是不利的。

企业管理民主化，就是要发挥大家的智慧，靠全体职工办好工厂，有事情大家一起讨论商量，他懂这一点，你懂那一点，几点合起来就可找到比较合适的办法。用什么办法来做到“三个臭皮匠，凑成一个诸葛亮”呢？一是成立工厂管理委员会，或者叫企业管理委员会，由厂长（经理）、工程师和其他的负责人加上从工人和职员中选出的代表组成，双方人数各半。这是工厂统一领导的机关，由厂长（经理）任主席。二是组织工厂职工代表大会（五百工人以上的工厂），及时传达工厂中的决定，讨论生产计划，总结生产经验，对干部实行监督，以及讨论职工在生产和生活中共同关心的问题，工人有意见就在会上讲。三是发挥生产小组会的作用，有意见大家开会讨论。民主化并不是没有人领导，不能哪一个人说要怎么办就怎么办，我们是在集中领导下的民主，有组织的民主，目的是把工厂管好。

第三，要重视和培养技术干部和管理干部。我们现在懂技术的干部很少，能管理工厂的干部更少，这是一个大问题。有什么办法解决这个问题呢？首先靠现在工作岗位上的技术干部和管理干部，同时要从有经验有技术的工人和职员中提拔，这是我们干部最主要的来源。要开办职工学校和职工训练班。

有条件的地方，还要开办工业大学或者工业专门学校。也可以从别的岗位上调一点过去做过工厂工作的或者学过工业的人来。所有已经解放了的地方，原有的工程师、职员，只要他们不是反革命分子，愿意留在工厂里的，一律欢迎。工程师还是工程师，职员还是职员，而且要很好地帮助他们，帮助他们改变思想，改变他们的劳动态度和对工人的态度，去掉旧工厂中的官僚主义作风。

关于工资的规定，要坚持一个原则，即反对平均主义，实行交叉累进工资制。评定工资的标准，主要是按照职务、能力、技术和劳动强度，不得根据其他条件。女工、青工、童工，一律同工同酬。学徒学习期限不能超过三年，师徒关系应严守尊师爱徒原则。至于职工劳动保护和福利事业，必须由工厂和工会很好地办理，其经费可由工厂付出等于全部工资的若干份及工人缴纳工资的若干份筹措之。关于劳动时间问题，在目前大规模的战争环境下，解放区工厂工人一般应实行八小时至十小时工作制，除战争紧急需要外，每日劳动时间连加班在内，不得超过十二小时。

国营、公营企业中的劳动竞赛和劳动英雄运动，对发展生产曾起了积极的作用，今后仍要提倡，但必须反对形式主义和个人锦标主义的倾向。解放区工会工作的任务，是在发展生产、繁荣经济、公私兼顾、劳资两利的总方针下，团结全体职工，积极劳动，遵守纪律，以及保护职工的日常利益，教育职工等，使职工在国营、公营和合作经营的企业中发挥管理能力，在私营企业中起监督作用，在个体劳动中促进技术改良和生产合作。工会会员的征收，必须本着自愿原则，尽量争取所有职工加入工会。工会须有切实的真正能够解决群众需要的经常工作,同时必须彻底整顿目前工会工作中官僚主义和形式主义的作风,使工会真正成为职工自己的组织。

为了保障大会决议的实行,必须重新建立中国工人阶级统一的全国组织,即中华全国总工会,以便指导各地职工群众的行动。这次大会应该责成全国总工会新的执行委员会,继续第一次大革命时期全国总工会的革命传统,迅速组织全国职员和工人,在中国共产党领导之下,联合全国各民主党派、各人民团体和少数民族,为迅速推翻美帝国主义及其走狗国民党反动政府在中国的统治,为建立统一的新民主主义的人民共和国而奋斗到底。

把财经工作提到重要位置上来*

（一九四八年八月）

我们在六七两月集中检讨了财经工作，其原因就在于二三月中财经方面发生了两件大事：一为鹤岗煤矿在发动工人中产生了不适当的打击职员的“左”的错误，另一为三月物价暴涨及由此而来的工人实际工资降低，工人不安，公营企业商品售价太低发生赔本现象。兹分述如下。

（一）以鹤岗煤矿为代表对职员的“左”的错误，在鸡西和西安煤矿以及铁路的个别区段均发生过。东北在公营企业中犯过的主要错误，不在过高的工人待遇，相反地，注意工人必要的待遇还不够，而在对职员政策上的右或“左”的错误，其中尤以“左”的错误为重。主要原因是对职员特别是对行政管理人员的作用估计不足。这是一切新接收企业中带普遍性的问题。解决的办法已有中央批准的关于职员问题的“八一”决定〔362〕。

（二）三月物价波动原因有二：（甲）大量增发了纸币。增发之原因是主力部队和二线兵团人数增多，同时又必须购粮四十万吨，去冬今春开支增加，又无物资作为支付手段。故货

---

* 这是陈云同志写给中共中央的报告。

币发行量由二月底的一千四百万元[363]增到今天的六千万元，平均物价指数也涨了近三倍半。(乙)去年粮食歉收，故粮价在货币发行量激增和粮食求过于供的两重影响下，领头上涨了十倍，由二月底的每斤一百六十元涨为今天的一千六百元。

一九四八年度共收公粮一百三十四万吨，贸易局购入粮四十万吨，除供给必需外，再无调剂市场余力。而东北解放区八九百万城市人口所需之二百五十万吨食粮及粉糕用粮，除哈市外完全仰给于二千多万农民的售粮。在此种城市人口众多，公家又无力调剂的供求关系下，略有失调，粮价即暴涨。此外，去年南满[256]和北满[253]全歉收，而南满历来缺粮，北粮无法大量南运，粮食南贵北贱，最高时相差七倍，影响北满粮价。同时，因公家购粮，限制商贩携带五十斤以上的粮食，缩小了社会的调剂力量。

(三)粮价飞涨的结果，公营企业中完全发货币工资者(约五万工人)和部分发货币工资者(约二十五万工人)，其实际工资大降。而此时企业机关对于工人生活注意不足，三月公布的东北公营企业工薪标准又太低，因此，四五月间工人大躁不安。五月以后逐步提高工资，并拟了新的工薪标准，其主要内容是提高工薪的实物计算，并大部支付实物(约百分之七十)。

(四)由于粮价飞涨，而公营企业的牌价，如火车、轮船、邮政、电力，以及为公家完全掌握的煤、盐、布、金价等等，则基本未动。一部分主管同志怕刺激物价而不敢提高公营事业价格，因此造成一系列不合理现象。例如，六百里的火车票价只等于十支纸烟价，一盏二十支光电灯每月收费只等于一支纸烟价；

接近产盐区的通化每斤盐价一千二百元，不产盐的北满反而只售五百元；我掌握之布价，由十斤粮换一尺布，一跌而为五斤粮换一尺布。金价也跌了一半。贱卖时间仅四十余天，后即提价，当时并非畅卖，故损失不算多。

全东北只有哈市一处是粮食配给，粮价远低于其他大小城市，相差三四倍，又不敢主动提高，结果不但公家赔本，也无法阻止其他大小城市的粮价上升，而且造成了哈市配给粮外流。此种公营物价过低的办法，不利于工农业生产，仅利于小贩。由于小贩利润高，有些工厂的工人和职员请假当小贩。

（五）在粮价飞涨之下，公家即令按照市价统购，农民也囤粮不卖。为了度过灾区的粮荒季节，鼓励农民出卖粮食，故于七月十日公布命令〔364〕，在禁止私商囤积的同时，允许粮食自由流通。结果缺粮区粮价下跌或趋向平稳，余粮区上涨，全东北形成适当的市场价格，在此粮食青黄不接的最紧要关头，一个月来只涨了百分之四五十，反比四五两月粮价为平稳。

（六）秋收及新公粮征收以前，估计物价仍将逐步上涨。其中，粮价我无法控制，煤、盐、布、金及公用事业价则必须主动跟上粮价。又因淡月货币回笼不够，开支不减，必被迫发行。我应力求物价平涨而非暴涨。

（七）东北工业恢复的范围日益扩大，工业在经济中所占的比重日益提高，又因为各个国营企业〔361〕之间，国营与各省、市、县公营企业之间，公营企业与私营企业之间，虽有各厂的生产计划及部分的加工和订货关系，但就全体说来，在工业中我们还缺乏计划性，这就使原料、机器、人员、产销等等，缺乏调剂和衔接，产生浪费和损失。因此，东北局决定，今年必须制订一九四九年工业生产计划，如果可能则进一步拟定一九四九年及一九五〇年两年的生产计划，以便我们学习并走向计划生产。为此，首先必须规定国营企业的生产计划，其次必须规定各省、市、县公营企业的生产方向和计划。在这些国营、公营企业之外，又必须调查合营和私营工厂的情况，以便给以生产方向上的指导，在可能的条件下实行订货加工。

（八）综观上述情况，说明东北财经工作到今天仍存在浓厚的盲目状态。其原因，一是财经工作的范围日益扩大，而且复杂，我们无经验；二是两年来我们集中力量于战争和土改，未深摸细摸财经问题。我们已觉悟到，在目前情况下，需要把财经工作放在不次于军事或仅次于军事的重要位置上。

接收沈阳的经验*

（一九四八年十一月二十八日）

沈阳接收工作，准备时间非常仓促。东北局于十月二十七日决定军管会人选，抽四千新老干部，由陈云率领接收几个大城市。二十八日开动员大会，说明政策，规定纪律，从哈尔滨动身。只在路上开了几次会，十一月二日战斗结束[365]，即进沈阳城。好在沈阳未经激烈战斗，军管会人员进去快，接收工作还算顺利，一般国民党未搬走的工厂机器，均保持得完整无损。现将接收工作的几个主要经验，简报如下。

一、怎样才能接收得快而完整。军管会在出发前即确定了“各按系统，自上而下，原封不动，先接后分”的接收方法。一九四六年进哈尔滨时，因干部少，也曾采用过这种方法。分述如下。

（一）各按系统。军管会除市委外，下辖经济、财政、后勤、铁道、政务等五个处，以及市政府、公安局、办公室、卫戍司令部等单位，进行接收。依现有经验来看，这次军管会本身接收

---

* 这是陈云同志写给中共中央东北局并转中共中央的报告，后由中共中央作为成功的经验转发给各中央局和各前委。当时陈云同志兼任沈阳特别市军事管制委员会主任。

机构尚缺外交、军事、社会、文化四个处。

（二）自上而下。入城后即布告通知原有机关主管人负责办理移交手续；如第一级负责人不在，即由第二或第三级办理。同时，从原有内线和下面群众中了解情况。

（三）原封不动。旧职员均按原职上班，工厂企业等只派去军事代表，政权部门只撤换头子。对职员、工人一律发生活维持费十万元〔363〕，等于四十斤粮，有些高级职员则不发。这只是临时过渡办法，主要目的在避免混乱和大的波动。接收步骤，第一步是资产档案，第二步才能整理人员。

（四）先接后分。各部门只有接收权，无占有权、支配权，资产档案一律不准搬走。各部门不对原来上级负责，只对军管会负责。权力集中在军管会，无条件服从，待全部接收完毕后，再统一分配工厂、房子等。接收证件统一由军管会发，由专人负责审查盖章，无证件即不准接收。此外，在入城之前，应连续广播我之政策、办法（此条很重要）。要预备布告、信封、图章、通行证、警察袖章等，并预做招牌，以便在进城后几小时即能摆开办事。军管会机关应放在食宿交通方便之适当地点，充分利用电话与各方联络。

事实证明，这些做法，既能防止乱，又能保证快（两天都接上了头）。如果不按系统，不分上下，乱接一通，必然损失很大，影响很坏。

二、怎样才能迅速恢复秩序。要做到比较稳当而无大波动，有五个关键问题要解决。

（一）首先要恢复电力供应。没有电，电灯不亮，电话不通，自来水没有，电车和火车也无法开动，变成一座死城，秩序就无法控制。沈阳靠外面送电，抚顺解放后即送电来，群众称道。但要把这项工作做好，有一先决条件，即必须有相当数量的技工。这次哈尔滨各系统共带来新的技术干部数百名，他们忠勇而熟练，一个晚上在万难的情况下，即开出疏散弹药的火车，使本地人员惊异，无“共产党土包子不懂技术”之感。

（二）要迅速解决金融物价问题。为避免外地商人来抢购，本地商人将物资收藏，以及物价先落速涨现象，先介绍了解放区近来各地的物价表，使商人有底，敢于开市。为吸引粮食入城，定价高于外地，二十六天来粮食源源不绝，物价无大波动，粮价大体尚超出我百货公司收买价，高粱米每斤三千元。对金圆券〔366〕处理，则先观望了四天，当金圆券一元跌至我东北币一百五十元时，即挂牌以一比一百的比价，收兑一星期，使之自动向关里流出。敌九省券〔367〕以我一敌三千的比价，亦兑一星期。两者兼兑，共兑出东北币二亿元。沈阳解放一个星期，凡能开市的买卖，大体已开市，市面很稳定。

（三）敌警察必须收缴枪支，让其徒手服务。交通警察尽快站岗，消防队各守原位，户籍警察大部可留。其他刑事警察和武装警察队等带特务性者，二十天后集中受训，也不宜过早遣散。

（四）稳定人心，传布政策，主要靠报纸。城市的人有看报习惯，不可一日无报。对我宣传品，各阶层都是字字细读。除安民布告等预先准备好外，可先准备几期报纸稿件，一进城就立即出报。内容首先只能是刊登一些基本政策文件，各种布告和解放区一般新闻，不能一下子苛求内容生动，适合新区群众口味，但转载旧的文件，要有选择。一切布告，必须字斟句酌。

要审阅大样，对广告都要过细审查。报社与对外报道委员会应各派一人，在头半个月经常住在军管会参加会议，密切联系，分期出报。排字校对，都用原人，我只派五六个干部，故第三日即出报。

（五）工资问题需要妥善解决。沈阳（连抚顺、本溪）有公教职工约十五万人，如不注意工资问题，则人心不定。因工资问题不能一下合理解决，我于入城后五天，首先普遍发生活维持费（兼有货币占领市场作用），十一月份发临时工薪。沈阳系围城，解放前粮食奇贵，故工资标准不能按解放前折粮数发。目前基本上根据国民党的底薪等级，工人、职员、技师从每月八十斤至四百斤，因比围城时提高很多，故一般已满意。高级技术人员距离应远一些。对国民党的欠薪，则置之不理。特殊情况者，可作必要的救济。

此外，这次卫戍工作的缺点，在于卫戍机构本身不健全，没有建制部队入城，卫戍部队是临时指定的。最初几天，卫戍司令部命令不能普遍迅速下达，以致街上通行受阻，手中又无机动部队，不能应付各接收系统的紧急需要。依沈阳经验看，除一般卫戍部队外，卫戍司令部尚需有一个半团机动兵力，随时派出保护接收了的工厂、机关。卫戍部队应是单一建制，让有训练有纪律教育的部队担任。沈阳解放初期需三个师方能监管仓库、看管俘虏、担任警戒、扫雷，及派遣临时警卫等。

三、迅速处理俘虏和疏散弹药。这两项工作处理不好，将严重影响治安秩序。如沈阳这样后方基地性质的大城市，敌之后方机关系统众多，人员复杂，我历次放出归俘也不少，加以战败回城的散兵极多，我一进城首先就碰到散兵游勇收容处理问题。此次事先准备不够，这一工作延迟时间较久，对治安影响最大。散俘首先是收容好，有饭吃，有房住。次一步是如何往外分散处理。现在感到应先准备好几个解放团〔368〕的架子，以便于收容。这次各区政府和卫戍司令部指定地点，花很大力气进行登记和检查，才基本解决了散俘问题。弹药疏散是入城后才碰到的问题，事先更无准备。沈阳原处在作战情况下，又是补给基地，不少弹药已经装车待运，各弹药仓库皆有铁路叉道可通，有许多弹药在仓库附近未卸车，头几天敌机轰炸目标，首先就是这些地方。我们发现后，组织三人委员会，动员很大人力，连夜疏散，力争搬动数里或数十里，幸而保存了这批弹药，未受损失。如果重要弹药仓库被炸，沈阳可能半城被毁。现在看来，入城时需有充分的铁路人员和保护车站的武装，以保证交通和疏散。

四、军管会内部做到减少扯后腿、抵消精力之事。军管会各负责人，要坚持接管原则，秉公办理，全力制止争房子、争汽车、争工厂等纠纷。这次能做到一般未发生这些问题，就是因为军管会本身坚持原则，不偏不私，模范行动。

五、关于重大事件、容易出乱子的问题，必须预先有充分精神准备。军管会的首脑要有足够时间来考虑研究重大问题。此次外交、粮食、金融、捕杀等重大问题，军管会多少都有精神准备，但外交仍出乱子。

六、要保证接收得好，最重要的还必须入城部队有良好的纪律教育。此次入沈部队很多，都懂得保护工厂、保护城市。今年以来，城市政策教育收到了很大效果，犯纪律者是个别分子。对苦战之师，应在吃住方面主动照顾。

七、此次接收沈阳，使我们有一感触，即接收一个大城市，除方法对头外，需要有充分准备和各方面能称职的干部。依目前形势看，中央和各战略区野战军，均需准备有专门接收大城市的班子，待工作告一段落，即可移交给固定的市委等机关。这样的接收班子，可以积累经验，其中骨干可以暂成专职，依次接收各大城市。

在沈阳工人代表大会上的讲话*

（一九四九年一月五日）

今天的会开得很好，各厂的代表都反映了许多情况和工友们的意见。特别好的是从这些意见中看到，我们工人不仅是关心工资、福利和其他生活上的问题，而且更关心生产建设的问题。这表示我们工人阶级确实具有国家主人翁的气魄。在伪满〔268〕和国民党时代，你们决不会提出这些问题，他们也决不让你们提出这些意见。只有现在，在人民政府之下，你们才热烈地发表意见，关心国家生产建设的大事。这证明共产党及其领导的人民政府，是真正代表大家，为大家“当差”的，是遵循工人、农民和其他人民群众的意见办事的。工人不仅是工厂的主人，又是国家的主人。今天这个会上，大家都充分表现了这种主人翁的精神，表现出工人阶级的政治觉悟很高，这是特别值得高兴的事。请代表们回去告诉你们厂里的工友们：政府一方面要帮助大家尽可能把生活改善，凡是目前办得到的事，一定办；另一方面也要靠大家挑起担子，共同把生产搞好，早日打倒反动派。只有这样，我们大家的生活改善才有可能。

这样的会，以后还要经常开，以便能经常把工厂的情况和

* 本文原载一九四九年二月二十六日《人民日报》。

工人的意见反映上来，改善我们的工作。共产党领导革命二十几年了，现在革命力量这样强大，全国胜利就要到来，是依靠什么法宝呢?没有别的，就是依靠大家出主意。“三个臭皮匠，凑成一个诸葛亮”，有事找大家开会商量，办法就出来了。我提议，以后开这样的会，各个有关部门的负责人员都要来参加。

大家今天提出的问题，凡是当前应该办、可以办得到的事，一定尽力去办。但是，不能说你们提出的每个问题我都能马上回答，因为对于各个工厂的具体情况不了解，就难以作具体的答复。比如某某人的工资评得不合理，这只有工厂内部才能讨论解决。工友们将原谅我今天不能对你们的每个问题都作答复。但是，我一定负责把大家的意见分别交给各个有关的部门，请他们斟酌办理。

忍受暂时困难，支援前线

大家所提的意见，大约可分这样几类，现在我扼要地来谈谈。关于工资、生活和福利方面的意见，这当中有些是目前可以办得到的，就应该办起来。比如，每月工资分两次发，每个工厂设立一个小图书馆，这都是可以办的。又如家属在山海关、唐山等地，现在要接回来，这也是能办到的，你们可以经过职工会去领路条。

还有些事情也是应该办的，但在目前却有很多困难，希望大家能体谅。

第一件是煤炭。现在发的是炉煤〔369〕，不好烧，早起做饭困难，还耽误上班。为什么发炉煤呢？我把缘由告诉工友们。

沈阳解放时接收的大部分是铧子沟[370]的煤，只有两万多吨抚顺煤。东北大军进了关，每天得多少列车给他们运给养军需，火车头又非烧抚顺煤不可。大家想想，是把抚顺煤发给大家做饭，让进关的人民解放军饿肚子，打不下平津好呢，还是我们后方工友们和大家委屈点，用炉煤做饭好呢？当然只好大家委屈点。为什么抚顺这样近运不来煤？因为抚顺煤矿叫国民党破坏得不成样子，露天矿光挖煤不剥土，竖井坑洞也给水淹满了，现在三万多工人每天才出三千来吨煤。抚顺矿要经过一段时间才恢复得过来。阜新煤矿井坑也尽是水，出煤还得一个时候。北满[253]倒是有煤，但是一时不能大量运过来，这是火车不得空的缘故。总之，人民解放军到前方打仗，解放平津的人民要紧呢，还是后方烧煤要紧呢？当然是打仗第一。不彻底打倒反动派，工人阶级的胜利就不巩固，为了全体工人阶级的长远利益，只有暂时忍受一下烧炉煤的困难。这种情形要请代表们回去给大伙说清楚，政府不是不关心工人生活，现在正在从各方面想办法，只要能运到，就给大家发些好煤。

再一件大家提出的，发粮食的地方太少了，发起来太慢。是的，几千人到万把人的工厂，一两个地方发粮的确不够。拿普通一个县城打比，城里居民五六万人，有多少粮米油盐煤炭铺？一万人的工厂加上工人的家属，差不多抵一个普通县城，要开那样多的粮米油盐煤炭铺当然不是件简单事。从全体来看，这是一件很大的事。光十二月份沈阳所有公营企业的工资中，仅粮煤二项共三万五千吨，得一千一百六十六个车皮装；把这些东西在几天之内再分发到各厂去，这又是一件大事；再要从工厂发到每个人手中，还要发得快，发得好，更不是容易办的事。这件事需要代表们回去号召大家出主意，商量个好办法出来。要大家来参加工作，帮忙，或者组织工厂消费合作社。

有一件事代表们今天还没有提出来，这就是现在发的粮食还不算好，以后还不能完全保证都发好粮。这件事也是个困难。政府的粮食都是农民缴的公粮，翻身的农民大多数都是缴好粮食，但也有少数觉悟较差的农民，缴的粮不大好。公粮太多不易保管，特别是苞米容易生热发霉，一时翻腾不到就霉了，所以发的粮食总难像市场上私人卖的那样好。如果工资都发钱，让大家到市上去买，票子就要毛了，结果还是大家吃亏。政府当然总是想尽一切办法给大家发好点的粮食，但有时遇到不好的，就要请大家体谅这个困难。

还有，工厂的玻璃窗叫国民党飞机轰炸震坏了，做工的时候很冷。现在造平板玻璃的工厂还没有复工，只好暂时用洋铁片或木板钉补一下。当然还是冷，而且光线不好，这也要请大家暂时忍耐，等玻璃厂开工就好办了。

另外还有些问题，也是要靠大家商量决定的。如有些部门轻重工业怎样分法，在那里的工资怎样评定才更合理等等，都要靠大家回去召集本厂工友，会同厂里的管理方面，商量着办。

彻底消灭反动派，建设幸福的将来

今天也有许多代表说：现在的生活，比国民党在时好了。是的，但是从工人阶级革命的目的来看，我们现在的生活还是很苦。革命的目的是为了劳动者人人有吃有穿，而且要吃的较好，穿的较好。我们现在的生活还差得很远，要达到比较高的生活水平，还需要走一段很长的路。目前在这段路上的绊脚石就是国民党反动派，有它在，我们的生活休想到那步田地。中国工人阶级受资本帝国主义和官僚资本压迫上百年了，现在眼看它们在中国就要垮台，蒋介石却叫喊起来："不打了，我要和平！"他想叫人民松手，让他休息一会，以便卷土重来。我们能让吗？（代表齐声回答：不让！）对，决不松手，要坚决把反动派彻底打倒。消灭了反动派，我们才能全心全意来发展生产，建设我们幸福的将来。苏联革命成功以后，经过三个五年计划，人民生活才一天天好起来。我们在全国打垮国民党反动派以后，也还要艰苦奋斗，进行大规模建设。上了岁数的工友也许会灰心："还要多少年建设，我等不上了。"你等不上，不是还有你的儿子孙子？我们工人阶级不是光为自己，是为整个人民大众，为我们后代子子孙孙永远的幸福。工人阶级这么多年来的奋斗，就是为了不再忍受被压迫被剥削的痛苦，为了追求美好的生活。一百零一年前，马克思和恩格斯就写了《共产党宣言》，号召工人阶级起来革命，自求解放。直到三十二年前，俄国的工人阶级革命才成功了。中国工人阶级奋斗了二三十年，现在就要成功了。沈阳的工人阶级，从旧中国的反动统治，到伪满和日本帝国主义的压迫，又经过国民党的"二满洲"〔371〕，受了几十年的苦，到去年十一月二日，沈阳的天下才变了。十一月一日还是国民党的反动统治，十一月二日就变成了工人和人民大众的天下了。这叫做翻身，看起来是一天变过来的，但这是奋斗了二三十年的结果。就是全国解放之后，要达到吃好穿好，也要靠我们大伙自己努力，而且要计算到这是一段不短的路程。

大家提出的关于学习方面的意见，表现出工人阶级强烈的上进心。入训练班学习政治知识，这是应该充分满足大家要求的。要求学技术，翻译外国文的工业书籍，编写各种工业知识和经验的小册子，这是很好的意见。这些事都应该逐步地尽量办起来。有的还要求入专门技术学校深造，这个意见也是好的。我们的工程师不光是学校毕业的学生能当，还要挑选政治觉悟高、工作好、肯用功、有上进心的工人，到学校去学习，提高他们的文化科学水平，把他们的生产经验与科学原理结合起来，这样就一定可以培养出许多优秀的工人工程师。这个办法苏联已经实行多年了，他们培养了很多工人出身的工程师，从事社会主义建设。但是，这种专门学校我们这里马上还办不起来。现在可以先办一些训练班、补习班、补习夜校。

职工要团结一致，搞好生产

有的代表提出，工友们对于工厂个别职员有些意见。我们的看法应该如此：工人是工厂里直接劳动的，人数最多，是最重要的。许多职员过去有一种缺点，就是轻视劳动者，瞧不起工人，觉得自己穿长袍握笔杆，就是“上等人”。其中有的人有过对不起工人的地方。但是，要认识职员也是生产中不可缺少的，没有职员画图、写帐、打算盘也不行，没有工程师和管理人员更不行。而且将来有许多工人还要当职员、技师和管理人员。

目前，如果工厂的工人对职员有意见的话，那是应该加以解决的。解决的时候，要根据实际情况，参照中共中央东北局一九四八年八月一日《关于公营企业中职员问题的决定》[362]，采取适当的办法。除了个别作恶甚多的职员必须开除出厂以外，各厂员工之间应该团结一致，提高生产。工友之中如果受过哪个职员的气，这个职员作了自我批评，而且道了歉，那末，工友的气就应该消了。我们工人阶级对于打倒反动派必须坚决彻底，对于应该合作的员工之间的小"气"，要看成是小事。工人阶级是一个干大事的阶级，我们要解放全中国四万万七千万人，以及全世界的二十万万人，要把人类数千年来不合理的社会制度推翻，建立新的合理的社会制度。这是极其光荣而伟大的事业。办这样大事的工人阶级，应该把大事小事分别开来，全力干大事。只要员工之间的"气"已经适当解决了，就应该团结一致，努力生产，支援前线，把反动派打倒，以便创造工人阶级和人民大众的自由天地。

在生产方面，今天提的意见都是很好的。这方面工友们至少要估计到两个困难。第一个是我们的老干部对管理生产还不内行，还缺乏经验。第二个是原料、器材不足，目前又处在战争环境中，补充也很困难。因此，就需要工友们大家想办法，发挥工人阶级克服困难的精神。想办法节省原料，利用一切能找到的器材乃至已被当作废物的东西，进一步设法创造代用品。代表们回去后，就与自己的厂长、经理商量，再集合全体工友的意见，订出三个月的生产计划，或者一年的生产计划。要告诉全体工友，大家要挑起担子，不光是积极做工，还要真正尽主人翁的责任，在厂长领导之下参加管理工作，团结职员一起干。此外，还要特别告诉全体工友，要大胆提意见，凡属对生产有好处的意见，都可以提。做得通的意见，经过管理方面和工友方面商定之后，就可以办。现在工厂的领导会欢迎工人提意见，工友们对于厂里的生产和工作有什么意见，应该以负责的态度提出来，大家商量着办，把生产搞得更好。

关于成立中央财政经济委员会的说明*

（一九四九年六月四日）

我才从东北来不久，军委会〔372〕指定我参加筹划财经委员会的工作。关于建立中央财经机构的大纲草案〔373〕已经发出去，请大家讨论。

以往东北、华北、西北及其他解放区都有地域性的财经机构，但现在有成立中央的财经机构的必要。为什么呢？因为解放战争的胜利日益扩大，财经问题也逐渐增加，并且往往是带有全国性的，这就需要有一个机构来处理这些问题。有许多问题过去没有接触过，今天也需要研究。例如上海解放后，就有了江、浙、皖、赣、两湖、川等地通过上海进出口物资的问题。又如天津解放后，就有了西北地区通过天津进出口物资的问题。这些问题需要中央的财经机构来解决。这个机构初成立是带有临时性的，暂时属军委会管，时间也只是几个月，中央人民政府成立之后就交给政府。这件事很大，需要党内外同志合

* 一九四九年五月中旬，陈云同志离开沈阳到达北平，参加筹组并主持中央财政经济委员会的工作。这是他在周恩来同志召集的各民主党派、无党派民主人士及在北平的党政机关负责同志会议上的报告。

作。财经委员会内部也要合作。各部门之间，如工业、农业、交通等部门之间也要合作。我们过去在这方面经验很少，甚至在许多问题上是没有经验的。最早红军时代谈不上什么经济工作，就是有个把事务长，以后有了根据地，再后有了边区政府、人民政府，也有了供给机关、贸易公司等等，一步步地扩大。以前没有大城市，现在有了大城市，有了国际贸易问题。有一天，晚上十点钟，我还拖住章乃器〔374〕先生给我上课，讲讲外汇问题。总之，只有大家合作，工作才能做得好。

整个筹划财经委员会的大纲草案，我不一一介绍了，这里只说明两个问题。

首先是组织机构问题。财经委员会本身有六局一处〔375〕，下属十三个处、行、署、部、会〔376〕。有些事情还没有定。如盐务暂属财政，还有渔业、烟酒属哪里需要进一步考虑。工业部门分得比较多。在中国，过去曾经笼统叫过农工商部，后来分成交通部、实业部或工商部。现在除了铁道、交通之外，又分了燃料、金属、纺织及其他工业四个处。分得细的原因是在各有专职，这是工业发展的需要。

这六局、十三处是否一天就建立起来？全国性计划是不是可以一天弄成？不成，要逐步地来。我们的目的是进行有计划的经济建设，而工作则是要一步一步地做。

其次，现在我们正在强调集中统一，而大纲的最后，仍把地方经济放在必要的地位，各大区〔377〕、各省及各大城市都有财经委员会，这岂非矛盾？我们的回答是，有矛盾，但因为现在是军事时期，中国地方又太大，交通不便，需要地方机构与中央配合。集中统一有两个条件：一是有需要；二是有可能。两者缺一不可。比如火车现在已经统一管理。又如对外贸易，必须统一，假若天津是一种规定，上海是另一种规定，这就不行。但是，现在有很大一部分事业不能集中或不能过分集中。最大的问题是，三百多万军队有两百多万在前方，给养能不能由后方统一供给？不能。这需要在各地买、借、征，就地解决。部队决不能饿饭，但也不能把老百姓逼反了。比如每人每年平均需要一匹布做衣服，三百万人就要三百万匹布，只能由前方解决。这些事带有很大的地方性。野战军吃、穿、工作、打仗一起搞，这需要统一，但不能过分集中。这一段时间还不会很短。要等打完仗，交通恢复以后，这些问题才能慢慢地解决。有些事中央现在管不了，只能让地方先管着。比如招商局〔378〕，现在由陈毅〔146〕他们管，中央一时管不到，先托他们管，所有权属中央，将来需要时，一个命令，全部由中央接过来就是了。

总之，这个财经机构是临时的，是党内外合作的。工作要慢慢地来，地方机构还保留相当的地位。

纪念严朴同志*

（一九四九年六月十日）

严朴（又名严达人）同志，江苏无锡人，出身于地主家庭，曾肄业上海专科师范、上海大学、南方大学。早年受《新青年》、《向导》及社会主义书籍的影响参加革命活动。一九二五年加入中国共产党前后，曾是积极参加工人运动和学生运动者。一九二五年“五卅”〔5〕游行时，他发表讲演，是最初被捕的十五人之一。当年夏释出后，接受党的命令，回无锡进行革命活动，初任地委秘书，后任总工会总务部长，领导工人运动。他还变卖自己的田产创办“无锡江苏中学”，兼校长，并领导教员联合会，使江苏中学成为当时无锡共产党领导职工与知识分子进行革命活动的重要场所。

“四·一二”〔356〕蒋介石叛变革命，无锡和其他地方一样，工会、农会和江苏中学都遭封闭，革命分子遭到严重的白色恐怖的屠杀，严朴同志即转入无锡乡村，领导农民抗租抗税的武装斗争，被任命为农协委员长。由于他把自己的土地交给农民，不收地租，并在反对国民党的武装清乡中领导农民经历过无数次困难危险的斗争，因此取得无锡、江阴、常熟一带广大

* 本文原载一九四九年六月十日《人民日报》，题为《严朴同志传略》。

农民的拥护，农民承认他是自己的领袖。在环境最恶劣的几个月中（一九二七年冬至次年夏），敌人调集了许多军警，日夜“清剿”，四处追捕，但农民保卫严朴同志，常常是一夜之间敌人追捕好几次，但每次他都被农民一村一村地安全转送，避开了追捕的敌人。严朴同志曾经是无锡一带农民心目中的“神仙”。即在抗战时期，无锡农民还盼望着严朴同志回家。当时无锡一带的党组织就打着“严朴”的旗号，组织起抗日的武装。

由于严朴同志是无锡一带农民拥护的领袖，故他被推为出席中国共产党第六次全国代表大会的代表，会后调任松浦特委，领导松浦一带的农民运动。在他领导奉贤农民攻打反动堡垒庄家行时，他事前亲手制造了若干炸弹，攻击时手执武器，率先冲锋。在他的英勇领导之下，终于攻下了敌人的据点，收缴了敌人的武装。一九二九年，他调任上海法南区工作，被分配在黄包车夫中进行工会活动。他日夜与黄包车夫在一起，吃饭与黄包车夫在一起吃，晚上就与黄包车夫一起睡在路边的人行道上。由于他积极的革命活动，一九二九年秋，他在上海法租界被捕。在被捕的四十余天中，受尽法国帝国主义分子及其走狗的酷刑，被灌了几次冷水，受了几次电刑，皮鞭、踢打不知其数，但他始终英勇不屈。由于捕房及国民党反动派不知道被捕的是赫赫有名的严朴，所以经过严朴同志的哥哥给反动派以若干贿赂之后，他即被释出。经过这次酷刑之后，他的健康受到了严重的损害。出狱不久，他调任松江中心县委并任青浦县委书记。年余后，因浙南农民斗争开展，又被调任浙南军委书记，兼红十五军政治委员，参加进攻温州之役。

一九三一年冬，上海党组织遭到严重的破坏，严朴同志被调到上海党中央领导机关担任掩护机关的工作。在此期内，日夜谨慎小心于自己的工作，直到大批在上海的党中央领导同志安全转入江西中央苏区之后，他才转到中央苏区工作。在中央苏区，初在新泉贸易公司工作。一九三四年福建事变〔74〕时，他被派驻福州为苏区商业代表。回苏区后，任国民经济部副部长，后即参加红军长征。在长征途中他身体是常有病的，可是当党一两次给他找到牲口代步时，他总是把牲口让给别的同志，自己拿着一根拐杖，一步一步地步行。长征到达黔北川南时，因为严朴同志身体病得无法再走了，党决定严朴同志经过川南游击队转送至重庆、宜昌，担任组织交通站的工作。不久，他被上海党组织派赴苏联学习。一九三八年他回国，在延安任中央组织部二科长，后到西安、重庆八路军办事处任秘书长、二科长等职务。日本投降后，派赴东北工作。此次奉命南下，因病留住医院，久治无效，不幸于六月五日十四时三十分病逝，享年五十二岁。

严朴同志一生对劳动人民的解放事业忠心耿耿，二十五年如一日。在弥留时，关于个人的事情他仅仅说了一句话，而其他的遗嘱全是念念不忘于驱逐帝国主义出中国，解放全中国。临终神志不清时，犹在呼喊打倒帝国主义。他遗嘱希望加强党内教育，提高党员的理论水平，并叮嘱妻女好好工作和学习。严朴同志谦虚和自我批评的精神是始终如一的，临终十小时前尚在遗嘱中作一生工作上个别缺点的自我批评。他并嘱死后将自己的遗体请病理专家解剖研究。

严朴同志是中国共产党的很好的党员，他艰苦朴素，只知工作，不讲地位，服从组织的分配，从不在工作上讲价钱。严朴同志的死是中国革命的一个损失。当着中国人民解放事业就要全部胜利的时候，严朴同志死去了，但他钢铁般的意志和奋斗不屈的革命精神，是永存不朽的。

干部子弟千万不可以革命功臣子弟自居*

（一九四九年六月十九日）

六月十日信此刻收到。

十八年不见你，看你的来信，文字已写得很清通了，我很高兴。从个人方面说，我与你父亲[379]都顾不上子弟的入学和生活，没有尽到父兄的责任。但是这点我们当年都计算了的，如果只顾一个人的家庭子弟，就无法努力于改造整个社会，我们就这样决定了弃家奔走。现在解放全国的目标不久就会实现了，但这还仅仅是改造社会的第一步，全国老百姓的生活水平仍旧低。我们的目的不仅要打倒反动势力，而且是为了改善人民生活，所以困难的长期的工作还在后面，这后一段的工作是要与全国人民大家一齐干的。

你祖父和祖母是最使我感动不忘的。一九二七年革命失败之后，我与你父亲和吴志喜[380]同志（当年冬被残杀了）在小蒸进行农民运动时就住在吃在你们家里。失败[381]后，你们全家逃到上海，仍旧是你祖父行医来维持这多人的生活，我们仍吃在你们家里。你祖父是很有气节的，他深信革命会胜利，

* 这是陈云同志写给陆恺悌同志的一封信的节录。

处在困难之中毫无怨言和后悔，真正难得。

此外，我以父兄的责任，还要叮嘱你一件事，而且你可以把这一段信上所说的抄给霓云[382]要他也注意，就是你和霓云千万不可以革命功臣的子弟自居，切不要在家乡人面前有什么架子或者有越轨违法行动，这是决不允许的。你们必须记得共产党人在国家法律面前是与老百姓平等的，而且是守法的模范。革命党人的行动仅仅是为人民服务，决不想有任何酬报，谁要想有酬报，谁就没有当共产党员的资格。我与你父亲既不是功臣，你们更不是功臣子弟。这一点你们要切记切记。要记得真正革命功臣是全国老百姓，只有他们反对反动派，拥护解放军，解放军才能顺利地解放全中国。你们必须安分守己，束身自爱，丝毫不得有违法行为。我第一次与你通信，就写了这一篇，似乎不客气，但我深觉我有责任告诫你们。

我大概会到南方来一次的，但行期未定。那时你父亲能否从工作中抽身则我不能预计，我可以约他一下，如有可能当同他南来。

你与霓云商量一下，如果章练塘[383]或小蒸尚无电报局，不能与北平通电报，则你们在松江找一个转电报的通讯处告我，以便有急事时打电报，信件来往要两星期（这次你六月十日信，六月十七日投到，费时七八天）。

请你代我向你祖母请安，并问候你母亲，祝你好！

注　　释

1　商务 指上海商务印书馆，创办于一八九七年，是当时中国的一个很重要的文化教育事业单位。——第1页。

2　一八五一年一月十一日，洪秀全等在广西桂平县金田村起义，建号太平天国，掀起了反对清朝封建统治和外国资本主义侵略的全国规模的农民革命运动。一八五二年，太平军出广西，攻入湖南、湖北。一八五三年，经江西、安徽，攻克南京，随后举行北伐和西征。这次太平天国革命运动发展到十八个省份，坚持斗争达十四年之久。太平天国在建都南京（改名天京）以后，它的领导集团犯了许多政治上和军事上的错误。在清朝军队和英、美、法等国侵略者的联合进攻下，于一八六四年失败。——第1页。

3　义和团 是十九世纪末以农民为主体的反对外国侵略的群众组织。它提出“扶清灭洋”的口号，把矛头主要指向帝国主义。义和团的活动从山东开始，逐渐扩展到华北和东北，发展成为大规模的反帝爱国运动。一九〇〇年，英、美、德、日、俄、法、意、奥八国联军公开进行武装干涉，先后占领天津、北京。在帝国主义侵略者和清朝统治者的联合镇压下，义和团运动遭到失败。——第1页。

4　五四运动 是一九一九年五月四日发生的反帝反封建的爱国运动。当时，第一次世界大战刚刚结束。英、美、法、日、意等战胜国在巴黎召开对德和会，决定由日本继承德国在中国山东的特权。中国是参加对德宣战的战胜国之一，但北洋军阀政府却准备接受这个决定。五月四日，北京学生游行示威，反对帝国主义的这一无理决定和北洋军阀政府的妥协。这次运动迅速地获得了全国人民的响应，到六月三日以后，发展成为有工人阶级、城市小资产阶级和民族资产阶级参加的广大群众性的反帝反封建的爱国运动。五四运动也是反对封建文化的新文化运动。以《新青年》（最初名《青年》杂志）创刊为起点的新文化运动，竖起“民主”和“科学”的旗帜，反对旧道德，提倡新道德，反对旧文学，提倡新文学。五四运动中的先进分子接受了马克思主义，使新文化运动发展成为马克思主义思想运动。他们致力于马克思主义同中国工人运动相结合，在思想上和干部上准备了中国共产党的成立。——第1、180页。

5 五卅运动 是一九二五年五月三十日爆发的反帝爱国运动。这年五月间，上海、青岛的日本纱厂先后发生工人罢工的斗争，遭到日本帝国主义和北洋军阀的镇压。上海内外棉第七厂日本资本家在五月十五日枪杀了工人、共产党员顾正红，并伤十余人。五月三十日，当二千余学生分头在公共租界各马路进行示威时，一百余人遭巡捕（租界内的警察）逮捕，被拘押在南京路老闸巡捕房内，引起了学生和市民的更大愤慨，有近万人聚集在巡捕房门口，要求释放被捕学生。英帝国主义的巡捕向群众开枪，打死打伤许多爱国群众。这就是震惊中外的五卅惨案。六月，英、日等帝国主义在上海和其他地方继续进行屠杀。这些屠杀事件激起了全国人民的公愤。广大的工人、学生和部分工商业者，在许多城市和县镇举行游行示威和罢工、罢课、罢市，形成了全国规模的反帝爱国运动。——第2、180、391页。

6 为了声援五卅运动，香港十余万工人在一九二五年六月十九日开始罢工，后来罢工人数增至二十五万，并有十余万工人回到广州；六月二十一日，广州沙面租界的中国工人也开始举行罢工。这两处罢工，当时合称省（指广东省城广州）港罢工。七月三日，在广州正式成立“省港罢工委员会”。委员会组织了二千多人的工人武装纠察队，封锁香港和广州沙面租界，使英帝国主义在政治上和经济上受到严重打击。这次罢工坚持了一年零四个月，到一九二六年十月北伐军占领武汉后，胜利结束。——第2页。

7 内外棉 即日本内外棉株式会社，是日本当时一家资本雄厚的棉纺织公司。它在日本国内和国外（中国的上海、青岛、辽宁等地）都设有工厂，所以有“内外”之称。当时，它在上海有十一个厂。上海内外棉六个厂同盟罢工 指一九二六年六月上海内外棉第十三、九、东五、七、八、十二厂共六个厂的工人，因反对日本资本家无故开除工友而举行的一次同盟罢工。最后，日本资本家被迫答应所开除的工人一律复职，这次罢工斗争取得了胜利。——第2页。

8 这里所说的 民族革命，是沿用当时中国共产党内一些文件的提法。它的含义不仅是推翻帝国主义在中国的统治，也包括打倒封建军阀。例如，一九二五年一月，中国共产党第四次全国代表大会《对于民族革命运动之议决案》指出：“中国共产党在第二次全国大会（一九二二年），已经决定中国无产阶级应该参加民族革命运动并赞助中国国民党，提出的口号是：‘民主的联合战线’‘推翻帝国主义推翻军阀’。”议决案还指出：“若要民族革命运动得到较彻底的胜利，固然需要最革命的无产阶级站在领导地位，同时这领导阶级也要能够抓住被压迫的各社会阶级的力量，向共同的敌人——帝国主义及其工具（国内军阀及地主买办阶级）——作战，才免得处在孤立地位”。——第 2 页。

9　一九二六年上半年，全国的农民协会会员约有一百万人，其中广东最多，达到六十余万人。北伐战争开始以后，全国农民运动迅速地发展起来。当时，农民运动最发达的省份是湖南。湖南省的农民协会会员人数北伐前为四十万人，一九二七年四月增加到五百一十八万人。在湖北，农民协会会员人数北伐前为七万余人，一九二七年五月增加到二百五十余万人。在江西，农民协会会员人数北伐前为六千余人，一九二七年六月增加到三十八万余人。此外，河南、山东、陕西、广东、广西、福建、浙江、安徽、江苏、四川等地的农民运动也有进一步的发展。——第 2 页。

10　陈胜（？——前二〇八），阳城（在今河南登封东南）人。秦朝末年农民起义领袖。赤眉 是西汉末年以樊崇为首领的农民起义军。参加起义者都用红色涂眉，被称为“赤眉军”。黄巾 是东汉末年以张角为首领的农民起义军。军中以头缠黄巾为标志，被称为“黄巾军”。黄巢（？——八八四），曹州冤句（今山东菏泽）人。唐朝末年农民起义领袖。闯 指李自成（一六〇六——一六四五），陕西米脂人。明朝末年农民起义领袖。原为闯王高迎祥的部下，高迎祥牺牲后，他继称闯王。献 指张献忠（一六〇六——一六四六），延安柳树涧（在今陕西定边东）人。明朝末年农民起义领袖。——第 2 页。

11　红枪会 是带有迷信色彩的农民武装组织。起源于山东，渐流行于河南、陕西以及其他许多省份，因以红缨枪为武器，所以有这个称呼。中国共产党对红枪会的政策是启发和帮助他们，使之成为革命的力量，免遭军阀、土豪的利用。——第 2、113 页。

12　直隶 是旧省名，一九二八年改称河北。——第 3 页。

13　铁租制 即不论丰歉，地租额固定不变。预租制 即佃农向地主租种土地时，要预付田租。押租制 即佃农向地主租种土地时，要缴纳一定数额的押金，直到退佃时才归还。——第 4 页。

14 徐海 指江苏省的徐州和海州。海州今为连云港市辖区之一。——第 4 页。

15 土地革命 是中国共产党领导农民消灭封建和半封建性的土地占有制度的革命。一九二七年八月七日中共中央紧急会议上作出关于实行土地革命的重要决定。一九二八年中国共产党第六次全国代表大会进一步制定了实行土地革命的纲领。后来,毛泽东等在领导革命根据地农民进行土地革命斗争中,逐步地提出了一系列正确的方针、政策和方法,解决了许多为党的六大所不曾解决的问题。——第 5、25、163、172、265、279 页。

16 刀会 即大刀会,是带有迷信色彩的民间武装团体。产生于清末,同白莲教有密切关系。主要活动在山东、苏北、皖北一带,成员绝大多数是贫苦农民。在一些地区进行过反抗官僚、地主压迫和外国教会侵略势力的斗争,并参加了义和团的反帝爱国运动,但也常被地主阶级利用来镇压农民的反抗。——第 6 页。

17 黄色农会 指国民党直接或间接控制的农会。——第 7 页。

18 党团 是当时中国共产党在政府、工会、农会及其他群众组织中建立的党的领导机构。在中国共产党第七次全国代表大会制定的党章中,党团改称“党组”。——第 7 页。

19 苏维埃是俄文 Совет 的音译,意即会议或代表会议。它是俄国十月革命后国家权力机关的名称。第二次国内革命战争时期,中国共产党在各地建立的革命政权也称 苏维埃政权或苏维埃政府,它所管辖的地区称 苏维埃区域,简称 苏区。这个历史时期也称 苏维埃时期。——第 8、14、23、25、30、36、92、98、156、188、362 页。

20 一九三二年六月二十三日,在准备第四次反“围剿”战争的时候,中华苏维埃共和国临时中央政府决定,向革命根据地工农群众募集“革命短期公债”六十万元;同年十月二十一日,发行第二期公债一百二十万元,以充实革命战争的经费。一九三三年二月十七日,中国店员手艺工人工会筹备会议,号召会员 退还第二期公债票,不要政府还本。三月初,临时中央政府机关报《红色中华》报导了这个消息后,得到广大工农群众的响应,至五月中旬就退还了九十余万元。——第 8、20 页。

21 查田运动 是一九三三年六月中央革命根据地在分配土地后开展的一次群众运动。在这之前,瑞金及其他县的个别地区已经开展了这个运动,并积累了经验。查田运动的目的是清查漏划的地主、富农,按照当时的土地法没收和分配他们的土地、财产。为了纠正运动中发生的“左”的错误,中华苏维埃共和国临时中央政府在同年十月十日作出《关于土地斗争中一些问题的决定》,并批准毛泽东所著《怎样分析农村阶级》一文,作为划分农村阶级的依据。——第 8、20 页。

22 这里所说的 工人,主要指雇农,以及乡村的手工业工人。此外,还有一部分城市失业工人。——第 8 页。

23 这里所说的 农业工人,指雇农。——第 8 页。

24 这里所说的 乡村工人,指雇农、乡村的手工业工人和商店店员。——第 8 页。

25 当时在革命根据地内,由中央劳动部或各地劳动部门设立的失业劳动介绍所向雇主介绍失业工人,被称为 劳动介绍。这是一九三一年十一月中华苏维埃工农兵第一次全国代表大会通过的《中华苏维埃共和国劳动法》规定的。在当时大量工人失业的情况下,许多地方都不同程度地实行了强迫介绍,即在雇主不需要雇佣工人的时候也要雇主雇佣,结果造成私人企业倒闭。一九三三年五月一日召开的中国店员手艺工人第一次代表大会作出决议,停止向雇主强迫介绍失业工人。——第 9、21 页。

26 这里所说的 劳动法,指一九三一年十一月中华苏维埃工农兵第一次全国代表大会通过,并于同年十二月一日颁布施行的《中华苏维埃共和国劳动法》。——第 9、13 页。

27 工团主义 是国际工人运动中的一种小资产阶级机会主义思潮。十九世纪末二十世纪初在法国、意大利、西班牙、瑞士等地流传很广。主要代表人物有法国索烈尔、拉加德尔等人。工团主义者反对政治斗争,否定无产阶级政党的领导作用和无产阶级专政,鼓吹由工会领导和组织生产,以工会代替国家机构。——第 9 页。

28 集体合同 是当时在革命根据地内由职工会代表工人、职员与雇主订立的集体条约。——第 10 页。

29 劳动合同 是当时在革命根据地内一个工人或几个工人与雇主订立的协定。——第 13 页。

30 本书中的 中央苏区、中心苏区、中区、江西苏区 都是指第二次国内革命战争时期，中国共产党领导的以中华苏维埃共和国临时中央政府所在地瑞金为中心的根据地，即中央革命根据地。它位于江西南部和福建西部，范围最大时辖有二十一个县，约二百五十万人口。——第13、32、37、92、112、158、160、163、192页。

31 汀州 即今福建省长汀县。——第13页。

32 京果业 是当地经营南北土特产（糕饼、果子、粉条、香菇等）的食杂店。——第14页。

33 “五一”代表大会 指一九三三年五月一日在江西瑞金召开的中国店员手艺工人第一次代表大会。大会通过了停止向雇主强迫介绍失业工人等纠正经济斗争中“左”倾错误的决议，以及中华苏维埃共和国临时中央政府修正的劳动法草案，并且决定成立中国店员手艺工人工会，征调会员参加红军。——第14页。

34 水西渡 位于福建省上杭县东北约三公里处。——第14页。

35 一九三一年十一月中华苏维埃工农兵第一次全国代表大会通过的劳动法，经过一年半时间的施行，证明有些条文不符合革命根据地的实际情况，发生了许多“左”的错误倾向。一九三三年三月二十八日，中华苏维埃共和国临时中央政府人民委员会第三十八次例会决定修改劳动法，并于同年四月组成修改劳动法的起草委员会。一九三三年十月十五日，中华苏维埃共和国中央执行委员会重新颁布了经过修正的《中华苏维埃共和国劳动法》。——第14页。

36 客家店员 指家不在当地的店员。——第15页。

37 白区 是第二次国内革命战争时期对国民党统治区域的称呼。中国共产党在国民党统治区域内建立的组织，当时称 白区党。党的组织及其所领导的群众组织称为白区组织。由于严重的白色恐怖，这些组织不得不主要从事秘密工作。——第16、25、37、188、205、233、362页。

38 这里所说的 中央政府，指一九三一年十一月在江西瑞金成立的中华苏维埃共和国临时中央政府，也称中央工农民主政府。——第18、21、94页。

39 农业工人工会 即中国农业工人工会，是当时中华全国总工会苏区中央执行局领导下的一个工会组织。一九三三年四月在江西瑞金成立。——第 20 页。

40 这里所说的全总执行局，指一九三一年成立的中华全国总工会苏区中央执行局，简称苏区全总执行局，或全总苏区执行局。——第 20 页。

41 当时中央革命根据地内各工会的基层组织是支部，其主要负责人称为支部长。——第 20 页。

42 工人师是一九三三年三月第四次反“围剿”胜利以后，中央革命根据地在扩大红军的动员中，中华全国总工会苏区中央执行局组织的工人武装队伍。这年八月一日，工人师正式组成，整师加入中国工农红军，被编为中央警卫师。——第 20 页。

43 谷票是一九三三年三月一日起在中央革命根据地开展的借谷供给红军的运动中，中华苏维埃共和国临时中央政府财政人民委员部印发的借谷票。退还谷票就是把借谷票退还给政府，不再要政府归还谷子。——第 20 页。

44 犁牛站也称耕牛站、犁牛合作社，是第二次国内革命战争时期，中央革命根据地的农民为解决耕牛、农具缺乏的困难，按照自愿和互利原则成立的一种农业劳动互助组织。一九三三年三月和四月，中华苏维埃共和国临时中央政府土地人民委员部先后颁发了《关于组织犁牛站的办法》和《关于组织犁牛合作社的训令》。这些文件规定，犁牛站的基本站员应该是雇农、贫农和红军家属。耕牛、农具的来源，以没收地主的和富农多余的耕牛、农具为基础，同时发动站员合股购买添置。站员借用耕牛、农具要出租钱，作为饲养耕牛、修理农具和津贴管理者的费用。——第 20、153 页。

45 团匪是地主阶级为维护自己的利益而编练的地方武装。——第 25 页。

46 这里所说的边区党，以及本文下面谈到的边境的党组织和边境的党部，都是指中国共产党在革命根据地边缘地区的组织。——第 25 页。

47 一九三一年九月十八日，日本驻在中国东北境内的关东军进攻沈阳。随后，向辽宁、吉林、黑龙江三省全面进犯。驻守沈阳和东北其他地方的中国军队(东北军)，执行蒋介石的不抵抗的命令，使日军得以迅速占领了这三个省。这次事件被称为九一八事变。一九三三年二月，日军又进攻热河省(今分别划归河北省、辽宁省和内蒙古自治区)，前后不过十天，热河全境沦陷。接着，日军向长城一线进犯。五月，日军侵入察北（察哈尔省今分别划归内蒙古自治区、河北省和山西省）和冀东，向华北扩展。——第27、321页。

48 检查日货、没收日货 是中国人民在二十世纪上半叶常常采取的一种反抗日本帝国主义侵略的斗争方法。例如一九一九年五四运动期间，一九三一年九一八事变之后，以及在抗日战争时期，都进行过这种抵制日货的运动。——第27页。

49 这里所说的 反日纲领，指《中国人民对日作战的基本纲领》。这一纲领是中国共产党提出，得到宋庆龄、何香凝等全力支持，以“中国民族武装自卫委员会筹备会”名义，于一九三四年四月二十日发表的。主要内容有下列六项：一、全体海陆空军总动员对日作战；二、全体人民总动员；三、全体人民总武装；四、没收日本帝国主义在华财产及卖国贼财产以解决抗日战费；五、成立工农兵学商代表选举出来的全中国民族武装自卫委员会；六、联合日本帝国主义的一切敌人作友军，与一切守善意中立的国家建立友谊关系。——第27页。

50 苏维埃政府对日宣战 指一九三二年四月十五日中华苏维埃共和国临时中央政府发表的对日战争宣言。宣言说：“中华苏维埃共和国临时中央政府特正式宣布对日战争，领导全中国工农红军和广大被压迫民众，以民族革命战争，驱逐日本帝国主义出中国，以求中国民族彻底的解放和独立。”——第27页。

51 代英县 是以恽代英的名字命名的一个县。它是当时福建省工农民主政府为了便于领导群众和接近群众，于一九三三年九月三日，将原属上杭县的太拔、太阳、庐丰、蓝家渡、茶地等区划分出来成立的。红军主力长征以后，代英县一度改称杭代县。随后被撤销。——第30页。

52 赤少队 是第二次国内革命战争时期，在革命根据地内成立的赤卫军（队）和少年先锋队的统称。赤卫军（队）是带有地方部队性质的群众武装组织，成员的年龄有的地方规定为二十三岁至五十岁。少年先锋队（简称少先队）是半军事性的青年群众组织，队员的年龄有的地方规定为十六岁至二十三岁。他们都不脱离生产。在赤少队中，设有赤卫模范营和模范少先队，统称模范赤少队，由十八岁以上的男性青壮年自愿报名参加。模范赤少队经常配合红军、游击队开展武装斗争，同时又是红军现成的补充队。抗日战争时期，赤卫军（队）改称自卫军（队）。——第31页。

53 “扩红突击” 指一九三三年十二月在中央革命根据地开展的扩大红军的突击月运动。当时红军兵员的主要来源，是动员革命根据地的青年参军。被俘的国民党军士兵，经过教育而自愿加入红军的，也为数不少。——第 32 页。

54 “借谷运动” 是一九三三年三月一日起在中央革命根据地开展的借谷供给红军的运动。当时，中华苏维埃共和国中央执行委员会专门颁发了第二十号训令，规定了革命群众自愿借谷的办法，并因战事紧迫，要求各县在三月份内将这件事办完。——第 33 页。

55 战区党 指当时红军与国民党军作战地区内中国共产党的组织。——第 33、157 页。

56 遵义会议 指一九三五年一月长征途中，中共中央政治局在贵州遵义举行的扩大会议。这次会议集中讨论和纠正了军事上的错误，从组织上结束了王明“左”倾冒险主义在中共中央的统治，确立了以毛泽东为代表的新的中央的正确领导，使红军和党中央得以在极其危急的情况下保存下来，并且在这以后能够战胜张国焘的分裂主义，胜利地完成长征，打开中国革命的新局面。——第 36、197 页。

57 反对五次“围剿” 指第二次国内革命战争时期中国工农红军第一方面军反击国民党军对中央革命根据地发动的第五次军事“围剿”。一九三三年九月，蒋介石调集约五十万兵力，采取持久战和堡垒主义的新战略，围攻中央革命根据地。由于王明“左”倾冒险主义的领导，错误地用阵地战代替运动战和游击战，红军苦战一年未能打破“围剿”，于一九三四年十月被迫撤出中央革命根据地，进行长征。——第 36 页。

58 这里所说的 西征，是当时中央红军自中央革命根据地向西突围，开始进行大规模战略转移的称呼。后来统称为长征。——第 36 页。

59 一军团 即中国工农红军第一军团。一九三〇年六月，红四军、红六军（不久改称红三军）、红十二军在福建长汀组成中国工农红军第一路军，接着改为中国工农红军第一军团。三军团 即中国工农红军第三军团。一九三〇年六月在湖北大冶刘仁八成立，下辖红五军、红八军。——第 36 页。

60 林 指林彪（一九〇七——一九七一），湖北黄冈人。当时任中国工农红军第一军团军团长。聂 指聂荣臻（一八九九——一九九二），四川江津人。当时任中国工农红军第一军团政治委员。——第 36、45 页。

61　彭 指彭德怀（一八九八——一九七四），湖南湘潭人。当时任中国工农红军第三军团军团长。杨 指杨尚昆，一九〇七年生，四川潼南人。当时任中国工农红军第三军团政治委员。——第36、45页。

62　五军团 即中国工农红军第五军团。它由一九三一年十二月宁都起义的部队改编而成，是中国工农红军第一方面军的主力军团之一。长征中担任后卫任务。当时，董振堂任五军团军团长，李卓然任政治委员，陈云是中央代表。——第36、293页。

63　李总政主任 指李富春（一九〇〇——一九七五），湖南长沙人。当时任中国工农红军总政治部代理主任。——第36页。

64　刘参谋长 指刘伯承（一八九二——一九八六），四川开县人。当时任中国工农红军总参谋长。——第36、88页。

65　四方面军 即中国工农红军第四方面军，是红军三大主力之一。一九三一年十一月由鄂豫皖革命根据地的红四军与红二十五军在湖北黄安（今红安）合编组成。——第37、93、295页。

66　西康 是当时的一个省。一九五〇年该省金沙江以西部分另设昌都地区。一九五五年西康省撤销，所辖地区划归四川省。一九五六年昌都地区划归西藏自治区。——第37、45页。

67　这一段话是原提纲中的。这里所说的 今天来观察，是指写传达提纲的时候。——第37页。

68　指第二次国内革命战争时期中国工农红军第一方面军粉碎国民党军对中央革命根据地发动的第四次军事“围剿”。一九三二年底，蒋介石调集四五十万兵力，采取分进合击的作战方法，围攻中央革命根据地。一九三三年二月至三月，红一方面军在周恩来、朱德的指挥下，运用前三次反“围剿”的经验，采取集中兵力在运动战中各个歼灭敌人的方针，分别在江西省宜黄县黄陂、草台冈、东陂地区伏击敌人，共歼敌近三个师，取得了这次反“围剿”的胜利。——第37页。

69　指一九三三年七月二十四日中共中央作出的《关于帝国主义国民党五次“围剿”与我们党的任务的决议》。——第37页。

70　博古 即秦邦宪（一九〇七——一九四六），江苏无锡人。当时任中共中央政治局委员、中央总负责人。——第 37 页。

71 关于一九三一年一月中共六届四中全会至一九三五年一月遵义会议前中央政治路线错误的问题，当时大多数同志尚未认识到，加之战争形势紧迫，遵义会议没有就这个问题展开进一步的讨论，因而这里说“扩大会议认为当时党的总的政治路线一般的是正确的”。这样做，对集中全力纠正当时具有决定意义的军事上和组织上的错误，动员全党团结一致地去克服长征中的困难，是有利的。一九四五年四月二十日中共六届七中全会通过的《关于若干历史问题的决议》，才对这个问题作出了全面的总结。——第 37 页。

72 中央红军 即中国工农红军第一方面军，是红军三大主力之一。它是在江西、福建区域发展起来的由中共中央直接领导的红军。——第 38、93 页。

73 朋口战争 指一九三三年七月三十日红军在福建省连城县朋口、莒溪地区与国民党第十九路军七十八师所进行的战斗。是役歼敌约两个团。——第 38 页。

74 指一九三三年十月二十六日，蒋光鼐、蔡廷锴等国民党第十九路军将领，在中国共产党抗日主张的影响下，联合国民党内李济深等一部分势力，同中华苏维埃共和国临时中央政府及工农红军签订的《反日反蒋的初步协定》。主要内容是：一、双方立即停止军事行动；二、双方恢复商品贸易，并采取互助合作原则；三、福建省政府及十九路军方面，立即释放在福建各牢狱中的政治犯；四、福建省政府及十九路军方面，赞同福建境内革命的一切组织之活动。同年十一月，他们在福州成立“中华共和国人民革命政府”（即福建人民革命政府），公开宣布反对蒋介石。一九三四年一月，福建人民革命政府在蒋介石的军事压力下失败。当时，中共中央由于犯了“左”倾关门主义的错误，没有给它以应有的援助。——第 38、393 页。

75 东黄陂 即东陂和黄陂，是江西省宜黄县的两个集镇。——第 38、45 页。

76 建黎泰 指建宁、黎川、泰宁。建宁、泰宁是福建省的两个县，黎川是江西省的一个县。——第 39 页。

77 延平 即今福建省南平市。——第 39 页。

78 洛甫 即张闻天（一九〇〇——一九七六），上海南汇人。当时任中共中央政治局委员、中华苏维埃共和国临时中央政府人民委员会主席等职。——第

39 页。

79 这里是指“左”倾冒险主义领导者，把第五次反“围剿”初期黎川失守的责任，归咎于当时闽赣军区司令员萧劲光的事。传达提纲写于该错案平反之前，沿用了以前的说法。——第 39 页。

80 广昌战斗 指一九三四年四月十日至二十七日红军在江西省广昌县与国民党军进行的战斗。当时，国民党军集中十一个师进攻广昌，企图打开中央苏区的北大门，尔后夺占瑞金。“左”倾冒险主义领导者，则调集九个师的兵力，硬拚死守。红军虽给敌人以重大打击，但自己也遭受重大损失，终于被迫撤出广昌。——第 39 页。

81 “短促突击”是共产国际派来的军事顾问李德在第五次反“围剿”期间提出的战术原则。它要求中国工农红军在敌人修筑堡垒、步步为营地向前推进的情况下，也修筑堡垒防御阵地；当敌人走出堡垒前进时，则在短距离内对敌人进行突击。这一战术原则是为当时“左”倾错误领导者实行的单纯防御战略服务的。——第 39 页。

82 龙岗战斗 指一九三四年六月八日红军在江西省广昌县龙岗地区与国民党军进行的战斗。——第 40 页。

83 三溪圩战斗 指一九三四年三月中旬红军在江西省南丰县三溪圩地区与国民党军进行的战斗。——第 40 页。

84 太阳嶂战斗 指一九三四年三月二十三日红军在福建省泰宁县大洋嶂地区与国民党军进行的战斗。——第 40 页。

85 石城战斗 指一九三四年九月二十六日至二十八日红军在江西省石城县与国民党军进行的战斗。——第 40 页。

86 堡垒主义 指国民党军在第五次“围剿”中采取的修筑碉堡、步步为营、缓慢地向红军根据地推进的一种新军事策略。这是一九三三年六月蒋介石在南昌行营召开的一次军事会议上作出的决定。据当时不完全统计，至一九三四年十月中央红军突围长征前后，国民党军在江西修筑碉堡一万四千多座。根据毛泽东关于人民战争的战略战术，这种反革命的堡垒主义是完全可以战胜的。——第 40 页。

87 李延年（一九〇四——一九七四），山东广饶人。当时任国民党“剿匪”军第二路军第四纵队指挥兼第九师师长。——第41页。

88 温坊战斗 指一九三四年九月一日至四日红军在福建省连城县温坊(今文坊)地区与国民党军进行的战斗。——第41页。

89 抗日先遣队 即中国工农红军北上抗日先遣队,是中国共产党为反对日本帝国主义的侵略、牵制国民党军对中央革命根据地的"围剿"而派出的一支先遣部队。它最初由寻淮洲领导的红军第七军团担任,一九三四年七月从江西瑞金出发北上。同年十一月与方志敏领导的红军第十军在闽浙赣根据地会合。随后继续北上,不断遭到国民党军的阻截和围攻,部队受到重大损失。保留下来的部队,在粟裕领导下,坚持游击战争。抗日战争开始后编入新四军。——第41页。

90 毛 指毛泽东(一八九三——一九七六),湖南湘潭人。当时任中共中央政治局委员、中华苏维埃共和国临时中央政府主席。张 指张闻天。王 指王稼祥(一九〇六——一九七四),安徽泾县人。当时任中共中央政治局候补委员、中华苏维埃共和国中央革命军事委员会副主席、红军总政治部主任。——第42页。

91 恩来 即周恩来(一八九八——一九七六),江苏淮安人。当时任中共中央政治局委员、中华苏维埃共和国中央革命军事委员会副主席、红军总政治委员。——第42页。

92 A 指李德(一九〇〇——一九七四),又名华夫,原名奥托·布劳恩,德国人。一九三二年受共产国际派遣来中国。一九三三年到中央革命根据地,担任中华苏维埃共和国中央革命军事委员会顾问,实际上掌握红军的最高指挥权。第五次反"围剿"期间及长征初期,同当时党内"左"倾错误领导者一起,在军事指挥上实行一系列错误的战略战术,使红军受到重大损失。遵义会议后,他被取消了红军的最高指挥权。一九三九年离开中国。博 指博古。周 指周恩来。——第42页。

93 布尔什维克 是俄文Большевик的音译,意即多数派。一九〇三年俄国社会民主工党第二次代表大会制定党纲、党章时,以列宁为首的马克思主义者同马尔托夫等机会主义者展开激烈的争论。在选举中央领导机关时,拥护列宁的人获得多数票,称为布尔什维克。此后,马克思列宁主义者曾自称为布尔什维克。——第42页。

94 三人团 是博古、李德进入中央革命根据地后，由博古、李德、周恩来三人组成的中共中央关于军事指挥的决策机构。——第 43 页。

95 朱 指朱德（一八八六——一九七六）四川仪陇人。当时任中共中央政治局委员、中华苏维埃共和国中央革命军事委员会主席、红军总司令。周 指周恩来。——第 43 页。

96 一九四五年四月二十日中共六届七中全会通过的《关于若干历史问题的决议》中，对博古（即秦邦宪）所犯的"左"倾错误作了结论。博古拥护这个决议，并在行动上改正了自己的错误。他在中国共产党第七次全国代表大会上继续当选为中央委员。——第 43 页。

97 凯丰 即何克全（一九〇六——一九五五），江西萍乡人。当时任中共中央政治局候补委员、共青团中央书记、红军第九军团中央代表。——第 43 页。

98 毛 指毛泽东，张 指张闻天，陈 指陈云。——第 43 页。

99 徐向前（一九〇一——一九九〇），山西五台人。当时任中国工农红军第四方面军总指挥。——第 44 页。

100 贺龙（一八九六——一九六九），湖南桑植人。当时任中国工农红军第二军团军团长。一九三六年七月红二、六军团组成红军第二方面军，他任总指挥。——第 44、270 页。

101 萧克，一九〇八年生，湖南嘉禾人。当时任中国工农红军第六军团军团长。一九三六年七月红二、六军团组成红军第二方面军，他任副总指挥。——第 44 页。

102 理番 即今四川省理县。——第 45 页。

103 懋功 即今四川省小金县。——第 46 页。

104 雅州 即今四川省雅安市。——第 46 页。

105 张辉瓒（一八八五——一九三一），湖南长沙人。曾任国民党军第十八师师长。一九三〇年十二月所部被红军歼灭，他亦被俘。——第 46 页。

106 指张闻天《一切为了保卫苏维埃》。这篇文章载于一九三四年九月二十九日《红色中华》报。——第 46 页。

107 大庾 即今江西省大余县。——第 46 页。

108 道州 即今湖南省道县。——第 47 页。

109 永明 即今湖南省江永县。——第 47 页。

110 薛岳，一八九六年生，广东乐昌人。当时任国民党“剿匪”军第二路军前敌总指挥。周浑元（一八八五——一九三八），河北新安人。当时任国民党“剿匪”军第二路军第二纵队司令。——第 47 页。

111 西延山脉 是越城岭在广西壮族自治区资源县一带的旧称。——第 50 页。

112 指一英尺，约合零点三米。——第 51 页。

113 林祖涵 即林伯渠。——第 52 页。

114 指蒋介石。当时这篇文章为了在国民党统治区流传，不便明写。——第 53 页。

115 两河口 即今广西壮族自治区龙胜各族自治县飘里乡河口村。——第 55 页。

116 柳霁 即今贵州省剑河县新柳乡柳基村。——第 55 页。

117 台拱 即今贵州省台江县。——第 55 页。

118 指鸦片烟。——第 57 页。

119 米特 是英文 Meter 的音译，是现行的公制长度单位米的旧称。——第 58 页。

120 团溪 是贵州省遵义县的一个镇。——第 59 页。

121 吴佩孚（一八七四——一九三九），山东蓬莱人。北洋直系军阀首领。一九一八年一度反对段祺瑞的“武力统一”政策，主张南北议和。五四运动爆发后，以“爱国军人”姿态，反对在巴黎和约上签字，主张取消中日密约。一九二二年第一次直奉战争后，支持曹锟控制北京政府。一九二三年残酷镇压京汉铁路工人运动。一九二四年在第二次直奉战争中战败。一九二六年又和奉系军阀张作霖联合，进攻冯玉祥的国民军。同年在湖北被北伐军打垮，后逃至四川。一九三九年死于北平。——第 59、111 页。

122 汇水 即汇费。——第 59 页。

123 一说为旧历正月初六，即一九三五年二月九日。——第 63 页。

124 龙云（一八八七——一九六二），云南昭通人。当时任国民党云南省政府主席。——第63页。

125 罗炳辉（一八九七——一九四六），云南彝良人。曾入滇军朱培德部任连长、营长。当时是红军第九军团军团长。——第64页。

126 烂板凳 即今贵州省遵义县南白镇，县人民政府所在地。——第65页。

127 定番 即今贵州省惠水县。——第67页。

128 长寨 原是贵州省的一个县，一九四二年与广顺县合并，设立长顺县。——第67页。

129 官渡 是今云南省昆明市的一个区。——第68页。

130 一九一五年，窃取辛亥革命胜利果实的袁世凯加紧复辟帝制活动，于十二月十二日称帝，改中华民国为“中华帝国”。二十五日，蔡锷、唐继尧、李烈钧等人在云南通电起义，组织护国军，发动了讨伐袁世凯的护国运动。——第70页。

131 沾益 原是云南省的一个县，一九八三年与曲靖县合并，设立曲靖市。——第71页。

132 交西渡 亦名绞车渡，即今皎平渡，位于云南省禄劝县西北。——第71页。

133 通安州 即今四川省会理县通安镇。——第71页。

134 会理州 即今四川省会理县。——第71页。

135 越嶲 即今四川省越西县。——第76页。

136 指上海解放前英国巡捕房雇用的骑马的印度籍巡捕。——第78页。

137 开罗场 即今四川省石棉县擦罗乡。——第79页。

138 打箭炉 即今四川省康定县。——第79页。

139 泥头 即今四川省汉源县宜东区。——第84页。

140 化林坪 是今四川省汉源县三交乡的一个村庄。——第84页。

141 水子田 即今四川省汉源县三交乡水子地村。——第84页。

142 茂县 即今四川省茂汶羌族自治县。——第85页。

143 张国焘（一八九七——一九七九），江西萍乡人。一九二一年参加中国共产党第一次全国代表大会。曾被选为中共中央委员、政治局委员、政治局常委。一九三一年任中共鄂豫皖中央分局书记、中华苏维埃共和国临时中央政府副主席等职。一九三五年六月红军第一、第四方面军在四川懋功地区会师后任红军总政治委员。他反对中央关于红军北上的决定，进行分裂党和红军的活动，另立中央。一九三六年六月被迫取消第二中央，随后与红军第二、第四方面军一起北上，十二月到达陕北。一九三七年九月起，任陕甘宁边区政府副主席、代主席。一九三八年四月，他乘祭黄帝陵之机逃出陕甘宁边区，经西安到武汉，投入国民党特务集团，成为中国革命的叛徒，随即被开除出党。一九七九年死于加拿大。——第88、139、196、295、342页。

144 董振堂（一八九五——一九三七），河北新河人。曾任国民党第二十六路军旅长。一九三一年十二月十四日率部举行宁都起义，参加中国工农红军，任第五军团副总指挥兼十三军军长。一九三二年参加中国共产党。长征时任红军第五军团军团长。——第88页。

145 周昆，当时任中国工农红军第八军团军团长。抗日战争爆发后，任八路军一一五师参谋长。一九三八年在山西携款潜逃。——第88页。

146 陈毅（一九〇一——一九七二），四川乐至人。曾任中国工农红军第四军政治部主任、军委书记，江西军区总指挥兼政治委员。一九三四年中央红军长征后，留在南方坚持游击战争。抗日战争和解放战争时期，任新四军军长、华东军区司令员、第三野战军司令员兼政治委员、上海市军事管制委员会主任、上海市市长等职。——第88、390页。

147 赵博生（一八九七——一九三三），河北黄骅人。曾任国民党第二十六路军参谋长。一九三一年十月参加中国共产党，十二月十四日与董振堂率部举行宁都起义，参加中国工农红军，任第五军团参谋长兼十四军军长。——第88页。

148 一九三一年九一八事变后，中国共产党号召人民武装抗日。在中国共产党的领导和影响下，东北各地人民和驻东北的部分国民党爱国军队，纷纷组成义勇军、救国军、自卫军等抗日武装。这些武装通称东北义勇军。——第97、307页。

149 指一九三五年八月一日中国共产党中央委员会和中华苏维埃共和国临时中

央政府发表的《为抗日救国告全体同胞书》，简称《八一宣言》。宣言向全国同胞呼吁："无论各党派间在过去和现在有任何政见和利害的不同，无论各界同胞间有任何意见上或利益上的差异，无论各军队间过去和现在有任何敌对行动，大家都应当有'兄弟阋于墙外御其侮'的真诚觉悟，首先大家都应当停止内战，以便集中一切国力（人力、物力、财力、武力等）去为抗日救国的神圣事业而奋斗。"宣言号召一切愿意参加抗日救国事业的各党派、各团体、各名流学者、政治家以及一切地方军政机关进行谈判，共同成立国防政府；一切愿意抗日的部队联合组织抗日联军。——第97页。

150 "包打听" 指英、法等帝国主义侵略者在中国租界内所设巡捕房雇佣的密探。——第98页。

151 马玉夫 曾任中共上海区委职工运动委员会委员、江苏省委委员等职。由于他积极追随陈独秀反对中国共产党第六次全国代表大会的路线，一九二九年十一月十五日经中共中央政治局批准，同陈独秀等一起被开除出党。他是同年十二月十五日托陈取消派纲领《我们的政治意见书》的签名者之一，并且参加了以陈独秀为首的托派小组织"无产者社"。后来投靠国民党，充当特务。——第102页。

152 二月革命 指一九一七年二月（俄历）发生的俄国第二次资产阶级民主革命。二月十八日（公历三月三日），首都彼得格勒的工人开始罢工。在布尔什维克党的领导下，罢工很快转为起义，彼得格勒卫戍部队也奋起参加，全国各地纷纷响应，一举推翻了沙皇专制制度。革命后，成立了工兵代表苏维埃，资产阶级则在小资产阶级妥协派支持下成立了临时政府，形成两个政权并存的局面。因此，布尔什维克党又领导人民为准备和实现社会主义革命而斗争。——第104页。

153 黄包车 即人力车。——第106页。

154 铜盆帽 是一种圆形的礼帽。——第106页。

155 秋白 即瞿秋白（一八九九——一九三五），江苏常州人。一九二二年加入中国共产党，是党的早期领导人之一。在一九二七年大革命失败后的紧要关头，同李维汉主持召开八七会议。会后任中共临时中央政治局常委，主持中央工作。一九二七年十一月至一九二八年四月犯过"左"倾盲动主义错误。一九三〇年九月主持召开中共六届三中全会，纠正李立三"左"倾冒险主义的错误。在一九三一年一月中共六届四中全会上，受到王明“左”倾教条主义、宗派主义分子的打击，被排斥于中共中央领导机关之外。此后，在上海同鲁迅合作从事革命文化运动。一九三四年到中央革命根据地，任中华苏维埃共和国临时中央政府教育人民委员。一九三五年二月从江西往福建转移途中被国民党逮捕，六月十八日在福建长汀就义。——第106页。

156 之华 即杨之华（一九〇〇——一九七三），浙江萧山人。瞿秋白的夫人。——第106页。

157 见斯大林《在克里姆林宫举行的红军学院学员毕业典礼上的讲话》（《斯大林选集》下卷，人民出版社1979年版，第373页）。——第109、211页。

158 这里所说的陕北根据地，即陕甘革命根据地，位于陕西北部和甘肃东北部地区。一九三二年至一九三四年间，在刘志丹、谢子长等领导下，先后创建了中国工农红军第二十六军和第二十七军，开辟了陕甘边和陕北革命根据地。一九三五年七月在粉碎了陕、甘、宁、晋四省敌人“围剿”之后，陕甘边和陕北革命根据地联成一片。同年九月，红二十六、二十七军与由鄂豫陕革命根据地突围到达陕北的红二十五军会合，组成红十五军团。这时，根据地发展到近二十个县，九十多万人口，成为中央红军和二、四方面军长征的落脚点。——第109页。

159 国家主义 是以抽象的国家概念来掩盖国家的阶级本质的一种资产阶级思想。盛行于十九世纪的欧洲。二十世纪二十年代，中国的一些大地主大资产阶级的政治代表也曾鼓吹国家主义，当时被称为国家主义派。由于他们打着爱国的旗号，曾经一度蒙蔽过一部分青年知识分子。中国共产党和中国共产主义青年团以《向导》和《中国青年》为主要阵地，对国家主义派散布的谬论进行了批判，把真正爱国的青年争取了过来。——第111页。

160 三民主义 即孙中山提出的民族主义、民权主义、民生主义。随着时代的不同，三民主义的内容有新旧的区别。旧三民主义是中国旧民主主义革命的纲领。一九二四年一月，孙中山接受共产党人的建议，在中国国民党第一次全国代表大会上重新解释三民主义，把旧三民主义发展成为联俄、联共、扶助农工三大政策的新三民主义。——第111页。

161 毛泽覃（一九〇五——一九三五），湖南湘潭人。一九二三年十月加入中国共产党。第一次国内革命战争失败后，参加创建井冈山革命根据地的斗争。

曾任中共赣西南特委委员、中共永(丰)、吉(安)、泰(和)中心县委书记、红军独立师师长、中共苏区中央局秘书长等职。中央红军主力长征后,留在南方坚持游击战争。一九三五年四月在江西瑞金与国民党军作战中英勇牺牲。——第112页。

162 卢沟桥事变 也称七七事变。卢沟桥距北京城十余公里,是北京西南的门户。一九三七年七月七日,日本侵略军在这里向中国驻军进攻。在全国人民抗日热潮的推动和中国共产党的抗日主张的影响下,中国驻军奋起抵抗。中国人民英勇的八年抗战,从此开始。——第112页。

163 抗大 即抗日军政大学,全称为中国人民抗日军事政治大学,是中国共产党培养抗日军政干部的学校。前身为中央革命根据地的工农红军大学,到陕北后称为抗日红军大学,一九三七年改称抗日军政大学。——第112、123、252、255、271页。

164 陕公 即陕北公学,是抗日战争初期中国共产党培养干部的学校,一九三七年九月在延安成立。招收来自全国各地的进步青年,给以短期的革命教育。一九三九年七月并入华北联合大学,同年十二月在延安复校。一九四一年并入延安大学。——第112、223、252页。

165 鲁艺 即鲁迅艺术文学院,是中国共产党培养文艺工作干部的学校。一九三八年四月在延安成立。一九三九年七月,该校一部分并入华北联合大学,其余部分一九四三年四月并入延安大学。抗日战争胜利后,迁往东北。——第112、223页。

166 这里所说的 党校,指中央党校,是中国共产党对领导干部进行比较系统的马列主义理论教育的学校。前身为马克思共产主义学校,一九三三年三月十三日在江西瑞金成立。长征以后,一九三五年冬在陕北瓦窑堡复校,改称中央党校。一九三七年初迁到延安。——第112、178、223、250页。

167 辛亥革命 是以孙中山为首的资产阶级革命政党同盟会所领导的推翻清朝专制王朝的革命。一九一一年(辛亥年)十月十日,革命党人发动新军在湖北武昌举行起义。接着,各省热烈响应,外国帝国主义所支持的清朝反动统治迅速瓦解。一九一二年一月一日,在南京成立了中华民国临时政府,孙中山就任临时大总统。二千多年的中国封建帝制从此结束,民主共和国的观念从此深入人心。但是,资产阶级革命派力量很弱,并且具有妥协性,没有能力发动广大人民的力量比较彻底地进行反帝反封建的革命。辛亥革命的成果迅即被北洋军阀袁世凯篡夺，中国仍然没有摆脱半殖民地、半封建的状态。——第113、180页。

168 哥老会 是民间的秘密团体。成员主要是破产农民、失业手工业者、退伍军人和游民，也掺杂有地主分子。辛亥革命时期，接受革命党人的影响和领导，多次参加武装起义。——第113页。

169 三教，指儒教、道教、佛教。九流，指儒家、道家、阴阳家、法家、名家、墨家、纵横家、杂家和农家。三教九流 后来泛指宗教和学术的各种流派，旧社会中也用来泛称江湖上各种各样的人。——第113页。

170 托派 是托洛茨基派的简称，原为联共(布)党内以托洛茨基为首的反列宁主义的一个政治派别。这里指中国的托派。一九二七年大革命失败后，以陈独秀为代表的一小部分投降主义者，采取了托洛茨基主义的反动立场，认为中国资产阶级对于帝国主义和封建势力已经取得了胜利，中国资产阶级民主革命已经完结，中国无产阶级只有待到将来再去举行社会主义革命，在当时就只能进行所谓以"国民会议"为中心口号的合法运动，从而取消革命运动。因此他们又被称为"托陈取消派"。一九二九年十一月陈独秀等人被开除出党后，在托洛茨基的直接撮合下，同其他托派分子相结合，于一九三一年五月建立了统一的中国托派组织，陈独秀被推为书记处书记。不久，它的领导成员先后被国民党逮捕，这个组织遂即瓦解，但一些托派分子和托派小组织仍然继续进行活动。——第120页。

171 马列学院 是中国共产党培养理论干部的学校。一九三八年五月在延安创办。一九四一年七月，根据中共中央政治局的决定，马列学院普通班与中央党校合并；以马列学院各研究室为基础，成立马列研究院，不久改称中央研究院。——第123、178、223页。

172 中央党务委员会 是一九三三年八月八日中共中央决定设立的。决定说："为要防止党内有违反党章，破坏党纪，不遵守党的决议，及官僚腐化等情弊发生，在党的中央监察委员会未正式成立以前，特设立中央党务委员会。"——第124页。

173 指一九二八年七月中国共产党第六次全国代表大会通过的《中国共产党党章》。——第126、129、146、274页。

174 见列宁《共产主义运动中的"左派"幼稚病》(《列宁全集》第 39 卷,人民出版社 1986 年版,第 4 页)。——第 127 页。

175 中国共产党六届六中全会(扩大)于一九三八年九月二十九日至十一月六日在延安举行。会上,毛泽东作了《中国共产党在民族战争中的地位》的政治报告和《统一战线中的独立自主问题》、《战争和战略问题》等会议结论。全会通过了《中共扩大的六中全会政治决议案》,批准了以毛泽东为首的中央政治局的路线,批判了王明在统一战线问题上的投降主义的错误。鉴于党内右倾投降主义分子违反组织纪律的事实和张国焘由自立中央发展到反党叛党的严重事实,会议还通过了《关于中央委员会工作规则与纪律的决定》、《关于各级党部工作规则与纪律的决定》等几个组织建设方面的文件,以健全党的民主集中制和巩固党的团结统一。——第 127、141、187、211 页。

176 见毛泽东《中国共产党在民族战争中的地位》(《毛泽东选集》第 2 卷,人民出版社 1991 年版,第 528 页)。——第 127 页。

177 俄国社会民主工党 是一八九八年三月成立的无产阶级政党。一九〇三年在党的第二次代表大会上,分成布尔什维克(俄文 Большевик 的音译,意即多数派)和孟什维克(俄文 Меньшевик 的音译,意即少数派)两派。一九一二年党的第六次全国代表会议决定把孟什维克驱逐出党,从此以列宁为首的布尔什维克正式形成为独立的马克思主义政党,称"俄国社会民主工党(布尔什维克)"。一九一八年党的第七次代表大会决定,把党的名称改为"俄国共产党(布尔什维克)",简称"俄共(布)"。一九二五年在党的第十四次代表大会上,改称"苏联共产党(布尔什维克)",简称"联共(布)"。一九五二年党的第十九次代表大会决定,取消党的双重名称,称"苏联共产党"。——第 130、146 页。

178 马尔托夫(一八七三——一九二三),俄国孟什维克代表人物之一。十月革命后,对苏维埃政权采取敌对立场。一九二〇年逃亡国外。——第 130 页。

179 见列宁《俄国社会民主工党第二次代表大会文献》(《列宁全集》第 7 卷,人民出版社 1986 年版,第 270 页)。——第 130 页。

180 李汉俊(一八九〇——一九二七),湖北潜江人。一九二〇年加入中国共产党上海发起组,一九二一年出席中国共产党第一次全国代表大会,后来脱党。一九二七年十二月被桂系军阀杀害于汉口。——第 131 页。

181　一九二一年中国共产党第一次全国代表大会通过了《中国共产党第一个纲领》。一九二三年党的第三次全国代表大会通过了《中国共产党党纲草案》。在一九三九年作者写本文时，中国共产党还没有正式成文地规定自己完整的党纲。直到一九四五年党的第七次全国代表大会才制订了党的总纲，加在党章的前面。这就是中国共产党的基本纲领，也是党章的前提和总则。——第131页。

182　共产国际也称第三国际，是各国共产党的联合组织。一九一九年三月成立。一九四三年六月解散。一九二二年中国共产党参加共产国际成为它的一个支部。共产国际纲领 指一九一九年三月在莫斯科举行的共产国际第一次代表大会通过的《共产国际行动纲领》。——第131页。

183　抗战十大纲领 即抗日救国十大纲领，是一九三七年八月在陕北洛川召开的中共中央政治局扩大会议上通过的。其要点是：一、打倒日本帝国主义；二、全国军事总动员；三、全国人民总动员；四、改革政治机构；五、实行抗日的外交政策；六、实行战时的财政经济政策；七、改良人民生活；八、实行抗日的教育政策；九、肃清汉奸、卖国贼、亲日派，巩固后方；十、实现抗日的民族团结。参见《毛泽东选集》第2卷《为动员一切力量争取抗战胜利而斗争》一文。——第131页。

184　参见斯大林《论列宁主义基础》(《斯大林选集》上卷，人民出版社1979年版，第261页)。——第132页。

185　候补党员 是一九二三年中国共产党第三次全国代表大会关于《中国共产党第一次修正章程》决议中规定的。一九二八年党的第六次全国代表大会通过的党章，曾经取消关于候补党员的规定。后来，中央又决定恢复。在不同时候，对于候补期的长短有不同的规定。一九五六年党的第八次全国代表大会通过的党章，将候补党员改为预备党员，相应地将候补期改为预备期。并且规定，所有新入党的人，都要经过一年预备期的考察，才能转为正式党员。一九八二年党的第十二次全国代表大会通过的党章，也作了同样的规定。——第135页。

186　陈独秀(一八七九——一九四二)，安徽怀宁(今安庆市)人。一九一五年九月起主编《青年》杂志(后改名《新青年》)，一九一八年和李大钊创办《每周评论》，提倡新文化，是五四新文化运动的主要领导人之一。五四运动后，接受和宣传马克思主义，是中国共产党的主要创始人之一。在党成立后的最初六年中是党的主要领导人。在第一次国内革命战争后期，犯了严重的右倾投降主义错误。其后，对于革命前途悲观失望，接受托派观点，在党内成立小组织，进行反党活动，一九二九年十一月被开除出党。后公开进行托派组织活动。一九三二年十月被国民党逮捕，一九三七年八月出狱。一九四二年病故于四川江津。——第 139、295、344 页。

187　见毛泽东《中国共产党在民族战争中的地位》(《毛泽东选集》第 2 卷，人民出版社 1991 年版，第 522 页)。——第 141 页。

188　参见列宁《宁肯少些，但要好些》(《列宁全集》第 43 卷，人民出版社 1987 年版，第 380 页)和斯大林《在苏联列宁共产主义青年团第八次代表大会上的演说》(《斯大林选集》下卷，人民出版社 1979 年版，第 41 页)。——第 144 页。

189　见毛泽东《中国共产党在民族战争中的地位》(《毛泽东选集》第 2 卷，人民出版社 1991 年版，第 535 页)。——第 144 页。

190　社会民主党　也有用社会民主工党、社会党和工党等名称的，大多成立于巴黎公社失败后到二十世纪初资本主义相对和平发展时期。一八八九年各国社会民主党联合组成第二国际。第二国际早期在恩格斯的领导下，对马克思主义的传播和国际工人运动的发展起过积极的作用。恩格斯逝世以后，由于第二国际内部的机会主义滋长，除了俄国社会民主工党(布尔什维克)以外，绝大多数社会民主党都逐渐蜕化成为改良主义的资产阶级政党。——第 146 页。

191　见列宁《就我们的组织任务给一个同志的信》(《列宁全集》第 7 卷，人民出版社 1986 年版，第 10 页)。——第 146 页。

192　保甲长　即保长和甲长。保甲是国民党统治时期管制和压迫人民群众的基层政治制度。一九三二年八月一日，国民党政府在河南、湖北、安徽三省颁布了《各县编查保甲户口条例》。一九三四年十一月七日起，在国民党统治的地区，一律推行这种制度。保甲的编组，以户为单位，十户为甲，甲设甲长；十甲为保，保设保长；若干保为联保，联保设联保长。——第 148 页。

193　壮丁队　原为国民党政权的一种武装组织形式。一九三七年八月十二日，中共中央《关于抗战中地方工作的原则指示》中提出："利用一切旧政权的武装组织形式，如民团、保安队、壮丁队、义勇军等，实行组织群众与武装群众，并取得其中的领导地位。”——第153页。

194 劳动互助社 是第二次国内革命战争时期，革命根据地的农民在个体经济的基础上，为调剂劳动力，自愿参加的一种农业劳动互助组织。入社的社员，实行互利原则，即工数对除，少做了的，按工算工钱给多做了的。并且优待红军家属，帮助孤老。抗日战争时期，这种农业劳动互助的办法，在各抗日根据地内广泛沿用了下来。有些地方仍叫劳动互助社，有些地方叫“变工队”、“扎工队”等。——第153页。

195 这里所说的边区，指中国共产党在两省或几省交界地区建立的抗日根据地，如陕甘宁边区、晋察冀边区、晋绥边区、晋冀豫边区、冀鲁豫边区等。——第157页。

196 这里所说的巩固党的时期，指一九三九年八月二十五日中共中央政治局作出《关于巩固党的决定》以后的一个时期。中国共产党自抗战以后，特别是一九三八年三月十五日中央发出《关于大量发展党员的决议》以后，党的组织在短期内获得了很大的发展。但是，不少党的组织很不巩固。为此，中央政治局作出关于巩固党的决定，指出：在巩固党的时期内，党的发展一般应该停止；详细审查党员成分，清刷混入党内的异己分子（地主、富农、商人）、投机分子，以及敌探奸细，加强党的保卫工作和秘密工作；加强党内马克思列宁主义教育、阶级教育和党的教育，特别要加强对党的各级干部的教育；加强党的纪律性，严密党的队伍，把党团结得像一个人一样，以反对国内投降分裂的危险，引导抗战到最后的彻底的胜利。——第157、203页。

197 《山海经》是中国古代的一部著作，内容主要为民间传说中的地理知识，包括不少远古的神话。这里所说的“吹吹‘山海经’”，意思是谈天说地。——第159页。

198 这里所说的中央指令，指一九三九年二月二十日中共中央书记处《关于开展妇女工作的决定》。——第160页。

199 这里所说的半斤与八两，是两者相同的意思。按当时市制中的重量单位，一斤为十六两，半斤为八两。——第160页。

200 抗日战争时期，中国共产党在各抗日根据地改变了土地革命战争时期没收地主土地分给农民的政策，代之实行减租、减息的政策。同时，在税收制度上，实行减税的政策。地租，一般实行二五减租，即不论何种租佃形式，均按原租额减去百分之二十五。利息，一般减到不超过社会借贷关系所许可的程度为限。税收，除取消一切苛捐杂税外，还按收入多少规定纳税额，以减轻广大劳动人民的负担。——第 163 页。

201 见毛泽东《中国共产党在民族战争中的地位》（《毛泽东选集》第 2 卷，人民出版社 1991 年版，第 523 页）。——第 169 页。

202 中国共产党陕甘宁边区第二次代表大会 于一九三九年十一月十三日至十二月十七日在陕西安塞县举行。会上，毛泽东作了政治报告，陈云、李维汉等讲了话。这次代表大会，对于进一步建设陕甘宁边区，支援抗日战争，起了很重要的作用。——第 170 页。

203 大革命 指一九二五年至一九二七年的反对帝国主义、封建主义的革命运动。一九二七年蒋介石、汪精卫先后发动反革命政变，屠杀共产党人和革命群众，大革命遭到失败。——第 170、233、295、362 页。

204 刘志丹（一九〇三——一九三六），陕西保安（今志丹）人。一九二五年加入中国共产党。同年秋，入黄埔陆军军官学校学习。一九二八年四五月间，同谢子长等领导渭华起义。一九三二年至一九三三年间，创建中国工农红军第二十六军，开辟陕甘边革命根据地。一九三五年二月任中共西北工作委员会委员和西北革命军事委员会主要负责人。同年九月任红十五军团副军团长兼参谋长。十月中央红军到达陕北后，任中共中央革命军事委员会西北办事处副主任、红二十八军军长和红军北路军总指挥等职。一九三六年四月，率领红二十八军东征抗日，遭国民党反动派阻击，在晋西中阳县三交镇战斗中英勇牺牲。——第 170、180 页。

205 留守兵团 是一九三七年九月八路军主力先后开往前线抗日后，留下一二九师三八五旅（不包括七六九团）为骨干组成。保安部队 是由地方游击队编成。它们共同担负保卫陕甘宁边区的任务。——第 171、264 页。

206 这里所说的 顽固分子，指抗日战争时期国民党内坚持反共的分子。磨擦 是当时流行的一个名词，意指国民党内顽固分子的各种破坏抗日民族统一战线、反对共产党和进步势力的反动行为。——第 171 页。

207 彭湃（一八九六——一九二九），广东海丰人。中国共产党早期著名的农民运动领袖。一九二二年七月在海丰县赤山领导建立农会。一九二三年一月当选为海丰县总农会会长。一九二四年加入中国共产党。同年在广州创办农民运动讲习所，并任中共广东区委委员和区委农民运动委员会领导人。一九二六年十一月任中共中央农民运动委员会委员。一九二七年参加南昌起义，任中共前敌委员会委员。同年十一月在海陆丰领导建立全国第一个红色政权——海陆丰工农兵苏维埃，任委员长。一九二八年十一月任中共中央农委书记。在中国共产党内还先后当选为中央委员、临时中央政治局委员和中央政治局候补委员。一九二九年八月在上海被国民党反动派杀害。——第 172、180 页。

208 行政村 是农村的基层行政单位，由一个或几个自然村组成。——第 174 页。

209 这个决定于一九三九年十二月一日发出。见《毛泽东选集》第 2 卷，人民出版社 1991 年版，第 618—620 页。——第 179 页。

210 一九三五年十二月九日，北平学生数千人在中国共产党领导下举行爱国示威游行，提出“反对华北自治运动”、“停止内战，一致对外”、“打倒日本帝国主义”等口号，遭到国民党政府的镇压。次日，北平各校学生宣布总罢课。十六日，学生和市民一万余人，再度举行示威游行。全国人民纷纷响应，形成中国人民抗日救亡运动的新高潮。这个运动，历史上统称为 一二九运动。——第 180、205 页。

211 见列宁《怎么办?》(《列宁全集》第 6 卷，人民出版社 1986 年版，第 23 页)。——第 187 页。

212 一九三〇年十一月至一九三四年十月间，国民党军对中央革命根据地发动了五次大规模的军事“围剿”。中国工农红军第一方面军在毛泽东、朱德的指挥下，粉碎了国民党军的第一、二、三次“围剿”；在周恩来、朱德的指挥下，又取得了第四次反“围剿”的胜利。一九三三年九月蒋介石调集约五十万兵力，发动第五次“围剿”。由于王明“左”倾冒险主义的领导，错误地用阵地战代替运动战和游击战，红军苦战一年未能打破“围剿”。一九三四年十月红军第一方面军主力部队被迫撤出中央革命根据地，进行长征。——第 192 页。

213 见斯大林《论中国革命的前途》(《斯大林选集》上卷，人民出版社 1979 年版，第 487 页)。——第 195 页。

214 遵义会议以后，一九三五年六月红军第一方面军与第四方面军在四川懋功(今小金)地区会师。中共中央政治局作出《关于一、四方面军会合后战略方针的决定》，即“集中主力向北进攻，在运动战中大量消灭敌人，首先取得甘肃南部，以创造川陕甘苏区根据地”，否定了张国焘提出的向川康边境退却的错误主张。但是，张国焘拒绝执行中央北上抗日的方针，并要挟中央南下，甚至企图危害中央。为此，中央决定率领红军第一方面军一、三军团继续北上，迅速脱离险区。十月胜利到达陕北。中央为了挽救张国焘，曾于九月十二日作出《关于张国焘同志的错误的决定》（当时只发中央委员），要求他改正错误。但是，张国焘坚持其错误主张，擅自命令红军第四方面军南下，并公然另立中央，分裂党和红军。一九三六年一月二十二日，中央政治局作出决定，除电令张国焘立刻取消第二中央外，并在党内公布了一九三五年九月十二日的决定。朱德、刘伯承、贺龙、任弼时等，以及红军第四方面军的广大干部、战士，同张国焘作了坚决的斗争。一九三六年六月张国焘被迫取消了第二中央，随后与红军第二、第四方面军一起北上。同年十月，中国工农红军第一、二、四方面军三大主力在甘肃会宁地区会师，长征胜利结束。——第 197 页。

215　党表　指党员、干部情况登记表，其中包括入党志愿书。——第 200、291 页。

216　参见本书注〔192〕。——第 207 页。

217　见毛泽东《中国共产党在民族战争中的地位》（《毛泽东选集》第 2 卷，人民出版社 1991 年版，第 144 页）。——第 211 页。

218　见《孟子·滕文公下》。——第 212 页。

219　女大　即中国女子大学，是中国共产党培养妇女工作干部的学校。一九三九年七月在延安成立。一九四一年九月并入延安大学。——第 223 页。

220　青训班　即中国青年干部训练班，是抗日战争初期中国共产党培养青年干部的学校。一九三七年十月在陕西省泾阳县斗口村成立时，称战时青年短期训练班。后迁云阳镇，再迁安吴堡，习称安吴青训班。一九三九年七月，青训班的一部分，并入华北联合大学；另一部分于一九四〇年四月到延安，并入同年五月成立的泽东青年干部学校。——第 223 页。

221　自然科学院　是中国共产党培养科学技术工作干部的学校。一九三九年五月在延安成立时为自然科学研究院，一九四〇年初改称自然科学院。一九四三年四月并入延安大学，成为该校的一个学院。——第 223 页。

222　王明　即陈绍禹（一九〇四——一九七四），安徽六安金家寨（今属金寨县）人。

一九二五年加入中国共产党。曾任中共中央委员、政治局委员、长江局书记、中国女子大学校长等职。他是一九三一年一月六届四中全会至一九三五年一月遵义会议前中国共产党内"左"倾冒险主义错误的主要代表。抗日战争初期，又犯了右倾投降主义错误。他长期拒绝党的批评和帮助。一九五六年后一直滞留苏联。一九七四年去世。——第224、344页。

223 一九四一年八月一日，中共中央作出《关于调查研究的决定》。决定指出："我党现在已是一个担负着伟大革命任务的大政党，必须力戒空疏，力戒肤浅，扫除主观主义作风，采取具体办法，加重对于历史、对于环境，对于国内外、省内外、县内外具体情况的调查与研究，方能有效的组织革命力量，推翻日本帝国主义及其走狗的统治。"——第231页。

224 三青团　即三民主义青年团，是国民党欺骗和控制青年的反动组织。一九三八年成立，一九四七年并入国民党。——第232、359页。

225 白区党代表会议　于一九三七年五月在延安举行。会上，刘少奇作了《关于白区的党和群众工作》的报告。会议总结了十年内战时期党在白区工作中的经验教训，批判了"左"倾关门主义的错误，提出了抗日民族统一战线形成以后党在白区工作的基本方针和斗争策略。——第233页。

226 这里所说的中央关于在职干部教育的决定，指一九四二年二月二十八日中共中央政治局通过的《关于在职干部教育的决定》。决定指出，在职干部教育，自一九三八年六中全会以来，已经引起党内相当的注意，但忽视的现象还是存在着。同时，没有强调业务教育。政治教育虽一般地注意了，但或则不得其法，或则轻重不分，或则没有经常性。文化教育没有引起党政军各级领导机关的充分注意。高级干部的理论教育，或则至今没有引起注意，或则脱离实用，成了教条主义的东西；而理论教育的成败则是革命成败的第一个关键。所有这些，都是必须改革，或必须加强的。决定指出，在职干部教育，应以业务教育、政治教育、文化教育、理论教育四种为范围。业务教育，实行"做什么、学什么"的口号。政治教育，包括时事教育和一般政策教育两项。对于一切文化程度太低或不高的干部，除业务教育和政治教育外，必须强调文化教育，反对轻视文化教育的错误观点。高级和中级干部具有学习理论资格（文化程度、理解力和学习兴趣等）者，于业务学习和政治学习之外均须学习理论。决定还指出，在鉴定干部的时候，学习的情况如何应作为鉴定标准之一。各级党政军领导机关应以极大的注意力放在干部教育（在职干部教育和干部学校教育)上面。——第253页。

227 这里所说的中央党校彻底改组,指一九四二年二月的改组。一九四二年二月二十八日,中共中央政治局作出《关于党校组织及教育方针的新决定》。根据这个决定,中央党校直属中央书记处,政治指导由毛泽东负责,组织指导由任弼时负责。——第253页。

228 参见本书《论干部政策》一文(第109—122页)。——第255页。

229 《六大以来》是中共中央书记处一九四一年十二月在延安编印的党内秘密文件汇集,分上、下两册。一九八〇年由人民出版社出版发行。——第265页。

230 季米特洛夫(一八八二——一九四九),保加利亚人。一九二一年任工会国际中央理事会理事,一九三五年至一九四三年任共产国际执行委员会总书记。——第271页。

231 见北宋汪洙等著《神童诗・劝学》。——第274页。

232 列宁的《党的组织和党的文学》,新的译文题为《党的组织和党的出版物》(《列宁全集》第12卷,人民出版社1987年版,第92—97页)。——第275页。

233 参见毛泽东《在延安文艺座谈会上的讲话》结论的第一、第三部分(《毛泽东选集》第3卷,人民出版社1991年版,第854—858、865—867页)。——第277页。

234 上海证券交易所 是解放前上海买卖有价证券的投机市场。一九二〇年由上海股票商业公会改组成立,当时称上海华商证券交易所,主要从事公债投机。一九三七年八一三事变后,宣告停业。一九四三年重新设立的上海证券交易所,以华商股票为主要投机对象。抗日战争胜利后,又一度停业。一九四六年再度复业。上海解放后,一九四九年六月被封闭。上海纱布交易所 即上海华商纱布交易所,是抗日战争前我国最大的棉花、棉纱市场。一九二一年七月成立,一九三七年八月停业。买卖棉花、棉纱,分现货、期货两种,期货交易大多是投机活动。——第280页。

235 茅盾 即沈雁冰(一八九六——一九八一),浙江桐乡人。我国现代进步文化的先驱者、伟大的革命文学家和中国共产党最早的党员之一。《子夜》是茅盾写的长篇小说，一九三三年出版。这部小说主要通过对吴荪甫这一民族资产阶级的典型人物及其周围环境的描写，反映了中国三十年代初期复杂的社会矛盾和时代发展的趋向，表现了中国在帝国主义的侵略和压迫下不可能独立发展资本主义，而是日益殖民地化这一深刻的主题。——第 280 页。

236 见斯大林《在全苏集体农庄突击队员第一次代表大会上的演说》(《斯大林选集》下卷，人民出版社 1979 年版，第 324 页)。——第 280 页。

237 这里所说的整风，指中国共产党自一九四二年至一九四三年在全党范围内开展的一次马克思列宁主义的思想教育运动。通常称为延安整风。主要内容是：反对主观主义以整顿学风，反对宗派主义以整顿党风，反对党八股以整顿文风。经过这个运动，全党进一步地掌握了马克思列宁主义的普遍真理与中国革命的具体实践的统一这样一个基本的方向。——第 281、292 页。

238 农贷 即农业贷款。为了发展农业生产，调剂农村金融，一九四三年三月陕甘宁边区政府公布了《农业贷款章程》，共十四条。其中规定，农业贷款分为四类，即农业生产贷款、农村副业生产贷款、农业供销贷款和农田水利贷款，以农业生产贷款为主。贷款利率，长期以年利一分计算，短期以月利一厘计算。贷款一般以一年为限。——第 283 页。

239 奖励移难民 指优待陕甘宁边区外来的难民、贫民以及边区地少人多区域的人民移入垦区从事开荒，发展农业。一九四三年三月一日，陕甘宁边区政府正式颁发了《陕甘宁边区优待移民难民垦荒条例》，共十九条。其中规定："经移民难民自力开垦或雇人开垦之公荒，其土地所有权概归移民或难民，并由县政府发给登记证，此项开垦之公荒三年免收公粮；经开垦之私荒，依照地权条例，三年免纳地租，三年后依照租佃条例办理，地主不得任意收回土地。"——第 283 页。

240 变工 即换工，是陕甘宁边区农民相互间调剂劳动力的方法。有人工换人工，牛工换牛工，人工换牛工，等等。参加变工的农民，组成变工队，各以自己的劳动力或畜力，集体地轮流替本队各家耕种。结算时，一工抵一工，多出了人工或畜工的，由少出了的补给工钱。——第 283 页。

241 这里所说的边币，指一九四一年陕甘宁边区银行发行的货币，流通于陕甘宁边区。一九四八年一月，陕甘宁边区银行与晋绥边区的西北农民银行合并后停止发行，按陕甘宁边币二十元对西北农民币一元的比价并行流通。——第283、288页。

242 财经办事处 指西北财经办事处，一九四二年六月成立，主任贺龙。陈云于一九四四年三月任副主任兼政治部主任，主持日常工作。该办事处隶属于中共中央西北局，统管陕甘宁边区和晋绥边区的财经工作。——第287、343页。

243 公盐代金 是陕甘宁边区政府征收的一种临时捐。一九四〇年秋季开始，边区政府为了克服由于国民党封锁而造成的财政困难，组织群众在三边地区（陕西省西北部的定边、安边堡、靖边地区）制盐，向国民党地区销售，以换取边区所需要的物资。一九四一年至一九四五年间，边区人民承担了一部分运输公盐的任务。不直接参加运输者，可缴纳公盐代金，由运输合作社代运。——第288页。

244 特费 指兵工器材费、技术人员津贴费、保健费、妇女生育费、病员伙食费等。——第288页。

245 国民党政府为了控制全国金融，禁止银元流通，自一九三五年十一月四日起，实行法币政策，并规定中央银行、中国银行、交通银行（后加中国农民银行）发行的纸币，作为法定的全国统一流通的货币，简称法币。抗日战争和解放战争时期，国民党统治区通货恶性膨胀，法币急剧贬值。自一九四八年八月十九日起，发行金圆券代替崩溃的法币。——第288页。

246 彭真，一九〇二年生，山西曲沃人。当时任中共中央组织部代理部长。一九四五年八月任中共中央组织部部长。——第291页。

247 麻钱 即方孔铜钱，因用麻绳穿起来存放，所以民间有这个称呼。——第295页。

248 七大 即一九四五年四月二十三日至六月十一日在延安举行的中国共产党第七次全国代表大会。会上，毛泽东作了《论联合政府》的政治报告，朱德作了《论解放区战场》的军事报告，刘少奇作了《关于修改党章的报告》，周恩来作了《论统一战线》的重要发言。大会决定了党的路线，这就是“放手发动群众，壮大人民力量，在我党的领导下，打败日本侵略者，解放全国人民，建立一个新民主主义的中国”。大会通过了新党章，选举了新的中央委员会。新党章规定以马克思列宁主义理论与中国革命的实践之统一的思想——毛泽东思想，作为中国共产党的一切工作的指针。这次大会是一次团结的大会、胜利的大会，为新民主主义革命在全国的胜利奠定了基础。——第296页。

249 《为中共更加布尔什维克化而斗争》是王明写的一本“左”倾教条主义的小册子。一九三一年出版，题为《两条路线》。次年再版，改为现名。——第298页。

250 满洲 原是清代满族的自称。满族过去主要分布在东北地区，所以后人称东北地区为满洲。——第299页。

251 中国长春铁路 简称中长路，自哈尔滨起，西至满洲里，东至绥芬河，南至大连。这条铁路，原为俄国修建和经营，称中东铁路。一九〇四年日俄战争后，长春以南段为日本占据，称南满铁路。俄国十月革命后，长春以北段由中苏合办，仍称中东铁路，九一八事变后也为日本所占。抗日战争胜利后，南满铁路和中东铁路，统称中国长春铁路，归中苏共同所有，并共同经营。一九五二年十二月，苏联政府将长春铁路全部移交给中国。现分段改称滨洲、滨绥和哈大等铁路。——第299页。

252 中苏协定 指一九四五年八月十四日中国国民党政府同苏联政府在莫斯科签订的《中苏友好同盟条约》，以及《关于中国长春铁路之协定》、《关于大连之协定》、《关于旅顺口之协定》和《关于中苏此次共同对日作战苏联军队进入中国东三省后苏联军总司令与中国行政当局关系之协定》等。——第299页。

253 北满 指哈尔滨、牡丹江、佳木斯、北安等地区。——第300、303、321、349、371、382页。

254 东满 指当时中长路沈阳至长春线以东的吉林、西安（今东辽）、延吉、安图、敦化等地区。——第300、321页。

255 西满 指当时中长路沈阳至哈尔滨线以西的齐齐哈尔、洮南（今洮安）、扶余、双辽、开鲁、阜新等地区。——第300、306、321页。

256 南满 指当时中长路沈阳至大连线以东的庄河、安东（今丹东）、通化、临江、清原和沈阳西南的辽中等地区。——第301、306、321、371页。

257 珠河 原是黑龙江省的一个县，解放后与苇河县合并为尚志县。——第301页。

258 洮南 原是黑龙江省的一个县，一九五四年划归吉林省，一九五八年与白城县合并为洮安县。三肇 指黑龙江省的肇东县、肇州县和肇源县。——第

301页。

259 龙江省 即当时的黑龙江省。一九四五年日本投降后，国民党政府曾将东北三省（辽宁、吉林、黑龙江）划分为辽宁、辽北、安东、吉林、松江、合江、黑龙江、嫩江和兴安等九省。——第303、308页。

260 黑龙江省的鸥浦县已并入呼玛县；奇克、乌云二县与逊河县合并为逊克县。——第303页。

261 这里所说的牡丹江省，当时实际上是绥宁省。该省是东北民主联军在解放了牡丹江等地之后，于一九四六年四月十日设立的。一九四六年十月八日，改为牡丹江专区。一九四七年八月二十七日，牡丹江专区与合江省东安专区合并，成立牡丹江省。一九四八年七月撤销牡丹江省，所属牡丹江地区划归松江省，东安地区划归合江省。——第303页。

262 第二次世界大战中，日本于一九四五年八月十五日宣布无条件投降。这个日子，简称“八一五”。——第303、321、353页。

263 解放战争时期，东北地区的土匪，实际上是伪满军警和地主武装。所以，这里称政治土匪。——第303、310页。

264 清算运动是抗日战争胜利以后新解放区开展的一次群众运动。目的是清算汉奸、伪军的罪行，收回被他们霸占的土地、财产，摧毁伪政权，建立民主政权，组织群众团体。——第303、324页。

265 开拓地、满拓地 指九一八事变和伪满洲国成立以后，日本拓务省“满洲拓殖株式会社”（后扩大为“满洲拓殖公社”）和伪满民政部拓政司（后扩大为开拓总局）组织的各种开拓团所夺占的土地。其中，分配给日本移民的土地称为开拓地，租给中国农民的土地称为满拓地。一九四六年三月二十日，中共中央东北局在《关于处理日伪土地的指示》中提出：“所有东北境内一切日伪地产、开拓地、满拓地以及日本人和大汉奸所有地，应立即无代价的分配给无地和少地的农民贫民所有，以利春耕，以增民食，并免致荒芜。”——第304页。

266 松浦 当时是哈尔滨市的一个区。——第305页。

267 一九四六年四月二十三日，松江省人民代表大会通过了《请求人民自卫军进驻哈尔滨市以维护哈市人民生命财产案》。人民自卫军 即原东北抗日联军。——第 305 页。

268 伪满 指一九三一年日本帝国主义侵占中国东北后制造的傀儡政权“满洲国”。一九三二年三月在长春成立，扶清朝末代皇帝溥仪为“执政”，年号“大同”。一九三四年三月，改称“满洲帝国”，“执政”改称“皇帝”，年号“康德”。一九四五年八月，随着中国人民抗日战争的胜利而被摧毁。——第 305、307、323、380 页。

269 中央军原是蒋介石系统对自己嫡系部队的称呼。这里泛称国民党的军队。——第 305、349 页。

270 一九四五年抗日战争胜利后，挺进东北的八路军、新四军和东北抗日联军组成东北人民自治军。一九四六年初改称东北民主联军。一九四八年一月改称东北人民解放军，区分为东北军区和东北野战军。一九四九年三月东北野战军整编为第四野战军。——第 307 页。

271 一九四五年十一月一日，由秦皇岛登陆的国民党军向山海关发动突然袭击，驻守山海关的共产党部队进行自卫还击后，于十一月十六日撤出山海关，退守绥中。——第 307 页。

272 一九四六年一月十日，国共双方签订停战协议时，国民党反动派为了抢占东北，坚持停战协议不包括东北地区。在遭到东北民主联军的自卫还击和全国人民的反对后，蒋介石被迫同意于三月二十七日在重庆签订东北停战协议。但协议签订才三天，国民党军即在美国的援助下，向营口、鞍山、四平街等地发动了新的进攻。由于中国共产党坚持无条件地停止内战，加上蒋军战线太广、兵力不足，六月六日蒋介石命令国民党东北各军，自六月七日正午起，停战十五天。同日，周恩来发表关于东北停战之公报，同意休战十五天，并愿尽一切努力，谋取谈判成功。六月二十一日，双方宣布东北停战期限延长八天。后又宣布无限期停战。蒋介石宣布停战，实际上是准备新的进攻。——第 307 页。

273 一九四六年六月二十六日，国民党反动派撕毁停战协定，以三十万军队向中原解放区大举进攻。为了保存力量，争取主动，中原人民解放军在李先念、郑位三等领导下，于六月底分路突围，实行战略转移，牵制了大量敌人，有力地配合了其他解放区的作战。自一九四六年六月中旬起，国民党军向胶济路沿线发动进攻。山东人民解放军奋起自卫。——第 308 页。

274 苏皖有很快大打的可能 的估计，事实证明是正确的。一九四六年七月中旬，国民党反动派以数十万兵力，在安徽来安至江苏南通的八百里战线上，大举进攻苏皖解放区。华东人民解放军奋起自卫。粟裕、谭震林等领导的十八个团，自七月十三日至八月二十七日，在苏中的泰兴、如皋、海安、邵伯一带，集中优势兵力，七战七捷，共歼灭敌军六个旅、五个交通警察大队，约五万六千余人。——第 308 页。

275 这里所说的 南京谈判，指一九四六年六月六日起国共双方在南京举行关于结束东北冲突、恢复交通、整编军队三个问题的谈判。参加谈判的，除国共双方代表徐永昌、周恩来外，还有美国政府代表马歇尔。美蒋方面对谈判毫无诚意，拒绝了中共提出的长期停战、恢复交通、整军复员、重开政协的四项建议。——第 308 页。

276 见毛泽东《建立巩固的东北根据地》(《毛泽东选集》第 4 卷，人民出版社 1991 年版，第 1179—1183 页)。——第 309 页。

277 “五四指示” 即一九四六年五月四日发布的中共中央《关于土地问题的指示》。主要内容是，坚决支持广大农民群众在反奸清算、减租减息斗争中，从地主手中获得土地，实现“耕者有其田”。这一指示，对党在抗日战争时期实行的减租减息的土地政策作了重要的改变。——第 309 页。

278 三大纪律八项注意 是第二次国内革命战争时期，毛泽东等为中国工农红军制订的纪律。其具体内容在不同时候和不同部队略有出入。一九四七年十月，中国人民解放军总部对其内容作了统一规定，并重行颁布。三大纪律是：(一)一切行动听指挥；(二)不拿群众一针一线；(三)一切缴获要归公。八项注意是：(一)说话和气；(二)买卖公平；(三)借东西要还；(四)损坏东西要赔；(五)不打人骂人；(六)不损坏庄稼；(七)不调戏妇女；(八)不虐待俘虏。——第 311 页。

279 高树勋(一八九八——一九七二)，河北盐山人。原任国民党军第十一战区副司令长官兼新八军军长，一九四五年十月率新编第八军等部一万余人在河北邯郸内战前线起义。起义后该部改编为民主建国军，高任该军总司令。这次起义，在全国影响很大。中共中央为进一步分化、瓦解国民党军和争取国民党军起义，开展了宣传运动，号召国民党军官兵学习高树勋部队的榜样，站到人民方面来。这个运动，当时被称为“高树勋运动”。潘朔端(一九〇一——一九七八)，云南威信人。原任国民党军第六十军一八四师师长，一九四六年五月率部在辽宁海城起义。起义后任东北民主同盟军第一军军长。——第313页。

280 杜聿明（一九〇四——一九八一），陕西米脂人。当时任国民党军东北保安司令长官。中华人民共和国成立后，曾任中国人民政治协商会议全国委员会常务委员。——第314、320页。

281 马歇尔（一八八〇——一九五九），曾任美国国务卿、国防部长。一九四五年十二月任美国总统杜鲁门的驻中国特使，以"调处"为名，参与国共谈判，支持国民党政府发动反共反人民的内战。一九四六年八月十日宣布"调处"失败。一九四七年一月八日离华回国。——第316页。

282 魏德迈，一八九七年生，美国职业军人。一九四四年十月来华，任中国战区美军司令和蒋介石的参谋长。第二次世界大战后，支持国民党政府发动反共反人民的内战。一九四七年七月以美国总统杜鲁门特使的身分到中国"调查"，寻求扶植和控制蒋介石集团的办法。——第316页。

283 这里所说的 打山东，指一九四六年六月山东人民解放军对胶济线和津浦线上的国民党军发动攻击战，先后解放胶县、张店、周村、德州、泰安、枣庄等十余城镇。——第316页。

284 "囚笼"政策 原是日本帝国主义妄图消灭我敌后人民武装和摧毁抗日根据地的一种残酷政策。它是以铁路为柱，公路为链，碉堡为锁，辅以封锁沟、墙，对抗日根据地军民实行网状压缩包围。抗日战争胜利后，国民党反动派也用此政策，妄图摧毁解放区。——第316页。

285 这里所说的 堡垒，指共产党支部。——第317页。

286 内河航行 指美国船舶，包括军舰在内，可以在中国的内河自由航行。这是日本投降后国民党政府向美帝国主义出卖中国主权的一个重要内容。一九四六年六月五日，国民党政府国防最高委员会通过所谓在复员期间准许外国轮船驶泊南京、芜湖、九江、汉口四埠装卸货物的决议。同年十一月四日，国民党政府与美国政府进一步签订了《中美友好通商航海条约》。条约规定，缔约此方的船舶可以在彼方开放的任何口岸、地方及领水内自由航行，其人员和物品有经"最便捷之途径"通过彼方领土的自由。缔约此方的船舶，包括军舰在内，可以在遇到"任何危难"时，开入彼方"对外国商务或航业不开放之任何口岸、地方及领水"。条约表面上双方享有对等权利，但在当时中国根本没有远洋运输设备的情况下，这只能是美国单方面享受的权利。这个不平等条约缔结后，受到中国人民的坚决反对。——第319页。

287　一九四五年九月三十日，美国海军陆战队两个师在天津登陆。之后，美国海军陆战队又先后在上海、青岛、秦皇岛等重要城市驻兵。为控制中国，帮助国民党打内战，到一九四六年六月，美国海军陆战队在中国登陆的人数达到九万人。——第319页。

288　辑 指辑安县，即今吉林省集安县。濛 指濛江县，即今吉林省靖宇县。临 指临江县，今为吉林省浑江市（驻八道江镇）。松 指抚松县，今吉林省的一个县。——第320页。

289　三源浦 是今吉林省柳河县的一个镇。——第320页。

290　梅海、龙梅 都是指海龙、梅河口一线。当时海龙县驻海龙镇，后迁梅河口镇。海龙县今为吉林省梅河口市。——第320页。

291　永陵 是今辽宁省新宾县的一个镇。——第320页。

292　兴京 即今辽宁省新宾县。——第320页。

293　安奉路 指安东（今辽宁省丹东市）至沈阳段铁路。沈阳旧称奉天。——第320页。

294　八面城 是今辽宁省昌图县的一个镇。——第320页。

295　四纵 指当时的东北民主联军第四纵队，是东北民主联军的主力部队之一。一九四八年，东北民主联军先后改称东北人民解放军、东北野战军。一九四九年三月，整编为中国人民解放军第四野战军。——第320页。

296　三纵 指当时的东北民主联军第三纵队，是东北民主联军的主力部队之一。——第321页。

297　长白 即今吉林省长白朝鲜族自治县。——第321页。

298　指陈云和萧劲光。一九四六年十月三十一日，中共中央东北局报经中央批准，决定成立中共中央辽东分局（也称南满分局），陈云任辽东分局书记兼辽东军区政治委员，萧劲光任辽东分局副书记兼辽东军区司令员。他们是按照这个任职决定，从哈尔滨到当时辽东军区司令部所在地临江的。——第321页。

299 程 指程世才(一九一二——一九九〇),湖北礼山(今大悟)人,当时任辽东军区副司令员。罗 指罗舜初(一九一二——一九八一),福建上杭人,当时任辽东军区参谋长。唐 指唐凯,一九一六年生,湖北黄陂人,当时任辽东军区副政治委员。——第 321 页。

300 辽东军区 也称南满军区,是当时东北民主联军的一个军区,下辖第三、第四两个纵队,安东、辽宁、辽南三个军区及其直属的部队,总兵力不足四万人。——第 321 页。

301 萧华(一九一六——一九八五),江西兴国人。当时任中共中央辽东分局副书记、辽东军区副司令员兼副政治委员。——第 321 页。

302 林总 指林彪,当时任中共中央东北局书记、东北民主联军总司令员兼政治委员。——第 321 页。

303 八路 即八路军,是抗日战争时期"国民革命军第八路军"的简称,中国共产党领导的人民军队的主力之一。解放战争时期,改编为中国人民解放军。这里是沿用旧称。——第 321 页。

304 这里所说的土地改革,指一九四六年五月四日中共中央发布《关于土地问题的指示》以后,在解放区开展的土地改革运动。抗日战争胜利以后,在农村以反奸清算、减租减息为内容的群众运动广泛深入地开展,广大农民迫切要求获得土地。中共中央的这个指示决定,把抗日战争时期实行的减租减息政策,改为没收地主土地分配给农民的政策。——第 321 页。

305 日俄战争 指一九〇四年至一九〇五年日本和沙皇俄国为重新分割它们在中国东北和朝鲜的权益而进行的一次帝国主义战争。战场主要在奉天(今沈阳)、辽阳地区和旅顺口一带,使中国人民遭受巨大的损失。一九〇四年二月八日,日军突然袭击俄国在旅顺口的舰队。次年一月,攻占旅顺口。接着,又在奉天附近击溃俄国陆军主力。俄国从波罗的海调来增援的舰队,也在对马海峡被日军击溃。后经美国斡旋,一九〇五年九月五日日俄两国签订了《朴茨茅斯和约》。日俄战争后,日本帝国主义取代了沙皇俄国在中国东北的支配地位。——第 321 页。

306 顽军 指当时坚持反共反人民的国民党军队。——第 322 页。

307 指一九二七年八月至一九三七年七月中国共产党领导的第二次国内革命战

争，也称土地革命战争或十年内战。——第 322 页。

308 当时将被分割在南满敌后的几个毗邻县组织起来，实行统一领导，以适应斗争的环境，故称联合县。例如，沈铁抚联合县，沈指沈阳县（后来撤销，并入沈阳市），铁指铁岭县，抚指抚顺县。——第 322 页。

309 这里所说的南满铁路，指沈阳至大连段铁路。——第 323 页。

310 这里所说的长春铁路，指长春至沈阳段铁路。吉奉铁路即吉林至沈阳段铁路。平梅铁路即四平至梅河口段铁路。——第 323 页。

311 国顽指当时国民党内坚持反共反人民的顽固派。——第 324 页。

312 赛马是今辽宁省凤城县的一个集镇。——第 324 页。

313 出荷指强迫农民缴纳以实物为主的捐税。——第 324 页。

314 凤凰城即今辽宁省凤城县。——第 324 页。

315 这里所说的辽西，指西满。——第 325 页。

316 铁法康指今辽宁省的铁岭县、法库县和康平县。——第 325 页。

317 王奎先，一九一六年生，安徽霍丘人。当时任松江军区哈南军分区司令员。第七团是一九四五年十一月由他率领从辽东地区到松江军区的。——第 325 页。

318 温玉成（一九一五——一九八九），江西兴国人。当时任松江军区哈东军分区司令员。哈东军分区当时下辖第一、第三两个团。——第 325 页。

319 辽南是当时的一个省名。——第 326 页。

320 冯仲云（一九〇八——一九六八），江苏武进人。当时任松江省人民政府主席。在这之前，曾任东北抗日联军第三军政治部主任、第六军政治部主任、第三路军政治委员等职。——第 326 页。

321 抗联是东北抗日联军的简称，中国共产党领导的东北人民抗日武装。一九三六年组成。一九四五年十月同挺进东北的八路军、新四军统一改编为东北人民自治军。一九四六年初改称东北民主联军。——第 326 页。

322 参见本书注〔308〕。——第 326 页。

323　这里所说的平顶山，是今辽宁省新宾县的一个集镇。——第 327 页。

324　这里所说的十二师，是当时东北民主联军第四纵队的一个师。——第 327 页。

325　热河 是当时的一个省名。一九五六年撤销建制，所辖地区分别划归河北省、辽宁省和内蒙古自治区。——第 328 页。

326　桓 指桓仁县，今辽宁省的一个县。辑 指辑安县，即今吉林省集安县。金 指金川县，今为吉林省辉南县金川乡。辉 指辉南县，今吉林省的一个县。——第 328 页。

327　指一九四六年十月以前。十月中旬，东北国民党军实行“南攻北守，先南后北”的战略计划，集中八个师约十万人的兵力，分三路进攻南满解放区。东北民主联军辽东军区部队在地方武装配合下进行了英勇的还击。但在敌强我弱的形势下，十月下旬，敌军先后占领安东、通化等大部分城镇，进而向长白山区紧缩，企图消灭南满解放区。——第 328 页。

328　长白四县 指吉林省长白县、临江县（今浑江市）、濛江县（今靖宇县）和抚松县。——第 328 页。

329　柳 指柳河县，今吉林省的一个县。——第 329 页。

330　指旅大地区，当时这个地区的范围是旅顺、大连和金县。韩光，一九一二年生，黑龙江齐齐哈尔人，当时任中共旅大地委书记。——第 330 页。

331　通 指通化市，今吉林省的一个市。——第 331 页。

332　关东州 即一八九八年沙皇俄国强迫清政府承认的“旅大租地”，包括旅顺、大连和金县。一九〇五年日俄战争后转让给日本。这里是借用旧称。——第 331 页。

333　劲光 即萧劲光（一九〇三——一九八九），湖南长沙人。当时任辽东分局副书记兼辽东军区司令员。——第 332 页。

334　郑家屯 是今吉林省双辽县的一个镇。——第 332 页。

335　哈市 指哈尔滨市，今黑龙江省省会。——第 332 页。

336　萧 指萧劲光，程 指程世才。——第 333 页。

337 指一九四七年三月二十七日,国民党军调集约七个师的兵力,分三路向临江地区发动第四次进攻。东北民主联军辽东军区以部分兵力牵制敌军两翼,集中第三纵队主力和第四纵队一部,于四月三日在柳河县三源浦镇西南的红石砬子地区,全歼敌主攻部队中路十三军第八十九师及第五十四师的一六二团共七千多人,粉碎了敌军的这次进攻。——第 333 页。

338 指一九四七年一月至三月间,东北民主联军在北满的部队,为策应辽东军区部队四保临江、坚持南满根据地斗争所进行的三下江南作战。一月五日,北满部队集中十二个师首次南渡松花江作战,在九台县东北的其塔木、焦家岭、城子街等地,歼敌国民党军四千多人,迫使敌军由南满抽调两个师、由西满抽调一个师北援。一月十九日,北满部队撤回江北,休整待机。二月二十一日,北满部队再次渡江南下作战,以奔袭手段歼灭城子街守敌一个团又一个营,并乘胜围攻德惠县,诱使敌军从南满、西满及长春地区调集十二个团北援。三月二日,北满部队又主动撤回江北。这时,敌军继续北进,北满部队乘其分散之机,于三月八日第三次渡江南下进行反击,在农安县东北的靠山屯、郭家屯等地,歼敌第八十八师全部及第八十七师一部,继而包围农安县,敌军又从热河、南满抽调两个师北援。三月十六日,北满部队在松花江开冻前回师江北。——第 335 页。

339 指一九四六年十二月至一九四七年二月间,东北民主联军辽东军区部队粉碎国民党军对临江地区发动的三次进攻。十二月十七日,国民党军调集六个师的兵力,沿辉南、柳河、通化、桓仁、宽甸一线,向临江地区发动进攻。辽东军区采取内外线密切配合作战的方针,以第四纵队深入敌后,分散敌军的进攻力量;以第三纵队运动防御,待机反击。经过一个多月的作战,歼敌五千多人,粉碎了敌军对临江地区的第一次进攻。一九四七年一月三十日,国民党军又调集四个师分三路向临江地区发动进攻。辽东军区集中第三纵队主力和第四纵队一部于通化以北的高丽城子地区,歼敌中路第一九五师大部,继又转移兵力于三源浦镇歼敌援军两个营,共计四千多人,粉碎了敌军对临江地区的第二次进攻。二月十三日,国民党军再次调集五个师分三路向临江地区发动进攻。辽东军区集中第三纵队主力首先打敌一路,第四纵队主力则活动于敌后奔袭作战。前后十天,在柳河县通沟、大北岔地区,以及本溪县碱厂、下马塘等地,共歼敌七千多人,粉碎了敌军对临江地区发动的第三次进攻。——第 335 页。

340 指金川县、辉南县、柳河县、辑安县和桓仁县。——第 335 页。

341 曾 指曾克林，一九一三年生，江西兴国人，当时任东北民主联军第三纵队司令员。韩 指韩先楚（一九一三——一九八六），湖北黄安（今红安）人，当时任东北民主联军第四纵队副司令员。——第 337 页。

342 太平洋战争 指第二次世界大战期间反法西斯联盟国家与日本在太平洋地区进行的战争。一九四一年十二月七日晨，日本未经宣战，以强大的海、空军突然袭击美国在太平洋地区的主要海、空军基地珍珠港，使美国太平洋舰队遭到惨重损失。十二月八日，美国、英国对日本宣战。同日，德国、意大利对美国宣战。日本军队先后侵占了东南亚的许多国家和地区以及太平洋上的一些岛屿，后来在太平洋地区各反法西斯国家武装力量的沉重打击下，不断遭到失败。一九四五年八月，日本无条件投降，太平洋战争结束。——第 340 页。

343 赵公武，当时任国民党军安东警备司令。——第 343 页。

344 陈林达，当时任国民党军第一九五师师长。——第 343 页。

345 猫耳山 是吉林省临江附近的一座山。当时中共中央辽东分局设在临江。——第 343 页。

346 枣园 位于延安城西北，从一九四三年起中共中央书记处在这里办公。当时陈云曾住在这里养病。——第 343 页。

347 李立三（一八九九——一九六七），湖南醴陵人，中国共产党早期的领导人之一。一九三〇年六月十一日，中共中央政治局在李立三领导下通过了《新的革命高潮与一省或数省的首先胜利》决议案，主张全国各地都要准备马上起义，定出了组织全国中心城市武装起义和集中全国红军进攻中心城市的冒险计划，随后又将党、青年团、工会的各级领导机关，合并为准备武装起义的各级行动委员会。这种“左”倾冒险主义错误，被称为立三路线。同年九月中共六届三中全会纠正李立三的“左”倾错误。李立三本人在会上也承认了错误，随即离开了中央的领导岗位。以后，长期的革命实践证明他改正了错误，在中共第七、第八次全国代表大会上继续被选为中央委员。——第 344 页。

348 “一·二八”即一二八事变。一九三二年一月二十八日夜，日本海军陆战队向上海进攻，当时驻在上海的十九路军在全国人民抗日高潮的影响和推动下，和上海人民一起英勇抵抗，淞沪抗战爆发。——第 344 页。

349 四中全会 指一九三一年一月七日在上海召开的中国共产党第六届中央委员会第四次全体会议。王明等人在共产国际及其代表米夫的支持下，通过这次会议取得了在中共中央的领导地位，开始了长达四年之久的“左”倾冒险主义在党内的统治。——第 344 页。

350 指中共临时中央一九三二年一月九日通过的《关于争取革命在一省与数省首先胜利的决议》。决议过分地夸大了国民党统治的危机和革命力量的发展，提出了红军夺取中心城市，以实现一省数省的首先胜利和在白区普遍地实行武装工农、各企业总罢工等冒险主张及一系列“左”的政策。——第 344 页。

351 上海三次暴动 即上海工人三次武装起义。一九二六年十月至一九二七年三月，上海工人为配合北伐的胜利进军，推翻北洋军阀的统治，在中国共产党领导下先后举行了三次武装起义。第一次发动于一九二六年十月二十三日，第二次发动于一九二七年二月二十二日。这两次起义均由于准备不足遭到失败。第三次发动于一九二七年三月二十一日，这一次在周恩来、罗亦农、赵世炎等领导下，于三月二十二日取得胜利，并建立了人民政权——上海特别市临时政府。——第 345、362 页。

352 史迪威（一八八三——一九四六），美国职业军人，曾任美国驻华武官。太平洋战争爆发后，任中、印、缅战区美军司令及中国战区参谋长。因与蒋介石发生矛盾，一九四四年被美国政府召回。——第 345 页。

353 四梅线 即吉林四平至梅河口的铁路。——第 349 页。

354 参见本书注〔259〕。——第 349 页。

355 第六次全国劳动大会 于一九四八年八月一日至二十二日在哈尔滨举行。出席这次大会的，有解放区职工联合总会的代表，中国劳动协会的代表，华北、华东、东北、西北、中原、两广等各解放区职工会的代表，上海、天津、武汉等国民党统治区各大城市的工人代表，共五百零四人，他们代表全国有组织的二百八十三万职工。大会号召全国工人阶级紧密团结全国人民，积极支援人民解放军，迅速实现推翻国民党反动统治、建立新中国的历史任务。大会通过了《关于中国职工运动当前任务的决议》，并决定恢复中国工人阶级的统一的全国组织——中华全国总工会。——第361页。

356 “四一二”大屠杀 指一九二七年四月十二日蒋介石在上海发动反革命政变，血腥屠杀共产党人和革命群众。——第362、391页。

357 西安事变 也称“双十二事变”。在日本帝国主义加紧侵略中国，要把中国变为它的殖民地的危急形势下，以张学良将军为首的国民党东北军和以杨虎城将军为首的国民党第十七路军，在中国共产党的抗日民族统一战线政策和全国人民抗日运动的影响和推动下，要求蒋介石停止内战，一致抗日。蒋介石拒绝了这个要求，并亲自赶到西安积极部署“剿共”。一九三六年十二月十二日，张、杨联合行动，在西安附近的临潼扣押了蒋介石，这就是著名的西安事变。事变发生后，国民党内以何应钦为首的亲日派准备乘机发动大规模内战，牺牲蒋介石，以便取而代之。由于中国共产党坚持和平解决西安事变的方针，并经过中共代表周恩来、博古（秦邦宪）、叶剑英等的艰苦工作，西安事变终于和平解决，促进了抗日民族统一战线的形成。——第362页。

358 “双十协定” 即一九四五年十月十日发表的《国共双方代表会谈纪要》。在这个纪要中，蒋介石表面上不得不同意中国共产党提出的“和平建国的基本方针”，但不久即撕毁协议，向解放区进攻。——第362页。

359 朱学范，一九〇五年生，上海人。新中国成立前，曾任中国劳动协会理事长、国际劳工局理事院理事、世界工会联合会副主席等职。一九四六年十一月二十五日，由于他声明拒绝参加伪国民大会，在香港被蒋介石特务的汽车撞伤。——第362页。

360 冈村宁次（一八八四——一九六六），一九四五年八月日本投降时是日本侵略军中国派遣军总司令官，在延安公布的日本战犯名单中被列为首要战犯。解放战争期间曾充当蒋介石的秘密军事顾问。一九四九年一月被国民党政府宣判“无罪”，释放回国。——第363页。

361 这里所说的 国营企业，指解放区省（不含省）以上政府经营的企业。当国营企业和公营企业这两个名词并列使用时，公营企业指省和省以下地方政府经营的企业，而不是泛指各级政府经营的企业。为了避免名称使用上的混乱，一九五二年九月二日，中央人民政府政务院对“国营企业”等名称的用法，作了一个规定，即凡中央及大行政区各部门投资经营的企业（包括大行政区委托省、市代管的），称“国营企业”；凡省以下地方政府投资经营的企业，称“地方国营企业”；政府与私人资本合资，政府参加经营管理的企业，称“公私合营企业”。——第365、372页。

362 见本书《正确处理新接收企业中的职员问题》一文（第352—360页）。——第370、386页。

363 这里是指一九四六年三月东北银行开始发行的东北币，即东北解放区的地方流通券。中国人民银行自一九五一年四月一日起，按东北币九元五角折合人民币一元的比价收兑。——第371、375页。

364 七月十日公布命令　指一九四八年七月十日东北行政委员会公布的东财第十三号命令。主要内容是，在解放区境内，一切粮食，不分品种与数量，加工未加工，不分省县区村，皆得自由流通。任何机关、部队、团体或个人，不得加以封锁或干涉。在铁路运输上，取消运输证制度。如有故意封锁或干涉，当事人可以向各级政府控告，各级政府即依侵犯人民财产论处。——第372页。

365 一九四八年九月十二日至十一月二日，东北人民解放军在辽宁省西部和沈阳、长春地区同国民党军进行了一次具有决定意义的战役，即辽沈战役。十月十五日，攻克锦州，迫使长春的敌人一部起义，其余全部投降。十一月二日，再克沈阳、营口。至此，辽沈战役结束，东北全境解放。整个战役，共歼敌四十七万余人。——第374页。

366 金圆券　是一九四八年八月十九日起国民党政府发行的一种纸币。当时规定，以一比三百万的比价限期收兑急剧贬值的法币。并且，限期收兑民间的金银和外币。至一九四九年五月，即不到十个月，金圆券发行总额由最初规定的二十亿元增加到六十八万亿元，增长约三万四千倍，结果币值猛跌，物价暴涨。中华人民共和国成立后，人民政府以人民币一元兑换金圆券十万元的比价，将金圆券全部收回作废。——第376页。

367 敌九省券　指一九四五年十二月二十一日起国民党政府中央银行在东北九省（参见本书注259）发行的流通券。一九四八年五月三十一日停止发行。——第376页。

368 解放团　是东北解放战争时期改造被我军俘虏的国民党军士兵的机构。不少被俘的国民党军士兵，经过政治教育之后，参加了人民解放军。——第378页。

369 炉煤 即无烟煤。——第381页。

370 铧子沟 位于辽宁省辽阳市灯塔县境内。——第382页。

371 抗日战争胜利以后，国民党反动派在美帝国主义支持下，依靠暂时的军事优势，占领了东北大部分地区。在这些地区，虽然日本帝国主义的傀儡政权"满洲国"垮台了，但取代的是美帝国主义及其走狗国民党反动派的黑暗统治，所以人们称之为"二满洲"。——第384页。

372 军委会 是当时以毛泽东为主席的中国人民革命军事委员会的简称。——第388页。

373 指一九四九年五月三十一日由刘少奇起草经毛泽东、周恩来修改的《中国人民革命军事委员会关于建立中央财政经济机构大纲（草案）》。——第388页。

374 章乃器（一八九七——一九七七），浙江青田人。三十年代曾积极参加抗日救亡运动，为上海文化界救国会和全国各界救国联合会领导人之一。曾任上海浙江实业银行副经理，中国征信所董事长等职。新中国成立后，任中央人民政府委员、政务院财政经济委员会委员、粮食部部长、全国工商业联合会副主任委员等职。——第389页。

375 六局一处 指计划局、人事局、技术局、私营企业事务局、合作事业管理局、外资企业管理局和秘书处。——第389页。

376 十三个处、行、署、部、会 指中央财政处、中国人民银行、中央海关总署、中央商业处、中央铁道部、中央交通处、中央燃料处、中央金属处、中央纺织业处、中央工业处、中央农业处、中央林业处和中央水利委员会。——第389页。

377 大区 指当时在全国划分的华北、东北、西北、华东、中南、西南六大行政区。各大区设有中共中央的代表机关中央局。一九四九年十月，中央人民政府成立后，除华北外，其他五个大区都设有大区一级行政机构，东北称人民政府，西北、华东、中南、西南称军政委员会。一九五二年十一月，各大区行政机构一律改为行政委员会，作为中央人民政府的派出机关，不再是一级地方政府。华北也成立行政委员会。一九五四年四月，中共中央政治局扩大会议决定撤销大区一级党政机构。——第389页。

378 招商局 是一八七二年成立的中国轮船航运企业。一九四八年时共有船舶四百六十余艘，约三十三万吨。一九五〇年一月十五日，香港招商局轮船股份有限公司（即招商局香港分公司）光荣起义，回归祖国怀抱。——第390页。

379 陆恺悌的父亲陆铨（一九〇六——一九七九），上海青浦人。一九二七年加入中国共产党。一九二八年一月参加青浦县小蒸农民暴动。一九四九年时任石家庄市总工会主席。——第395页。

380 吴志喜（一九一一——一九二八），上海青浦人。一九二五年加入中国共产党，黄埔军校第五期学生，曾任中共青浦县委委员。一九二八年一月参加领导青浦县小蒸农民暴动后，被国民党反动派杀害。信中所说的“当年冬被残杀”的时间，系指农历。——第395页。

381 指一九二八年一月江苏省青浦县（今属上海市）小蒸地区的农民暴动失败。——第395页。

382 霓云，即廖霓云，陈云的表弟。——第396页。

383 章练塘 即今上海市青浦县练塘镇。——第396页。

图书在版编目(CIP)数据

陈云文选　第一卷/陈云著. -2版.
-北京:人民出版社,1995.5(2015.5重印)
ISBN 978-7-01-002192-8

Ⅰ.陈…
Ⅱ.陈…
Ⅲ.陈云-1926～1949-选集
Ⅳ.D2-0

陈　云　文　选

CHEN YUN WENXUAN

第　一　卷

人民出版社　出版发行
(100706　北京市东城区隆福寺街99号)

北京新华印刷有限公司印刷　新华书店经销

1984年1月第1版　1995年5月第2版
2015年5月北京第2次印刷
开本:635毫米×927毫米　1/16　印张:28.5　插页:1
字数:305千字　印数:2,001—5,000册

ISBN 978-7-01-002192-8　定价:68.00元

邮购地址　100706　北京市东城区隆福寺街99号
人民东方图书销售中心　电话　(010)65250042　65289539